中等职业教育电子商务专业课程改革规划新教材

电子商务网页制作

主　编　谢　嵘
参　编　马　涛　沈稷婵　郭高星　华　夏
　　　　吴　娇　欧阳俊梅
主　审　彭纯宪

机 械 工 业 出 版 社

本书在编写上以学生为中心，以《电子商务师国家职业标准》和《中国互联网协会企业网站建设指导规范纲要》为主要依据，以电子商务类网页的制作为主线，注重实践操作。本书采用项目式教学，将项目内容分解成“体验、教学、实践、检验、拓展”五大模块。其最大特点是将最后一个项目设置成为一个综合设计指南，指导读者综合应用全书的知识点制作一个完整的电子商务网站。

本书可作为中等职业学校电子商务专业的教学用书，同时也可作为农村劳动力转移和城市待业人员自学或培训用书。

图书在版编目（CIP）数据

电子商务网页制作 / 谢嵘主编 .—北京：机械工业出版社，2009.1（2018.2 重印）
中等职业教育电子商务专业课程改革规划新教材
ISBN 978-7-111-31312-0

Ⅰ. ①电… Ⅱ. ①谢… Ⅲ. ①电子商务—主页制作—专业学校—教材 Ⅳ. ①F713.36 ②TP393.092

中国版本图书馆 CIP 数据核字（2010）第 134854 号

机械工业出版社（北京市百万庄大街 22 号 邮政编码 100037）
策划编辑：聂志磊 责任编辑：聂志磊
封面设计：王伟光 责任印制：李 昂
北京瑞德印刷有限公司印刷（三河市胜利装订厂装订）

2018 年 2 月第 1 版 · 第 9 次印刷
184mm×260mm · 12.5 印张 · 307 千字
15001—16900 册
标准书号：ISBN 978-7-111-31312-0
定价：31.00 元

前言

电子商务日新月异的发展，使其应用已深入到人们生活的方方面面。人们对电子商务的认识也日趋成熟，特别是教育工作者对电子商务的认识已由最初以计算机和网络技术为核心的思维，转变为以商务营销知识为主，同时兼具信息技术知识和应用能力的观念。本书旨在帮助读者了解电子商务网站的特点和网页制作的基础知识，从增强电子商务的实用性出发，给出了制作网页的一般原则、布局方案，以尽快帮助初学者形成有关电子商务网页制作的概念，引导其更加深入地了解电子商务网站的发展水平。

本书在编写上以学生为中心，采用项目式教学，将项目内容分解成“体验、教学、实践、检验、拓展”五大模块。首先让读者通过“体验活动”对网页制作的步骤有一个感性的认识，在每个“体验活动”中对活动任务都有详细的要求，对活动的内容都有指导说明，活动完成后还要对活动进行小结，让读者自己提炼出知识点。在“相关知识”中，对“体验活动”所用到的知识点进行补充说明，让读者更全面、系统地掌握新知识点，以便帮助读者进一步提高。在“项目实训”中，通过“实训导航”和“要求”来指导读者综合应用所学的知识，提高学习实践能力。通过“活动小结”和“项目实训”的完成情况，来检验读者对知识的掌握程度，“学习评价”的设置便于读者得到客观的评价结果。最后，通过“拓展知识”简介网页制作所需的更高级的技术，以便于有能力的读者明确学习的方向。本书的最后一个项目，可以指导读者综合应用全书的知识点去制作一个完整的电子商务网站。

本书重点讲述了实用性较强的知识点，语言简洁、准确，逻辑性强，易于读者学习和接受。另外，本书还配有相关素材，便于读者练习时使用。

本书的编写团队均来自一线的中、高职院校教师，他们长期从事电子商务和计算机软件的教学，有着独特的教学思想、先进的教学理念和丰富的教学经验。本书由谢嵘担任主编并统稿，马涛、沈稷婵、郭高星、华夏、吴娇、欧阳俊梅参与了教材的编写工作。此外，本书在编写过程中得到了彭纯宪、李昌平两位专家的精心指导和帮助，在此深表感谢。

对于选用本书作为教材的中等职业学校及老师，教学资源包（包括助教课件和素材文件夹）可以通过机械工业出版社教材服务网（http//www.cmpedu.com）或通过联系责任编辑（联系电话：010-88379196）免费获取。

由于编者水平有限，不足之处在所难免，欢迎广大师生、读者批评指正。

编　者

目录

项目 1　初识电子商务网站

项目导学

随着电子商务的迅猛发展，越来越多的人开始尝试网上购物，越来越多的企业开始发展网上业务。电子商务网站已经成为企业与企业之间、企业与客户之间交流信息、进行商务活动的平台。电子商务网站是一个信息分类的平台，它将互联网中各种商业信息和资源进行分门别类的管理，当人们需要各种信息的时候就会到网站中去查找。电子商务网站是人们获取商业信息和资源的最为主要的途径之一，同时，网页设计师也成为电子商务从业人员中非常重要的职业。

我们将从了解电子商务网站入手，学习电子商务网站的特点和功能，以及网页制作的相关知识。

体验活动一：浏览丰富多彩的电子商务网站

【活动任务】

浏览电子商务网站，体会电子商务网站的特点；认识电子商务网站中不同页面的功能。

【活动指导】

电子商务网站所包含的内容丰富多彩，商品信息令人眼花缭乱。在浏览电子商务网站的时候要留心感受它的特点，并仔细观察、认真思考它的各种用途，体会各种网站的功能。

【活动步骤】

1. 打开 IE 浏览器，在地址栏中输入："http://www.taobao.com"，进入"淘宝网"网站，如图 1-1 所示。首先打开的页面是该网站的首页，在首页上我们可以看到文字、图片和超链接。文字为我们提供各种信息，图片展示了各种商品、美化了页面，超链接则提供了各种跳转。该网站存有海量信息，而且规划合理，色彩运用独具匠心，十分引人注目。

图 1-1　进入“淘宝网”网站

2. 单击主页右上方的“免费注册”按钮，填写个人信息，注册成为“淘宝网”新用户，如图 1-2 所示。在注册页面上出现的网页元素就是表单，它是电子商务网站上不可缺少的组成部分，一般用于用户注册、登录、填写意见等，是网站和用户交互的载体。

您好，欢迎来淘宝！请登录 免费注册　　淘宝网首页 | 我要买 | 我的淘宝 | 购物车

淘宝网

1. 填写会员信息　　2. 通过邮件确认

电子邮箱：　　请输入您常用的邮箱，方便日后找回密码。没有电子邮箱？推荐使用 雅虎邮箱、网易邮箱。

会员名：

登录密码：

确认密码：

验证码：　　EE57　　看不清？换一张

☑ 用该邮箱创建支付宝账户

同意以下协议，提交注册

图 1-2　填写会员信息

3. 注册成功后，再来浏览一下网站的内容。主页的左侧列出了该网站的重要频道和特色服务，这一部分的定位是由表格来完成的，如图 1-3 所示。在网页制作中，表格的作用不仅仅是控制局部的文字和图片位置，而且可以用于整个页面的布局，使页面上的各种元素得以精确定位。

图 1-3　浏览“淘宝网”

4. 单击搜索栏，在搜索栏的文本框中输入商品的关键词“ipod”，此时“淘宝网”会同时提供多个相关的关键词供用户选择，如图 1-4 所示。一般来说，电子商务网站都具备站内搜索功能，这种功能可以有效地提高网站的方便性，提高用户查找商品的效率。

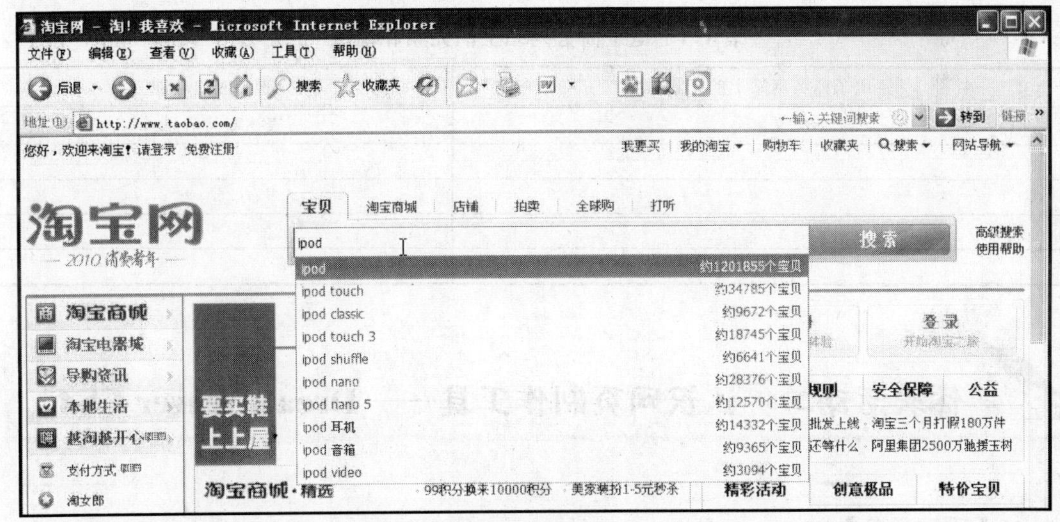

图 1-4　搜索想购买的商品信息

5. 选中商品后可以将商品先放入购物车中，等待所有选购活动结束后再与其他商品一并付款，如图 1-5 所示。结算通道是每个电子商务网站必须设立的一个重要功能。

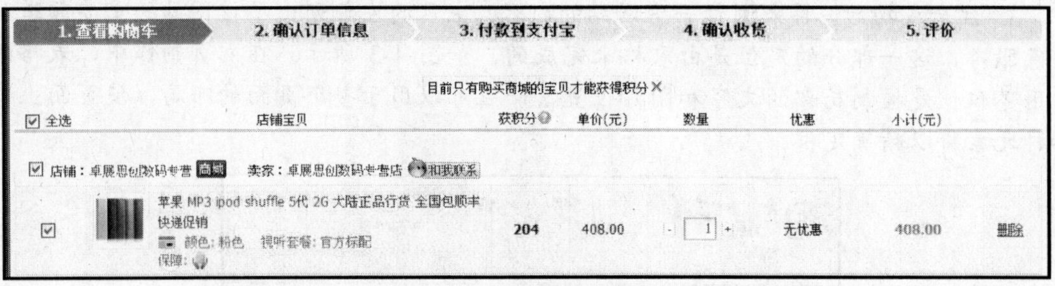

图 1-5　查看购物车

6. 新手在第一次浏览电子商务网站时操作起来肯定有些困难，在“淘宝网”首页的下方有专门的区域用来提供各种类型的帮助，如图 1-6 所示。帮助信息越全面，用户使用网站越方便。

交易安全	消费者保障		付款方式	售后服务
免费注册	如实描述	7天退换	货到付款	退换货政策
支付宝	假一赔三	闪电发货	信用卡支付	退换货流程
购物流程	30天维修	正品保障	网上银行支付	投诉举报流程
消费曝光	消费者维权中心		线下网点支付	客服电话

图 1-6　帮助信息

【活动小结】

完成体验活动后，填写表 1-1。

表 1-1　电子商务网站上的元素和功能

电子商务网站上的元素	元素对应的功能
文字	表述商品信息

体验活动二：认识网页制作工具—— Dreamweaver CS4

【活动任务】

启动网页制作工具软件——Dreamweaver CS4，熟悉它的工作界面，了解它的新功能，为以后的学习打下基础。

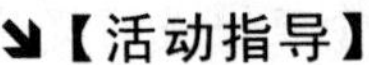

【活动指导】

Dreamweaver、Fireworks、Flash 三个软件是一套强大的网页编辑工具，是 Macromedia 公司（现已被 Adobe 公司收购）开发出来的产品，俗称“网页制作三剑客”。“网页制作三剑客”中网页制作可以由 Dreamweaver 软件来完成，Fireworks 软件负责矢量图形制作和图像处理，而利用 Flash 软件则可以完成动画制作。

【活动步骤】

1. 双击桌面上的 Dw 图标，启动 Dreamweaver CS4 软件，它的工作界面如图 1-7 所示。Dreamweaver 是集网页制作和管理网站于一身的、所见即所得的网页编辑器，它是第一套针对专业网页设计师特别开发的视觉化网页开发工具，利用它可以轻而易举地制作出跨越平台限制和跨越浏览器限制的充满动感的网页。

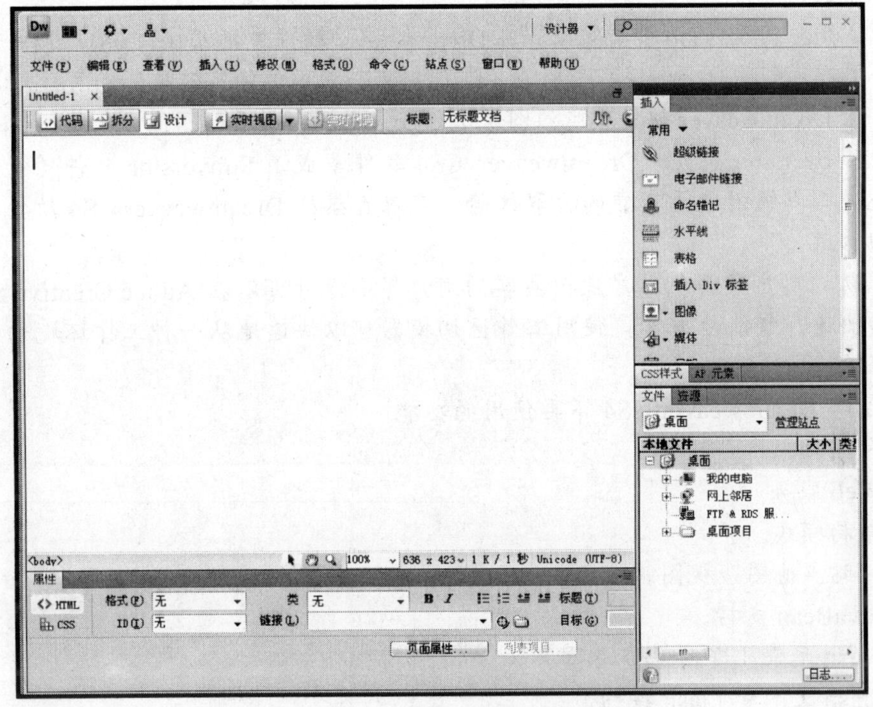

图 1-7　Dreamweaver CS4 软件的工作界面

2. 认识 Dreamweaver CS4 软件的最新功能

（1）实时视图　Dreamweaver CS4 软件在保持直接访问代码的同时，能够利用新的实时视图功能在实际的浏览器条件下设计网页，对代码所做的更改会立即呈现出来。

（2）针对 Ajax 和 JavaScript 框架的代码提示　由于改进了对 JavaScript 核心对象和原始数据类型的支持，利用 Dreamweaver CS4 软件可以更加快速、准确地编写 JavaScript 代码，也可以通过组合常用的 JavaScript 框架（包括 jQuery、Prototype 和 Adobe Spry）来使用 Dreamweaver 软件的扩展编码功能。

（3）相关文件和代码导航器　Dreamweaver CS4 软件能够有效地管理组成网页的各种文件。单击任何相关文件即可在“代码”视图中查看其源代码，并同时在“设计”视图中查看父页面。新增的“代码导航器”功能可以显示影响当前所选内容的所有源代码，如 CSS（层叠样式表）规则、外部 JavaScript 函数、Dreamweaver 模板及 iFrame 源文件等。

（4）InContext Editing　它可以使最终用户无需求助于专业人员或其他软件即可对网页进行简单编辑。Dreamweaver 设计人员可以快速、准确地将更改限制在特定的页面、独立区域，甚至是自定义的格式设置选项。

（5）CSS 最佳做法　Dreamweaver CS4 软件的属性检查器能够创建新的 CSS 规则，并对每个属性所适合的层叠样式提供简单明确的解释。

（6）HTML 数据集　Dreamweaver CS4 软件有在网页中集成动态数据的功能，无需另外学习掌握数据库和 XML（可扩展标记语言）编码。Spry 数据集将简单的 HTML 表内容识别为交互式数据源。

（7）Adobe Photoshop 智能对象　在 Dreamweaver 软件中插入任何 PSD 文档（Photoshop 数据文件）即可创建一个图像智能对象。智能对象与源图像紧密链接，无需打开 Photoshop 软件即可在 Dreamweaver 软件中对源图像进行任意更改，并更新图像。

（8）Subversion 集成　Dreamweaver CS4 软件集成了 Subversion 软件（开源的版本控制系统），以提供更为可靠的存取体验，可以直接从 Dreamweaver CS4 软件中更新站点并存回修改。

（9）新的用户界面　用户使用共享的用户界面设计可以在 Adobe Creative Suite 4 组件中更加快速、智能地工作，使用工作区切换器可以快速地从一种工作环境切换到另一种工作环境。

3. 了解 Dreamweaver CS4 不再使用的功能

1）时间轴。

2）Web 服务。

3）布局模式。

4）“站点地图”视图。

5）JavaBean 支持。

6）Flash 元素（即图像查看器）。

7）Flash 文本和 Flash 按钮。

8）ASP.net 和 JSP 服务器行为和记录集。

相关知识

一、静态网站和动态网站

（1）静态网站　它是相对于动态网站而言的，但并不是指网页中的元素都是静止不动的。静态网页是指浏览器端和服务器端不发生交互的网页，也就是说，仅由 HTML（超文

本标记语言）构成的网站是静态网站。由HTML编写的网页后缀名通常为“html”或“htm”。

（2）动态网站　除了包含有静态网页中的元素以外，还包括一些其他的应用程序，这些程序可以和在互联网中的服务器发生交互行为。电子商务网站大部分都是动态网站。

二、电子商务网站的构成

电子商务网站和普通网站一样，由前台和后台构成。前台即人们所能看到的页面上的文字、图片、动画等用于描述商品和发布信息的元素；后台即用户个人信息、用户意见反馈等信息管理系统、网站管理系统和付款方式等电子商务业务管理系统。一个完整的电子商务网站通常包括以下几种类型的网页：

（1）主页　主页用于展示电子商务企业的整体形象，是发布广告、新闻信息的主要界面。主页通常包括网站（企业）名称、标志、导航栏、搜索栏、广告、重要新闻和帮助信息等。

（2）产品展示页面　产品展示页面用于展示各种产品的详细信息，包括产品价格、样式、尺寸、重量、颜色及技术参数等各项指标。

（3）企业信息页面　企业信息页面用于展示企业的运营情况，包括企业历史、企业文化、发展状况等，这些信息都是用来提高企业的可信度，从而影响用户购买决策的。

（4）用户反馈页面　用户反馈页面用于反馈用户对产品和服务的意见，还可以作为市场调查的有效途径。

（5）广告页面　广告可穿插于各页面中，也可以制作专门的广告频道用于宣传企业和产品，同时还可以创造出一定的广告收入。

根据中国互联网协会与多家知名网络营销专业服务商、业界专家联合制定发布的《中国互联网协会企业网站建设指导规范纲要》的规定，企业网站至少应该具备下列基本功能和内容：信息发布和管理功能、产品发布和管理功能、产品推荐/广告管理功能、相关网站链接管理功能、规范的网站地图功能、网站访问统计功能、详细的公司介绍、详细的联系方式、合理的产品分类/汇总/列表、详细的产品介绍内容、销售及售后服务相关的联系和服务信息、在线服务信息、持续更新的企业动态/产品信息。

项目小结

本项目介绍了电子商务网站的基础知识。通过体验活动了解了常用的网页元素，学习了网站和网页的基础知识、动态和静态网站的区别、电子商务网站的构成等。同时，还认识了网页制作工具——Dreamweaver CS4，为后期的学习打下了基础。

项目实训

浏览典型的电子商务网站，并填写表1-2。

【实训导航】

浏览国内外典型的电子商务网站，进一步理解网页和网站之间的关系，体会各电子商务网站的特点和各个页面的用途。

表1-2　比较“当当网”和“卓越网”的特点

	当当网（http://www.dangdang.com）	卓越亚马逊网（http://www.amazon.cn）
主页（布局、色彩、信息等）		
功能（搜索、帮助、服务等）		
产品（描述是否准确、详细）		
更新（更新速度快慢等）		

学习评价

序　号	知识点和实践项目	能准确阐述（优）	能阐述（良）	能大致阐述（合格）	不能阐述（不合格）	备　注
1	电子商务网站元素					
2	电子商务网站的构成					
3	网页					
4	网站					
5	静态网站					
6	动态网站					
7	Dreamweaver CS4软件的启动					

教师评语：

拓展知识：网站开发技术

一、ASP 技术

ASP（Active Server Page）即动态服务器页面。ASP 是微软公司开发的代替 CGI 脚本程序的一种应用，它可以与数据库和其他程序进行交互，是一种简单、方便的编程工具。ASP 网页文件的后缀名是“asp”，现在常用于各种动态网站中。它的优点是程序无须编译、链接即可执行。用户无论采用哪一种可执行 HTML 的浏览器，都可以浏览利用 ASP 技术设计的网页。同时，ASP 源代码经服务器解释后传给浏览器的是常规的 HTML 代码，这有效地保护了 ASP 源代码。ASP 技术可以很方便地访问数据库并支持 VbScript 和 JavaScript。

二、ASP.net 技术

ASP.net 技术不仅仅是 ASP 技术的新版本，而且是一种建立在通用语言上的程序构架，它具有强大的适应性，简单易学，具有高效的可管理性和可扩展性。

三、PHP 技术

PHP（Hypertext Preprocessor）即超文本预处理器。PHP 是一种 HTML 内嵌式的语言，它可以比 CGI 或者 Perl 更快速地执行动态网页。作为全球最普及的互联网开发语言之一，PHP 从 1994 年诞生至今已被 2000 多万个网站采用，随着 PHP 技术的成熟和完善，它已经从一种针对网络开发的计算机语言发展成为一个适合于企业级部署的技术平台。IBM、Cisco（思科）、西门子、Adobe 等公司均在选用 PHP 技术。它的优点在于：PHP 具有公认的、良好的安全性能；同时，它几乎支持所有的操作系统平台及数据库系统；在运行过程中占用的系统资源少，代码执行速度快。

四、JSP 技术

JSP（Java Server Pages）是由 Sun 公司发布的用于开发动态 Web 应用的一项技术。它以简单易学、跨平台的特性，在众多动态 Web 应用程序设计语言中异军突起，在短短几年中已经形成了一套完整的规范，并广泛地应用于电子商务等各个领域中。在我国，JSP 技术也得到了广泛的重视，越来越多的动态网站开始采用 JSP 技术。

项目 2　建立电子商务网站

我们已经浏览了典型的电子商务网站，并且了解了电子商务网站的特点，接下来我们就来学习如何建立一个这样的网站。建立电子商务网站之前，需要先新建一个文件夹来作为整个网站的本地站点。在这个文件夹中将要存放网站中所有网页上的文字、图片及动画等。

体验活动一：创建一个电子商务网站站点

【活动任务】

运用 Dreamweaver CS4 软件创建一个电子商务网站的本地站点。

【活动指导】

在开始制作网页前，需要先定义一个新的站点。在计算机上建立一个新文件夹“我的网站”，路径为“F:\我的网站”，这是为了更好地利用站点对文件进行管理。网页制作初学者一定要培养有条理的习惯，如果将不同类别的文件随意乱放，将会给后期维护带来很大的困难。

【活动步骤】

1. 双击桌面上的 Dw 图标，启动 Dreamweaver CS4 软件。在工作界面的菜单栏里，单击“站点”菜单里的“新建站点”命令，如图 2-1 所示。

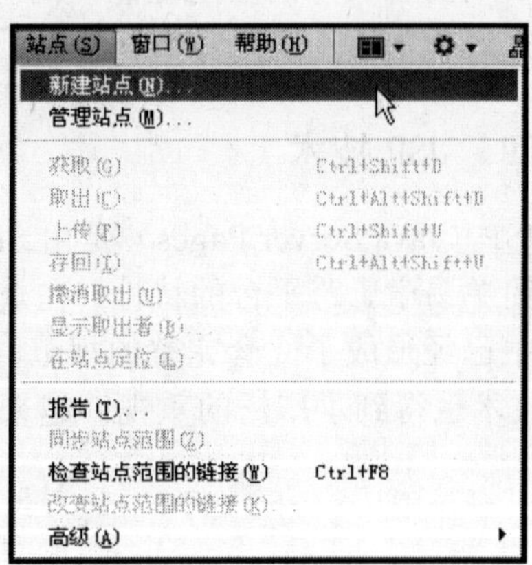

图 2-1　单击“新建站点”命令

2. 在弹出的“站点定义”对话框的“您打算为您的站点起什么名字”文本框中将站点命名为“我的站点 1”，单击“下一步”按钮，如

图 2-2 所示。“站点定义”对话框中所填写的站点名称是在 Dreamweaver 环境下显示的，它并不影响整个站点在浏览器中显示的名称。

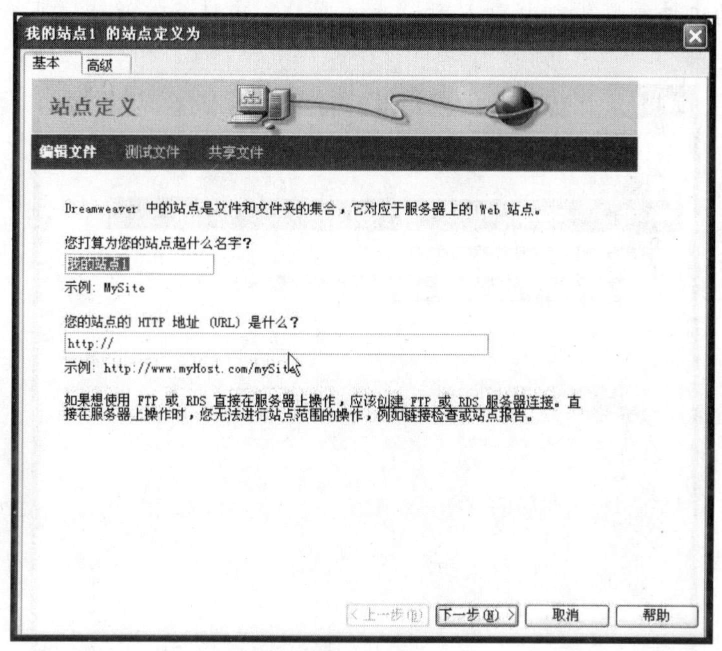

图 2-2　命名“我的站点 1”

3. 在“您是否打算使用服务器技术”中选择“否，我不想使用服务器技术”单选按钮，单击“下一步”按钮，如图 2-3 所示。

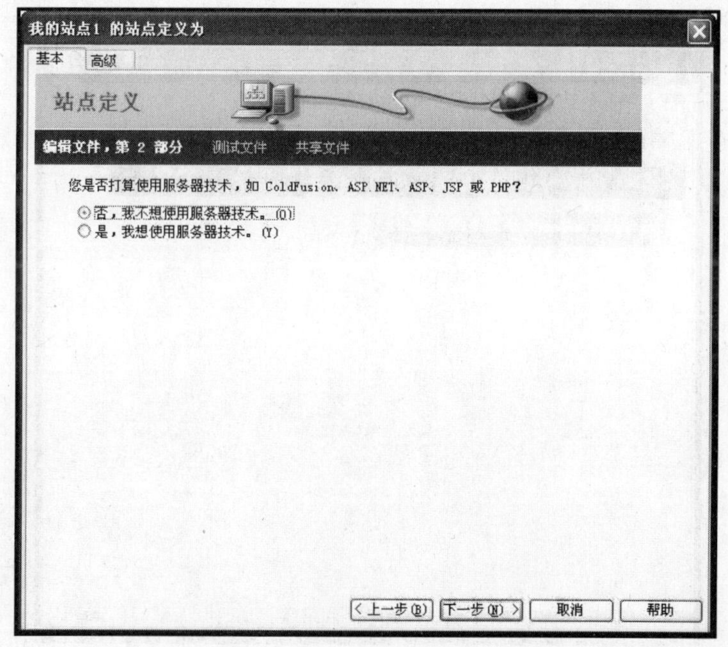

图 2-3　不使用服务器技术

4. 在“开发过程中，您打算如何使用您的文件”中选择“编辑我的计算机上的本地副本，完成后再上传到服务器”单选按钮；在“您将把文件存储在计算机上的什么位置”中，单击右边的文件浏览按钮找到F盘“我的网站”文件夹，单击“下一步”按钮，如图2-4所示。

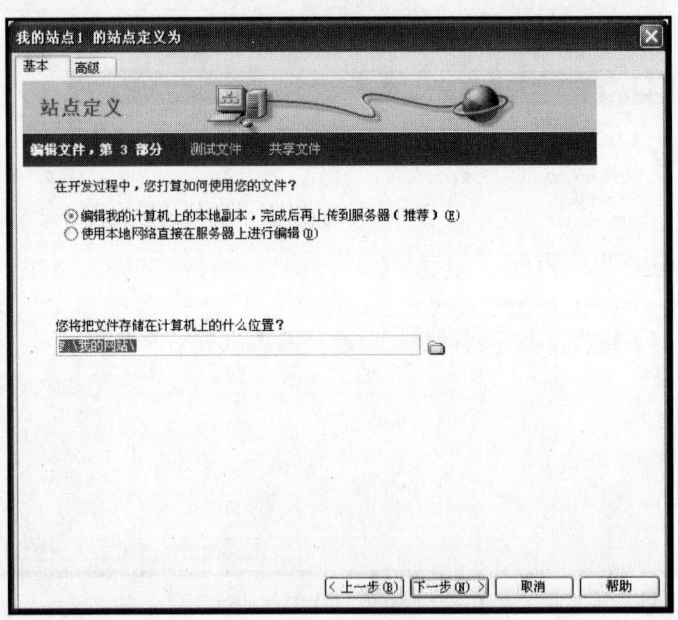

图 2-4　选择站点的存储路径

5. 在“您如何连接到远程服务器”的下拉菜单中选择“无”，单击“下一步”按钮，如图2-5所示。

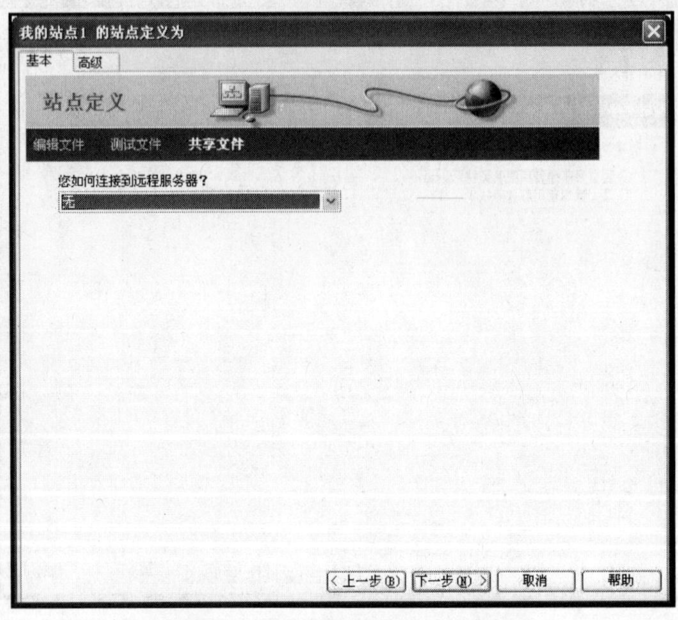

图 2-5　选择不连接远程服务器

6. 在弹出的“总结”对话框中，能看到站点包含的设置信息，确认无误后单击“完成”按钮，如图 2-6 所示。

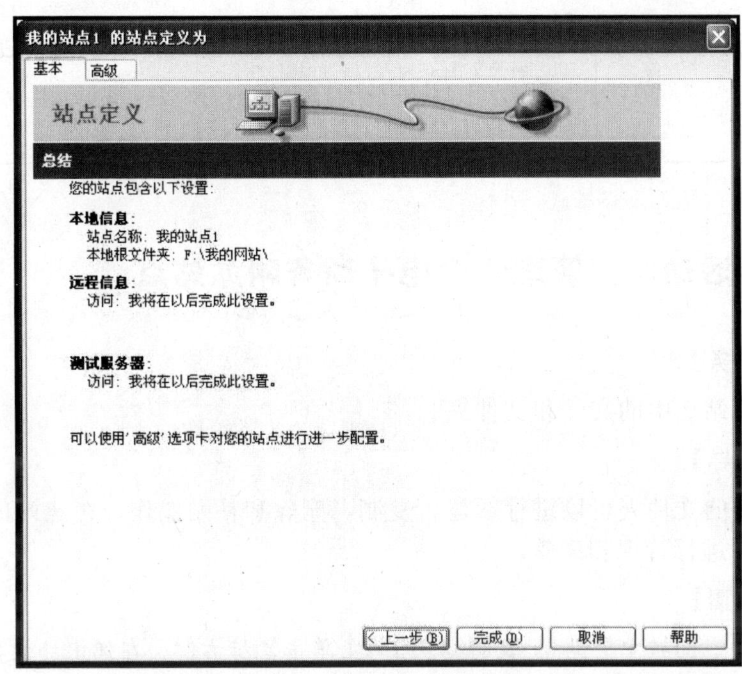

图 2-6　确认站点包含的设置信息

7. 此时，在 Dreamweaver CS4 软件工作界面右侧的“文件”面板中，显示文件为“我的站点 1”，本地文件放置在“我的网站”文件夹中。这样，站点就建立好了，如图 2-7 所示。

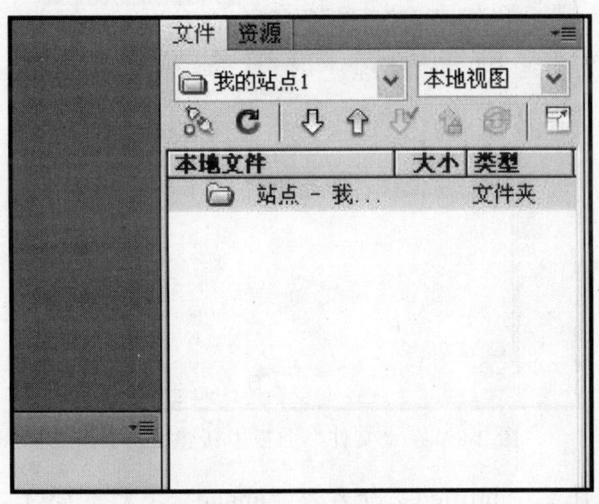

图 2-7　本地文件列表

【活动小结】

完成体验活动后，填写表 2-1。

表 2-1 建立站点的工作顺序

建立站点	1. 新建文件夹 2. 新建______ 3. 管理______ 4. 完成建立网站

体验活动二：管理一个电子商务网站站点

【活动任务】

建立、管理站点中的文件和文件夹。

【活动指导】

针对站点中的文件夹可以进行新建、复制、删除和粘贴操作，在建站的过程中需要对站点中的文件进行管理和调整。

【活动步骤】

1. 在“文件”面板中“站点 我的站点 1”上单击鼠标右键，在弹出的快捷菜单中选择“新建文件夹”命令，如图 2-8 所示。如果在工作界面中没有显示出要使用的面板，则可以在“窗口”菜单栏中用鼠标选出相应的面板项。

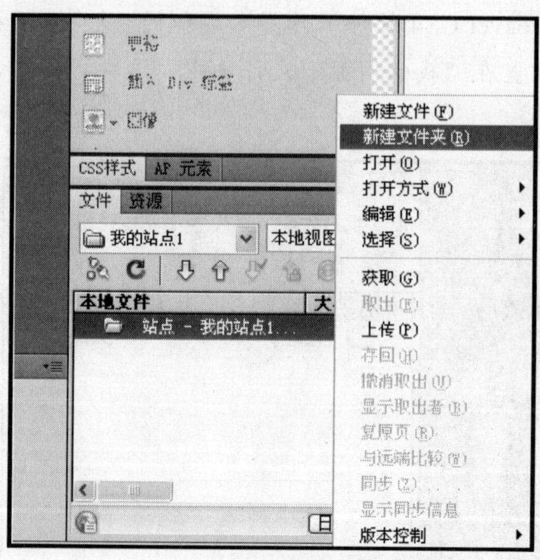

图 2-8 在“文件”面板中新建文件夹

2. 将新建立的文件夹“untitled”命名为“image”（见图2-9），将此文件夹作为存放图片的文件夹。

图 2-9　将新建文件夹命名为 image

3. 单击“文件”菜单中的“新建”命令，如图 2-10 所示。

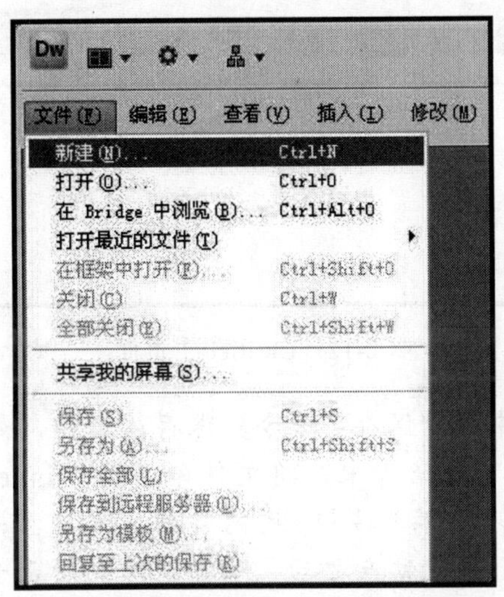

图 2-10　新建一个文件

4. 在“新建文档”对话框中选择“空白页”项，在“页面类型”中选择“HTML”，在“布局”中选择“无”，这样便可创建一个基本的空白网页，如图 2-11 所示。

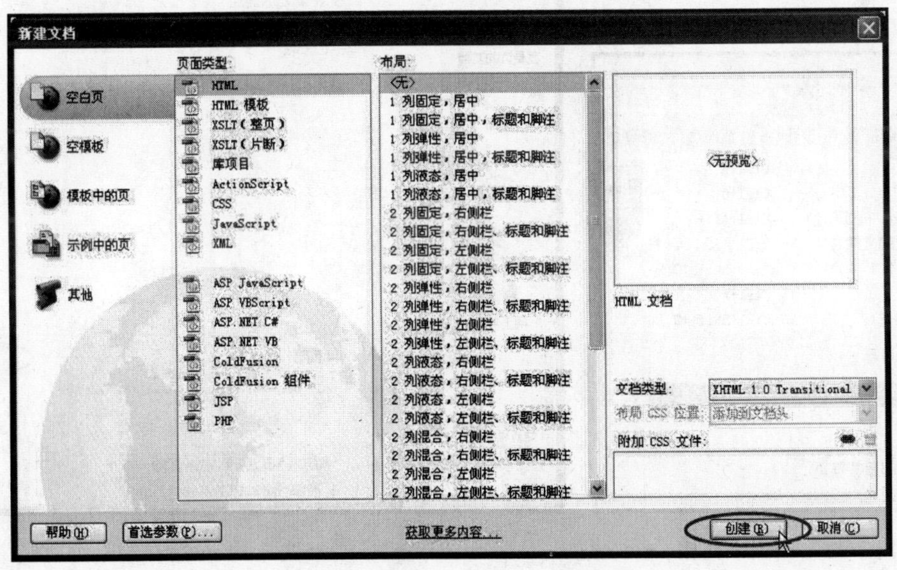

图 2-11　新建一个基本空白网页

5．在主工作区出现一个名为“Untitled-1”的页面，页面标题为“无标题文档”，如图 2-12 所示。

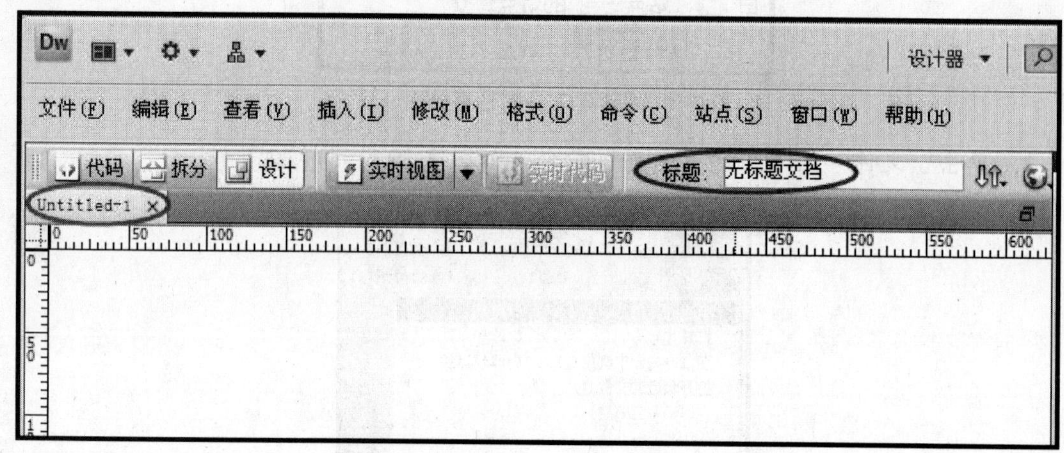

图 2-12　Untitled-1 页面

6．单击“文件”菜单中的“保存”命令，保存该文档，如图 2-13 所示。

7．在弹出的“另存为”对话框中，将文件命名为“index”（见图 2-14），存放在本地站点根目录下，单击“保存”按钮。用同样的方式建立一个名为“newbook.html”的网页。这时会发现定义了本地站点之后，保存新建的页面会自动指向站点内的文件夹。

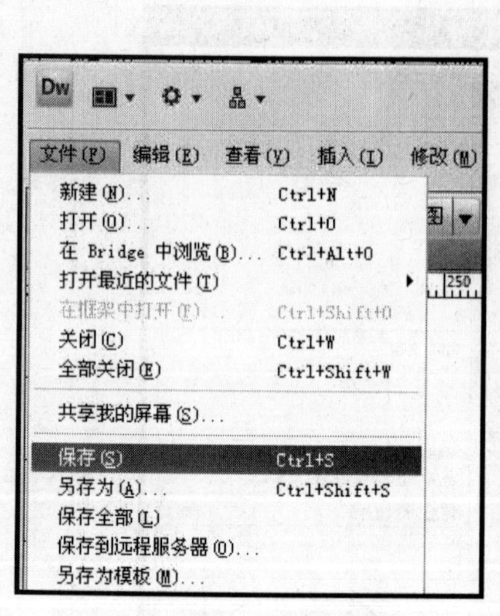

图 2-13　保存该文档

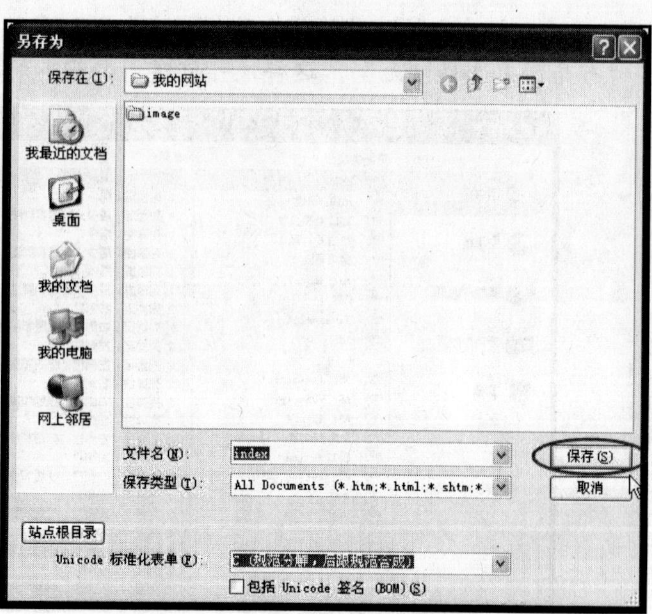

图 2-14　“另存为”对话框

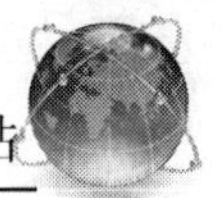

体验活动三：网页的建立、打开、保存与预览

【活动任务】

再次新建一个页面，学会利用“文件”面板打开它，并学会保存页面以及在浏览器中预览页面。

【活动指导】

学习新的建立页面和打开页面的方法。在实际工作中，经常需要同时打开几个页面，也需要随时新建页面，利用“文件”面板来完成这些工作更便于对页面的管理，不容易造成页面保存路径的错误。

【活动步骤】

1. 在“文件”面板中“站点 我的站点1”上单击鼠标右键，在弹出的快捷菜单中选择“新建文件”命令，如图2-15所示。

2. 此时新建立的文件为一个名为“untitled”的HTML文件（见图2-16），将这个新文件命名为“shuping.html”。

图2-15　新建一个文件

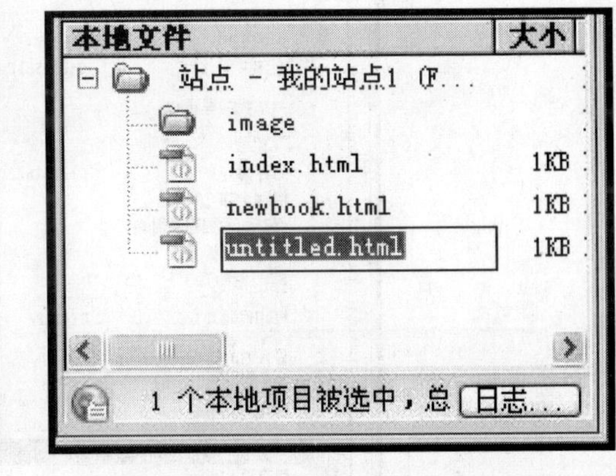

图2-16　新建立的HTML文件

3. 双击“文件”面板中的“index.html”文件，将它在主工作区中打开。我们可以在Dreamweaver CS4软件中同时打开多个页面，如图2-17所示。

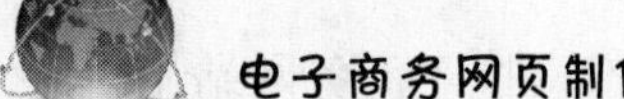

4. 把光标移到主工作区内，输入“欢迎光临网上书城！”，然后保存该页面。页面被更新后，在网页标题的右上角会出现一个“*”符号，如图 2-18 所示。

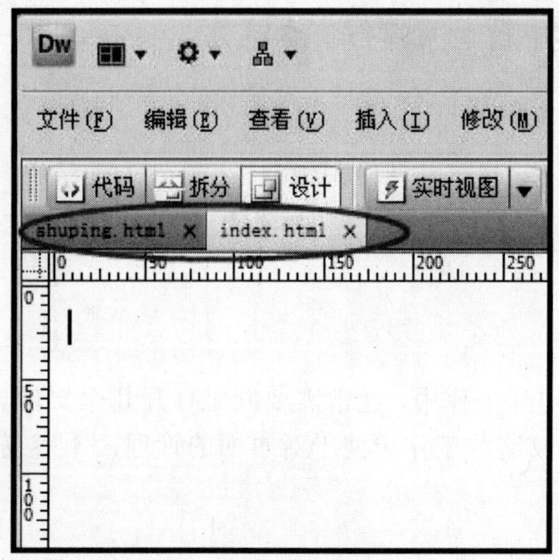

图 2-17 同时打开多个页面

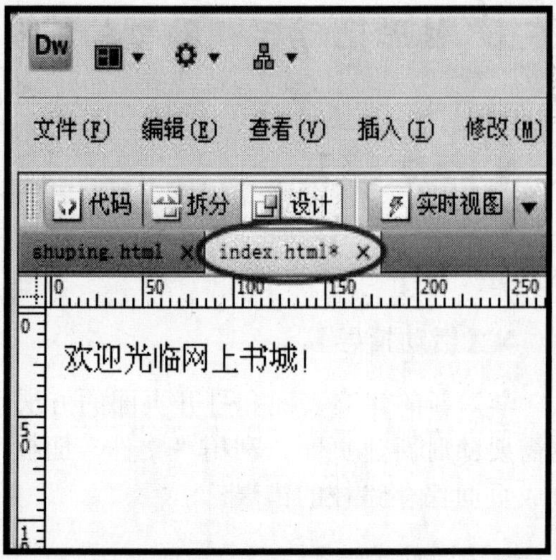

图 2-18 标题右上角出现一个“*”符号

5. 单击“文件”菜单中的“在浏览器中预览”命令，并选择预览时所使用的浏览器，即可对页面进行预览（见图 2-19），也可以按“F12”键，在操作系统默认的浏览器中进行预览。

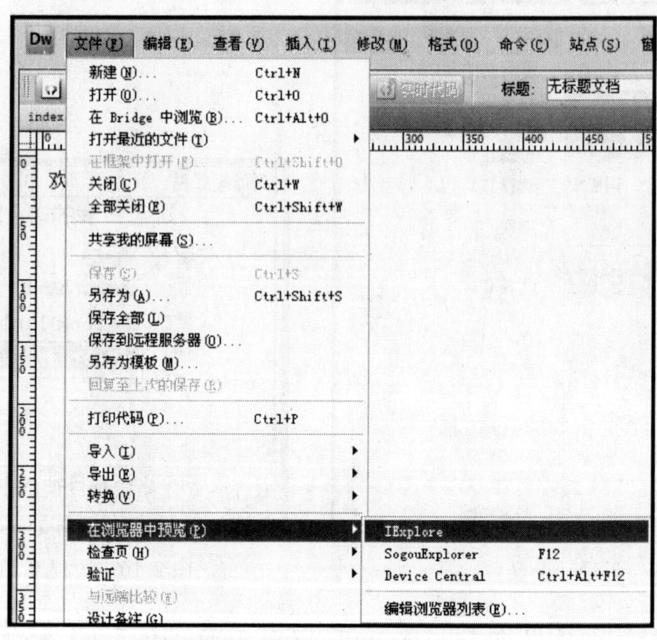

图 2-19 在浏览器中进行预览

【活动小结】

完成体验活动后，填写表 2-2。

表 2-2　新建网页和打开网页的方法

新建网页的方法	1．“文件” → “新建” 命令 2． 3．
打开网页的方法	1．“文件”→“打开”命令 2． 3．

相关知识

一、电子商务网站建设基本流程规范

根据《中国互联网协会企业网站建设指导规范纲要》，建设（或者升级改版）电子商务网站应包含下列基本流程：

1）制定网站规划方案。网站规划方案包括网站预期目标、行业竞争状况分析、网站栏目结构、用户行为分析及内容规划、网页模版设计、网站服务器技术选型、网站运营维护规范等基本内容。

2）网站技术开发、网页设计。

3）网站测试。

4）网站内容发布。

5）网站维护及管理。

二、合理规划站点的方法

1．用文件夹来保存文档

在网站中，应该用文件夹来合理构建文档的结构。首先为站点创建一个根文件夹，然后在其中创建多个子文件夹。使用时应将文档分类保存到相应的文件夹中，如果文件过多，可以创建多级子文件夹。对于电子商务网站来说，数量最多的是介绍商品的网页，应该将不同商品的页面分门别类地存放在不同名称的文件夹中，以便于更新和维护。

2．合理使用文件的名称

合理使用文件名非常重要，特别是当网站的规模变得很大的时候，文件名应该设置得容易理解。如果不考虑某些不支持长文件名的计算机系统，那么可以使用较长的文件名来命名文件，以充分表述文件的含义和内容。尽管中文文件名对于我们来说更易理解，但是

由于很多服务器使用的是英文操作系统，不能提供很好的中文支持，所以在给网页命名时还是尽量避免使用中文名称。如果对英文不熟悉，也可以使用汉语拼音来命名文件。

三、文件的路径

在刚刚接触到网页设计时经常会出现这样的问题：做好的网页在自己的机器上可以正常浏览，而当把页面传到服务器上时却总是出现看不到图片，发生文件找不到等错误。这种情况下多半是由于使用了错误的路径，导致浏览器无法在指定的位置找到相关的文件。

1．绝对路径

在平时使用计算机时，要找到需要的文件就必须知道文件存放在计算机中的具体位置，而表示文件位置的方式就是路径。例如，文件的路径是“C:\My Documents\My Sits\Image\rose”，这样完整地描述文件位置的路径就是绝对路径。我们不需要知道其他任何信息就可以根据绝对路径判断出文件的位置。

2．相对路径

index.html 是一个网页文件，在这个页面中链接有一张图片 rose.jpg。它们的绝对路径分别是“C:\My Documents\My Sits\index.html”和“C:\My Documents\My Sits\index.html\rose.jpg”。

在制作网页时如果使用绝对路径“C:\My Documents\My Sits\index.html\rose.jpg”，那么在本机上将可以正常地显示该图片，因为确实可以在指定的位置（即C盘）找到 rose.jpg 文件。但是当页面上传到网络上时就很可能会出错，因为网站可能在服务器的C盘，也可能在D盘，或是在其他盘符、目录下。这时，再浏览网页就有可能会发现这个 rose.jpg 图片无法显示。那么，在 index.html 文件中怎样来定位 rose.jpg 文件呢？其实应该使用相对路径。

所谓相对路径，就是自己相对于目标的位置。例如，在 index.html 网页文件中链接的 rose.jpg 可以使用“Image/rose”来定位文件，这样不论将这些文件存放到哪里，只要它们的相对位置没有改变，就不会出错。另外，使用“../”可以表示上一级目录，使用“../../”可以表示上上一级目录，以此类推。

通过以上的例子可以发现，在把绝对路径转化为相对路径的时候，两个文件绝对路径中相同的部分都可以忽略，只要考虑它们不同之处就可以了。

为了避免在制作网页时出现路径错误，可以使用 Dreamweaver CS4 软件的站点管理功能来管理网站。Dreamweaver CS4 软件的站点管理功能相当强大，通过它来管理站点，基本不会再出现路径错误的问题。

项目小结

一个网站设计得成功与否，很大程度上决定于设计者的规划水平。规划网站就像设计师设计大楼一样，图纸设计好了才能建成一座漂亮的楼房。网站规划包含的内容很多，如网站的结构、栏目的设置、网站的风格、颜色搭配、版面布局、文字和图片的运用等。

只有在制作网页之前把这些方面都考虑周全，才能在制作时驾轻就熟，胸有成竹。也只有如此，制作出来的网页才能有个性，有特色，具有吸引力。

项目实训

在自己的计算机中创建一个站点。

【实训导航】

无论是大型网站还是小型的个人网站，所有的网页设计师在开发制作网站之前，建立站点都是最先开始的工作。

要求：

1）不能在“C 盘”、“我的文档”和“桌面”上放置站点的根目录。

2）创建默认图像文件夹。

3）所有文件夹都不能使用中文进行命名。

学习评价

序　号	知识点和实践项目	能准确阐述（优）	能阐述（良）	能大致阐述（合格）	不能阐述（不合格）	备　注
1	新建站点					
2	新建页面					
3	保存页面					
4	预览页面					
5	绝对路径					
6	相对路径					

教师评语：

拓展知识：页面的尺寸

在制作网页时，最令初学者困扰的问题之一就是“网页尺寸应该设计为多少”。这是因为不同的访问者可能使用不同大小的显示器，显示器大小的不同导致了它们的分辨率也可能各不相同。例如，15 英寸的显示器最大分辨率为 800×600 像素，17 英寸的显示

器最大分辨率为1024×768像素。一般来说，网页的标准尺寸是分辨率为800×600像素时，网页宽度保持在778像素以内，这样不会出现水平滚动条，高度则视版面和内容决定。分辨率在1024×768像素时，网页宽度保持在1002像素以内，不会出现水平滚动条；如果满框显示的话，高度为612～615像素。页面长度原则上不超过3屏，宽度不超过1屏。以1024×768像素的显示分辨率为主来制作页面是最为常见的，如果要在具有更高分辨率的屏幕上显示，就要尽量使页面居中，两边留白。

项目3 用表格布局网页

项目导学

我们在浏览电子商务网站时可以看到，受欢迎的网站大都颜色艳丽、布局美观，在一个页面上既罗列出了海量的商品信息，又使页面看起来整齐漂亮。这样的网站大部分都是由表格来进行布局排版的，只是因为没有显示表格的边框，所以在浏览时根本看不出表格的存在。掌握表格的操作是制作出整齐美观的电子商务网页的必修课。

体验活动一：认识表格及基本操作

【活动任务】

新建一个表格，并在表格中插入图片和文字，利用“属性”面板修改表格的参数。

【活动指导】

在 Dreamweaver CS4 软件中，只要在“表格”对话框中设置行列数、边框、表格位置等参数，就可以插入表格。表格由行和列组成，行和列交叉所形成的矩形区域（即表格中的一个矩形）称为单元格。在表格中可以合并或拆分多个单元格。

【活动步骤】

1. 启动 Dreamweaver CS4 软件，选择“站点”菜单中的“管理站点”命令，单击“完成”按钮，打开“我的站点 1”，如图 3-1 所示。

2. 双击“文件”面板中的“newbook.html”页面，将该空白页面打开。选择“插入”菜单中的“表格”命令，如图 3-2 所示。

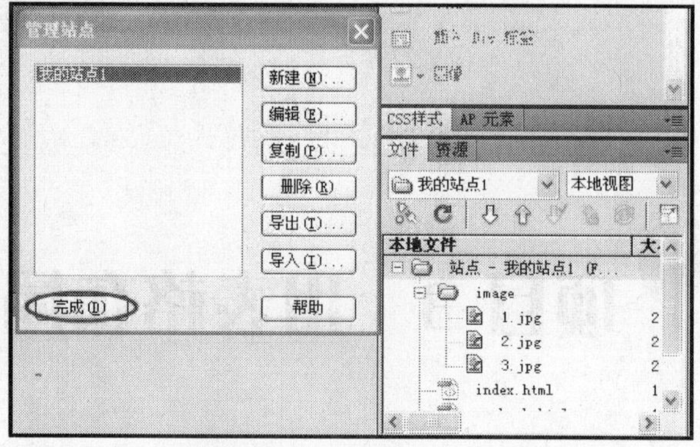

图 3-1　打开“我的站点 1”

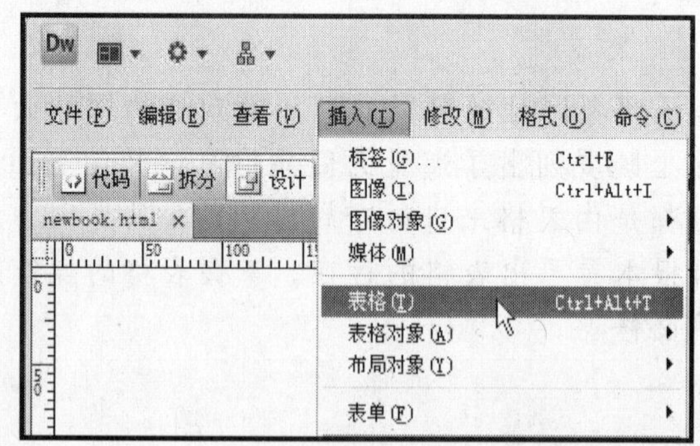

图 3-2　在打开的空白页面中插入表格

3. 在弹出的“表格”对话框中，设置表格为 3 行、2 列，标题选择“左”对齐，单击“确定”按钮，如图 3-3 所示。

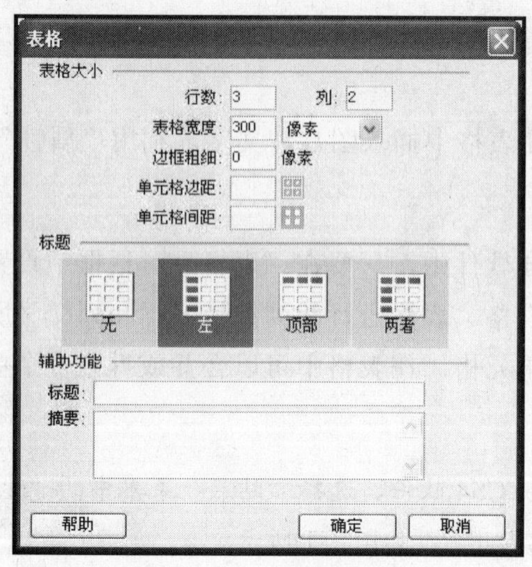

图 3-3　设置表格的参数

4. 在 newbook.html 页面中出现了一个表格，如图 3-4 所示。

5. 选中第一行的两个单元格，单击“属性”面板中的“合并单元格”按钮，如图 3-5 所示。

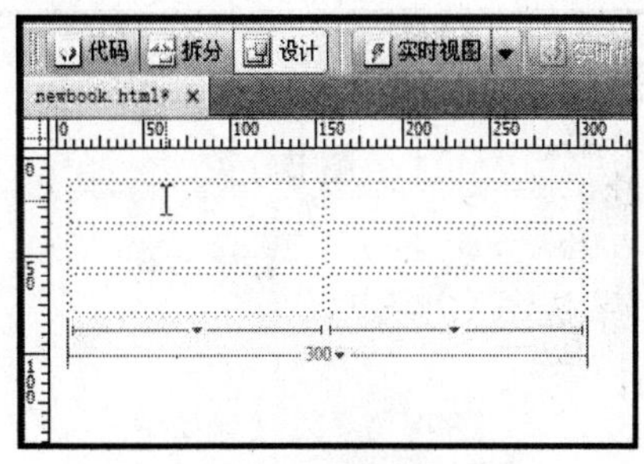

图 3-4　在页面插入的表格

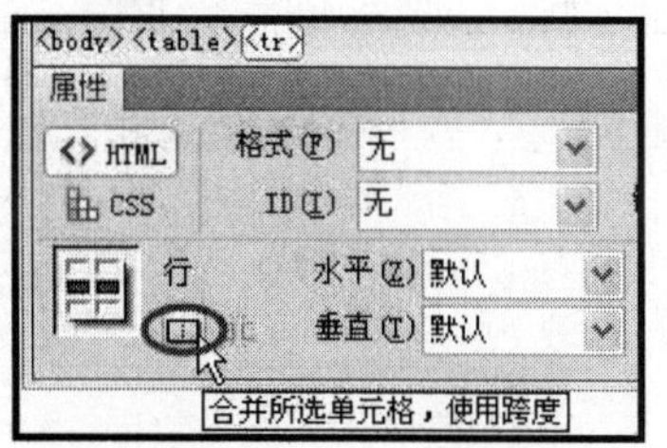

图 3-5　单击“合并单元格”按钮

6. 在合并后的单元格中输入文字“图书分类”，如图 3-6 所示。

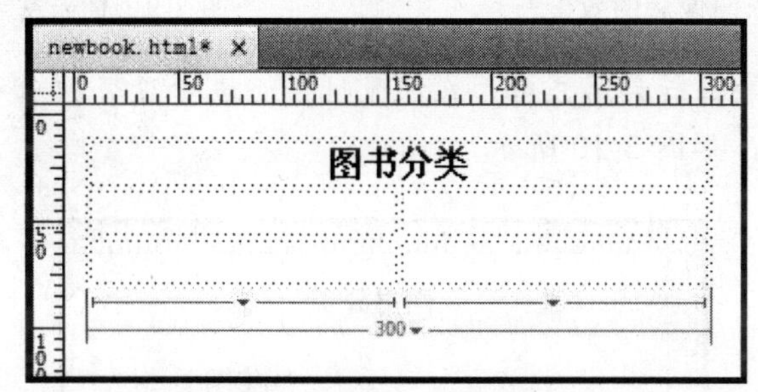

图 3-6　在合并后的单元格中输入文字

7. 在“插入”面板中有很多常用的插入工具。单击“图像”按钮，在弹出的“选择图像源文件”对话框中打开站点中的 image 文件夹，选中 1.jpg 文件（见图 3-7）插入到第一列中间的单元格中。

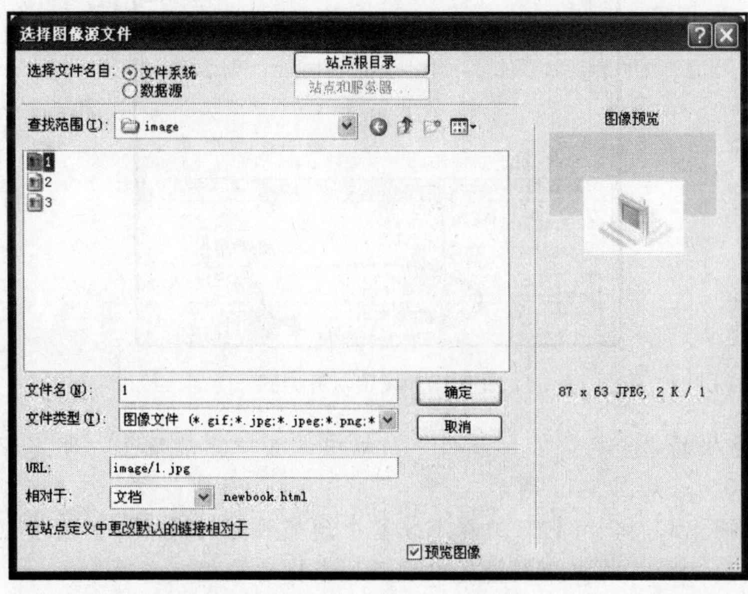

图 3-7　选择要插入的图像

8. 将 2.jpg 插入到第一列最下方的单元格中，完成效果如图 3-8 所示。

9. 在表格的第二列中输入如图 3-9 所示的文字。

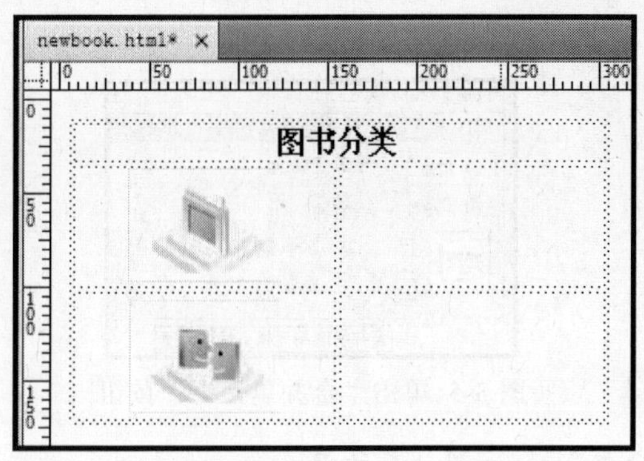

图 3-8　插入图像后的效果

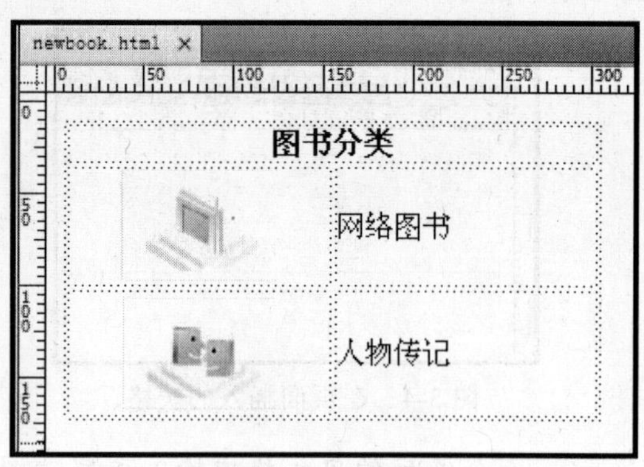

图 3-9　插入文字后的效果

10. 选中表格的第二行和第三行，在“属性”面板中设置“水平”为“居中对齐”，“垂直”为“居中”，如图 3-10 所示。

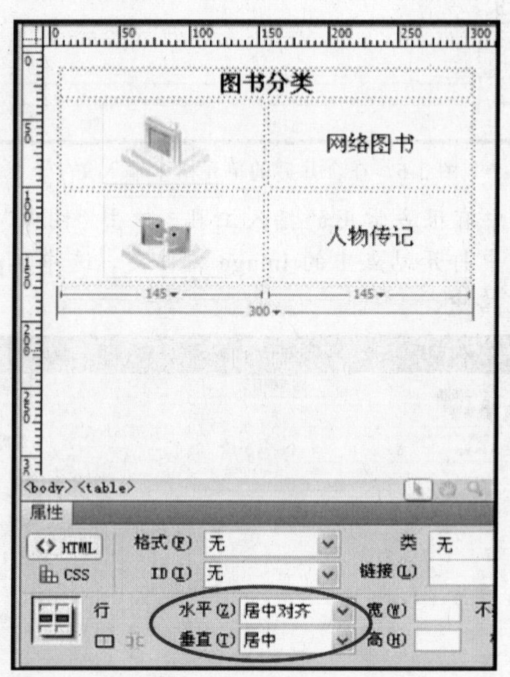

图 3-10　设置对齐方式

11. 选中表格的第一行，在“属性”面板中设置“背景颜色”为“#FFFF66”，设置“高”为“50”，如图 3-11 所示。

12. 保存网页后，按“F12”键在浏览器中预览网页的效果，如图 3-12 所示。由于表格的边框设为“0”，所以在浏览器中看不到表格的边框。

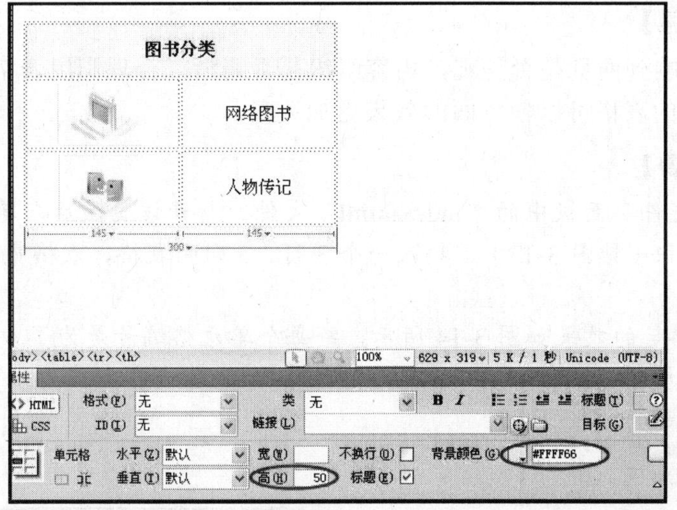

图 3-11　设置背景颜色和行高度

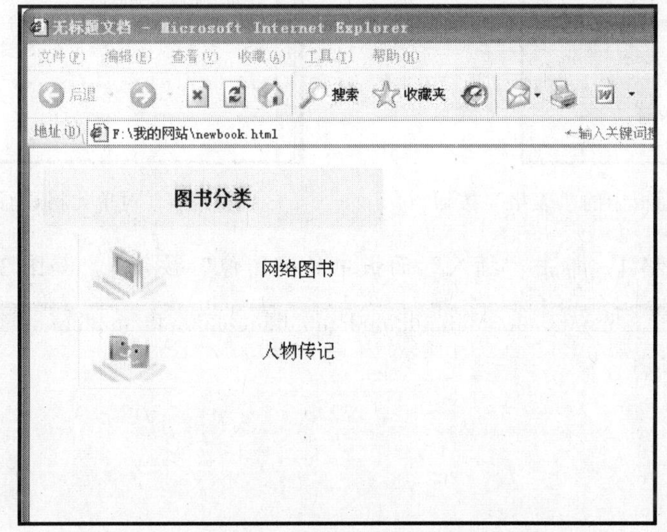

图 3-12　网页在浏览器中的预览效果

体验活动二：表格的基本操作

【活动任务】

利用表格制作圆角矩形样式。

【活动指导】

表格直接影响到网页是否美观，内容组织是否清晰，合理利用表格可以美化页面，特别是圆角矩形的表格可以使页面的效果更加美观。

【活动步骤】

1. 双击“文件”面板中的“index.html”文件。打开该页面后，单击“插入”面板中的“表格”按钮（见图 3-13），插入一个 3 行、3 列的表格，表格宽度为“300”，边框粗细为“0”。

2. 插入表格后的效果如图 3-14 所示，给每个单元格编号是为了方便下面的操作。

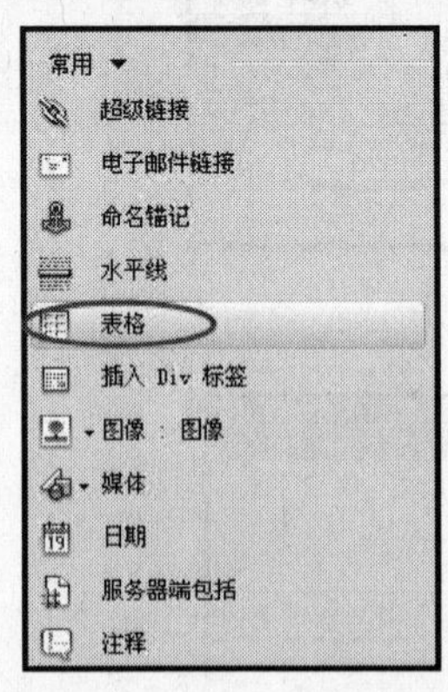

图 3-13 “插入”面板中的“表格”按钮

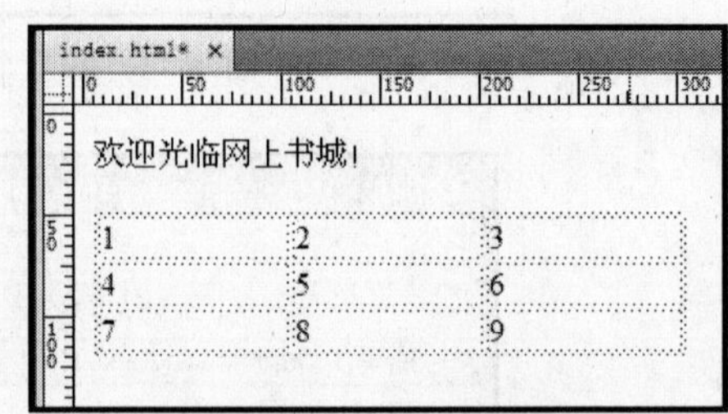

图 3-14 对单元格进行编号

3. 选中单元格 1，单击“插入”面板中的“图像”按钮，如图 3-15 所示。

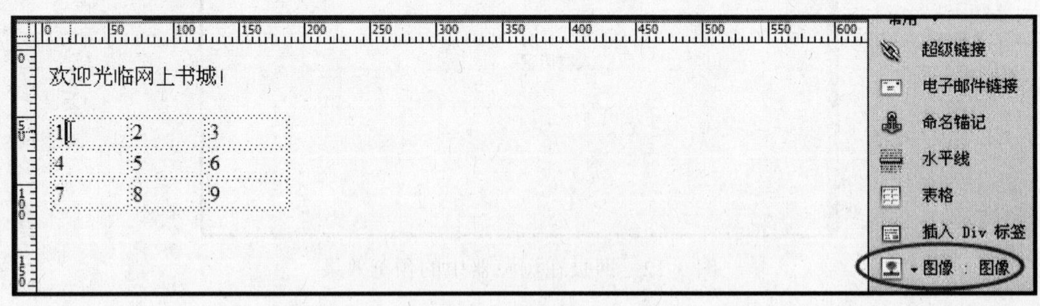

图 3-15 在单元格 1 中插入图像

4. 在弹出的对话框中，选择站点 image 文件夹中的 top_01.jpg 文件，如图 3-16 所示。

5. 图像插入单元格 1 内后，将单元格 1 的宽和高设为“20”像素。因为 top_01.jpg 的宽和高为 20 像素，所以单元格的宽和高需按照插入的图像宽和高设置，如图 3-17 所示。

6. 用同样的方法在单元格 2 中插入 top_02.jpg 文件，在单元格 3 中插入 top_03.jpg 文件，在单元格 4 中插入 cen_02.jpg 文件，在单元格 6 中插入 cen_01.jpg 文件，在单元格 7 中插入 bot_01.jpg 文件，在单元格 8 中插入 bot_02.jpg 文件，在单元格 9 中插入 bot_03.jpg 文件，完成后效果如图 3-18 所示。

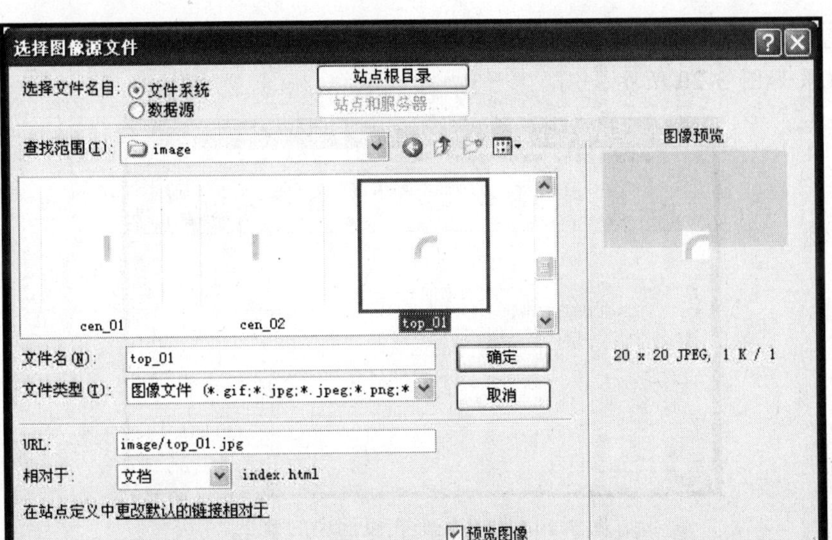

图 3-16　选中图像 top_01.jpg

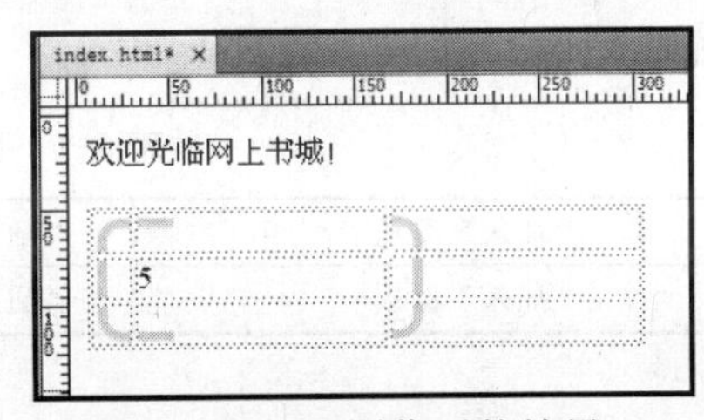

图 3-17　设置单元格 1 的宽度和高度　　　　图 3-18　插入图像后的效果

7. 将“欢迎光临网上书城!”直接拖动到单元格 5 中。选中单元格 2 中的图片 top_02.jpg，在“属性”面板中将它的宽度设置为“260”，用同样的方法将单元格 8 中的图片 bot_02.jpg 的宽度设置为“260”，如图 3-19 所示。

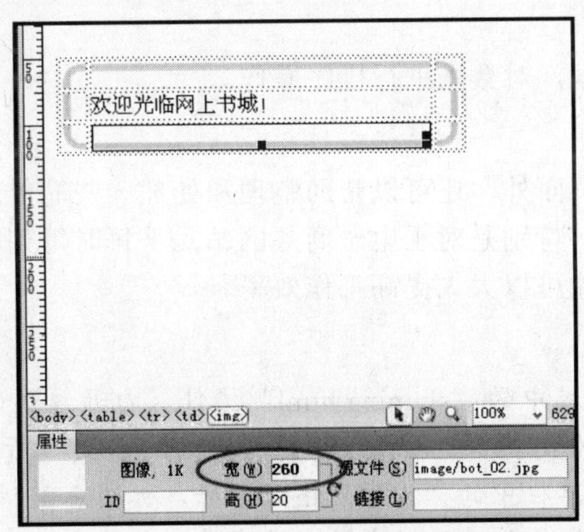

图 3-19　设置单元格中图片的宽度

8. 选中文字“欢迎光临网上书城！”，设置居中对齐。选中表格，在“属性”面板

中将“填充”、“间距”、“边框”均设置为“0”。保存页面，按“F12”键在浏览器中预览，效果如图 3-20 所示。

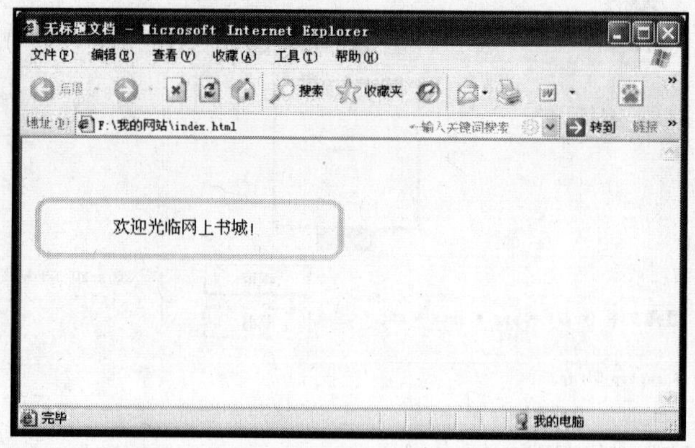

图 3-20 圆角矩形在页面中的效果

【活动小结】

完成体验活动后，填写表 3-1。

表 3-1 插入表格的方法和步骤

“插入”菜单	“插入”→“表格”→
“插入”面板	“插入”→“常用”→

体验活动三：处理表格中的数据

【活动任务】

用表格工具处理数据，对数据进行排序操作。

【活动指导】

表格除了可以美化页面外，还可以帮助整理和处理一些简单的数据。这类操作在网站维护工作中比较常用，特别是对于电子商务网站几乎每时每刻都有大量的信息需要更新，利用表格的这个功能可以大大提高工作效率。

【活动步骤】

1. 双击“文件”面板中的“shuping.html”文件，打开该页面。选中表格，从表格中可以看到“排行”列的数字不是按顺序排列的，如图 3-21 所示。

2. 选择“命令”菜单栏中的“排序表格”命令，如图 3-22 所示。

3. 在弹出的“排序表格”对话框中的“排序按”下拉列表中选择“列 1”，在“顺序”下拉列表中选择“按数字顺序”，在后面的排序方式中选择“升序”，如图 3-23 所示。

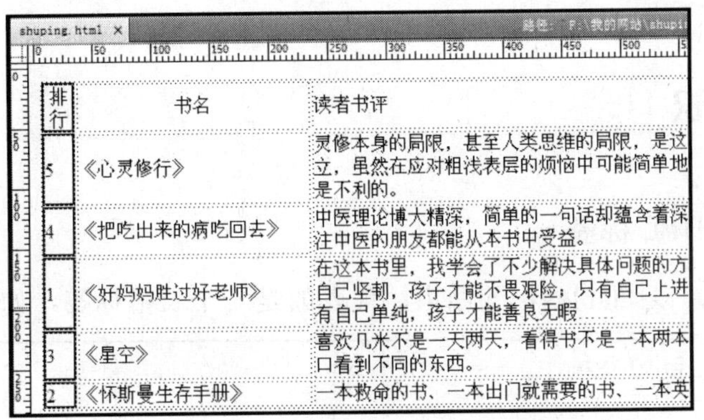

图 3-21　“排行”列数字的排列

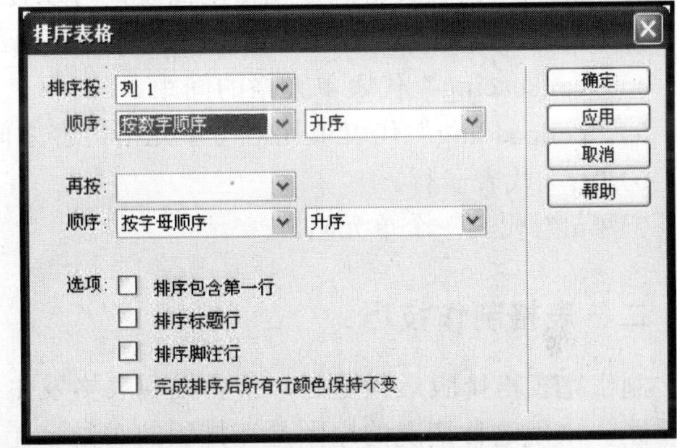

图 3-22　“排序表格”命令　　图 3-23　“排序表格”对话框

4. 设置完参数后，表格中“排行”列的序号便从小到大进行升序排列，如图 3-24 所示。

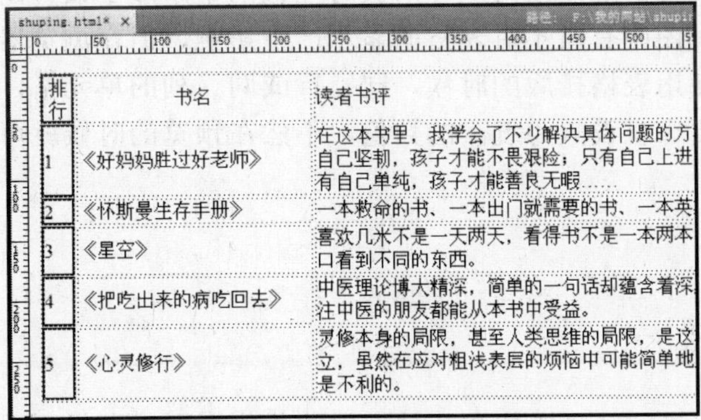

图 3-24　排序后的效果

相关知识

一、表格的 HTML 标签

以<table>开始，以</table>标签结束，代表的是一个表格标签，如图 3-25 所示。

```
<table width="200" border="1" cellspacing="2" cellpadding="0">
  <tr>
      <td> </td>
  </tr>
</table>
```

图 3-25　表格的 HTML 标签

1）“width”代表表格的宽度，可以使用像素或者百分比表示。

2）“hight”代表表格或单元格的高度，可以使用像素或者百分比表示。

3）“border”代表表格边框的宽度，使用像素表示。

4）“cellspacing”代表单元格的间距。

5）“cellpadding”代表单元格与单元格内容之间的间隔距离。

6）“tr”代表一行。

7）“td”代表一个单元格。

二、表格制作技巧

制作完表格排版后预览时，常会发现表格发生了改变，不是高度变高了，就是宽度变窄了。出现这种情况的原因是在排版的时候，无意中把表格的高度或宽度用鼠标拖长或拖短过，这样就会改变网页代码中的高度数值或宽度数值。

在 Dreamweaver CS4 软件中，有时候表格在“设计”视图中显示正常，但在浏览器中显示时却会发生变化，这是因为制作网页时在代码中添加了设置高和宽的代码，而这些代码在“设计”视图中有时不对表格的显示产生影响，但在浏览器中就会按这些代码来显示。所以，在使用表格排版的时候，同一行或同一列的单元格，宽度和高度的数值要么不进行设置，要么就设置为统一的数值，不然在预览的时候就可能会出现错误的显示。

项目小结

本项目学习了表格的基本操作和几种常用的美化页面、更新页面的方法。表格直接影响到网页是否美观，内容组织是否清晰。但是很多初学者常常忽视表格，而把目光投

向了层、图片、特效等，其实合理利用表格可以美化页面。有些初学者抱怨采用表格制作出来的页面显得单调、粗糙，缺乏变化，其实在 Dreamweaver CS4 软件中可以非常方便地格式化表格，从而使设计出来的网页更加美观、精细。

项目实训

使用表格布局出一个网页的大体构架。

【实训导航】

在设计站点首页的过程中，设计师一般会先将首页的大体构架制作出来，然后再去设计细节，而利用表格恰恰可以便捷地完成网页大体构架的设计。

要求：

1）在站点首页中创建一个 3 行、3 列的表格，将表格的宽度设置为 900 像素。

2）将第 1 行和第 3 行的所有单元格进行合并，将第 1 行的单元格高度设置为 80 像素，将第 3 行的单元格高度设置为 100 像素。

3）在第 1 行单元格内再嵌入 2 行 1 列、100%宽度的表格。将第 1 列表格的宽度设置为 220 像素，在第 2 列单元格中制作出网页的导航。

4）将 3 行、3 列表格第 2 行的单元格高度设置为 700 像素，然后将第 2 行第 1 列单元格的宽度设置为 200 像素，第 2 行第 3 列单元格的宽度设置为 210 像素，中间第 2 列单元格的宽度不作设置。

学习评价

序　号	知识点和实践项目	能准确阐述（优）	能阐述（良）	能大致阐述（合格）	不能阐述（不合格）	备　注
1	插入表格					
2	合并单元格					
3	设置行高					
4	设置单元格背景颜色					
5	在表格中插入图像					
6	制作圆角矩形表格					
7	排序表格					
8	修改表格属性					

教师评语：

拓展知识：表格中常用属性的 HTML 代码

一、单元格对齐方式

除了组成表格的基本标签之外，表格有很多属性，如“align”属性用来设定标题文本的水平对齐方式，“vlign”属性用来设定标题文本的垂直对齐方式。

基本语法：

<td align ＝“left”>... </ td>

“left”表示水平居左，另外“center”表示水平居中，“right”表示水平居右。

<td valign ＝“top”>... </ td>

“top”表示垂直居上，另外“middle”表示垂直居中，“bottom”表示垂直居底。

二、表格或单元格的背景颜色

通过“bgcolor”属性可以设定表格或单元格的背景颜色。

基本语法：

<table bgcolor=“#FFFF66”>…</table>

“#FFFF66”表示表格的一种背景颜色。

<td bgcolor=“#FFFF66”>…</td>

“#FFFF66”表示单元格的一种背景颜色。

项目4 美化网页文本

项目导学

在网页中，文字是必不可少的。在阅读这些文字的过程中，大家会发现文字的样式是多种多样的，有大的、小的、红的、蓝的、粗的、细的等，这些不同样式的文字使得原本很单调的文本内容丰富起来。那么这些不同样式的文字是如何做出来的呢？

本项目从文本方面入手，介绍了文本添加的方式以及对添加的文本如何来进行编辑。

体验活动一：在网页中添加“本站信息”页面文本

【活动任务】

学会在网页中直接输入文本信息；学会粘贴其他文本中已经存在的文字信息到网页中；学会导入外部文档。

【活动指导】

我们已经学会了创建网页，但网页中的文字是从什么地方来的呢？其实，可以通过直接在网页上输入文字来获得；还可以通过复制其他文本信息（如 Microsoft Office Word 文档、记事本和 Microsoft Office Excel 文档等），然后粘贴在网页中来获得；除了以上两种插入文本信息的方法之外，还可以通过直接导入已经存在的 Word 文档信息来输入网页内容。

【活动步骤】

1. 新建一个 HTML 网页。
2. 在“设计”视图中直接键入中文内容，如图 4-1 所示。

3. 将其他应用程序（如 Word）中的文本内容进行复制，然后在“设计”视图中将复制的内容进行粘贴，如图 4-2 所示。

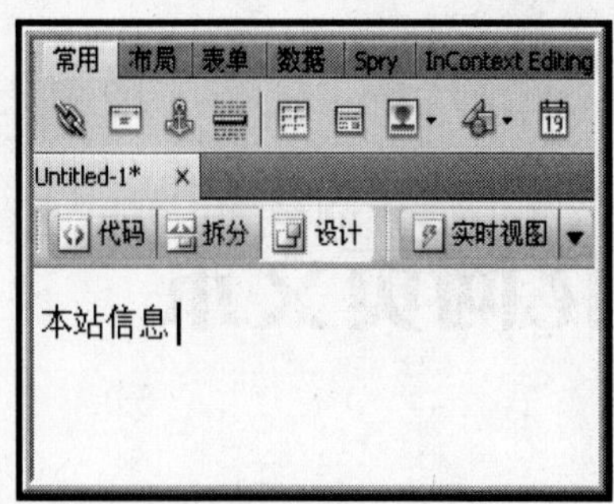

图 4-1 在“设计”视图中输入“本站信息”

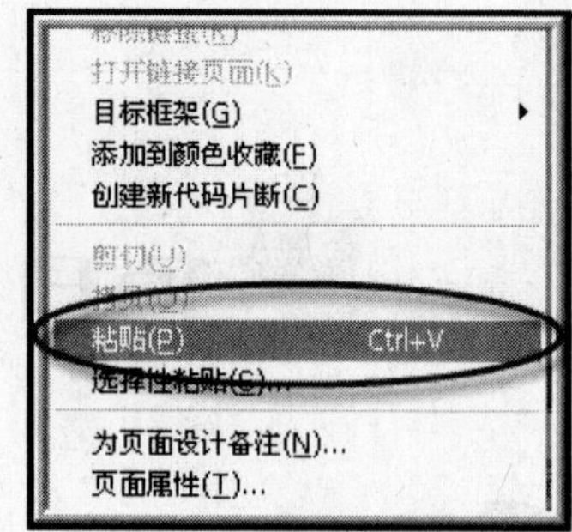

图 4-2 “粘贴”其他已经存在的文本内容

4. 在“设计”视图中，选择“文件”→“导入”→“Word 文档”命令，如图 4-3 所示。

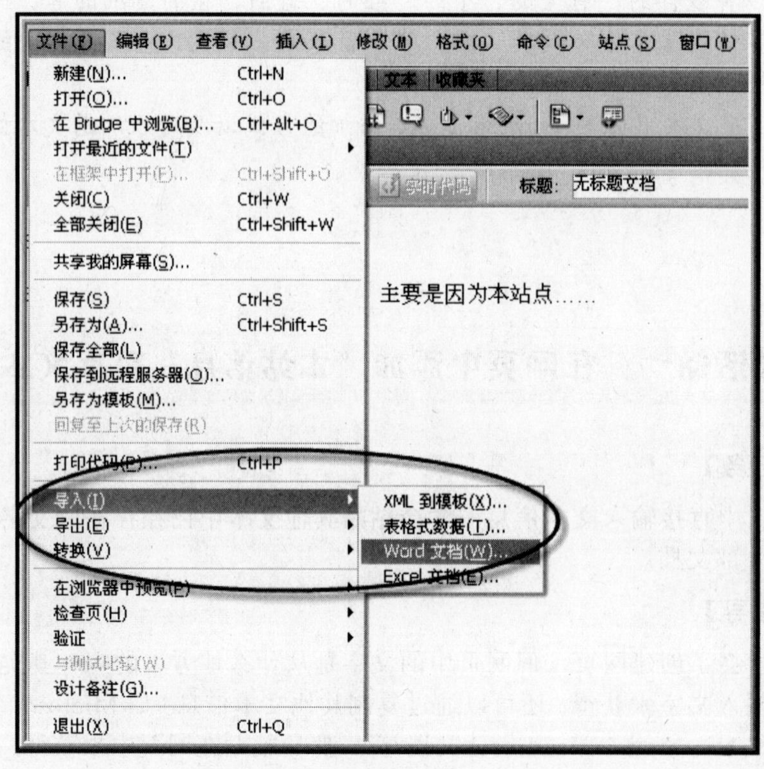

图 4-3 选择导入 Word 文档

5. 在弹出的“导入 Word 文档”对话框中，选择需要添加的一个 Word 文档，然后单击“打开”按钮，即可将文档导入到网页中，如图 4-4 所示。

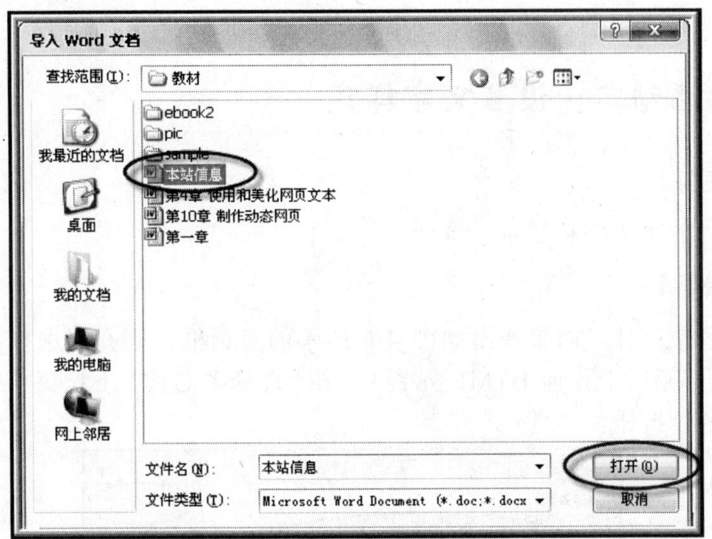

图 4-4　选择已经存在的 Word 文档

6. 最终效果，如图 4-5 所示。

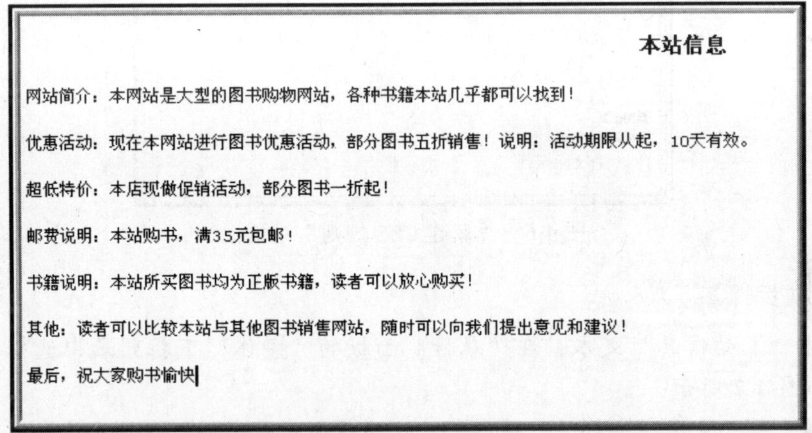

本站信息

网站简介：本网站是大型的图书购物网站，各种书籍本站几乎都可以找到！

优惠活动：现在本网站进行图书优惠活动，部分图书五折销售！说明：活动期限从起，10天有效。

超低特价：本店现做促销活动，部分图书一折起！

邮费说明：本站购书，满35元包邮！

书籍说明：本站所买图书均为正版书籍，读者可以放心购买！

其他：读者可以比较本站与其他图书销售网站，随时可以向我们提出意见和建议！

最后，祝大家购书愉快

图 4-5　添加 Word 文档“本站信息”后的页面内容

➘【活动小结】

在完成了以上体验活动后，根据体验后的感受思考不同文档应选择的插入网页方式，填写表 4-1。

表 4-1　三种文字的插入方式

从网页上找出的某段信息	
单独一行文字	
已经存在于 Word 中的个人日志	

体验活动二：设置文字样式

【活动任务】

设置字号、字体颜色和显示位置。

【活动指导】

在设置文字样式时，如果弹出如图 4-6 所示的对话框，则在“选择器类型”下拉菜单中选择“类(可应用于任何 HTML 元素)”，在“选择器名称”下拉菜单中输入“.style”，然后单击“确定”按钮。

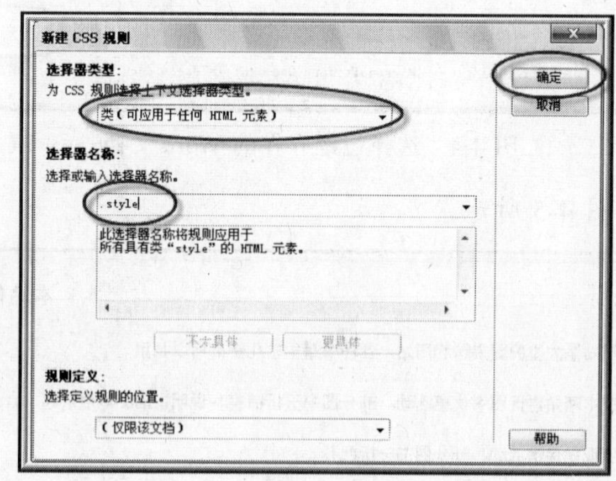

图 4-6 “新建 CSS 规则”对话框

【活动步骤】

1. 选中“本站信息”文本，在“属性”面板的“字体”下拉列表中选择“编辑字体列表”，如图 4-7 所示。

2. 在弹出的“编辑字体列表”对话框中，选择“可用字体”中的“黑体”，单击“<<”按钮添加到“选择的字体”中，最后单击“确定”按钮，如图 4-8 所示。

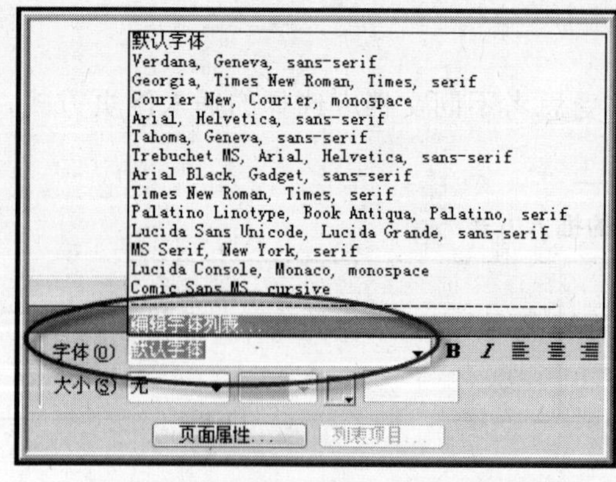

图 4-7 选择“编辑字体列表”

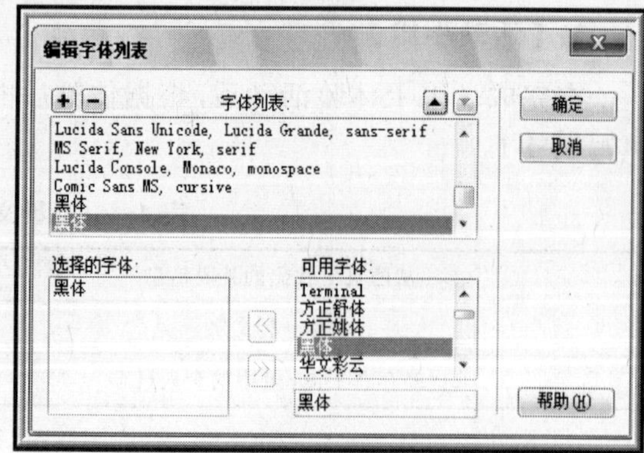

图 4-8 “编辑字体列表”对话框

3. 在“颜色”下拉列表中选择红色，在“大小”选项框中选择字体大小为“24”号字，并单击“居中”按钮，使字体在页面中间显示，如图 4-9 所示。

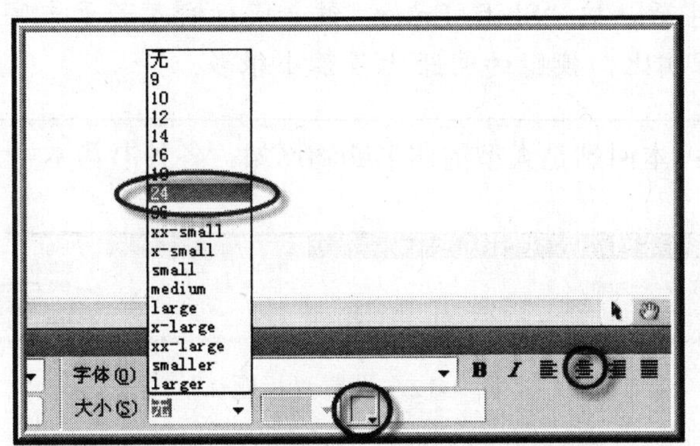

图 4-9　选择颜色、大小及显示样式

4. 最终显示效果，如图 4-10 所示。

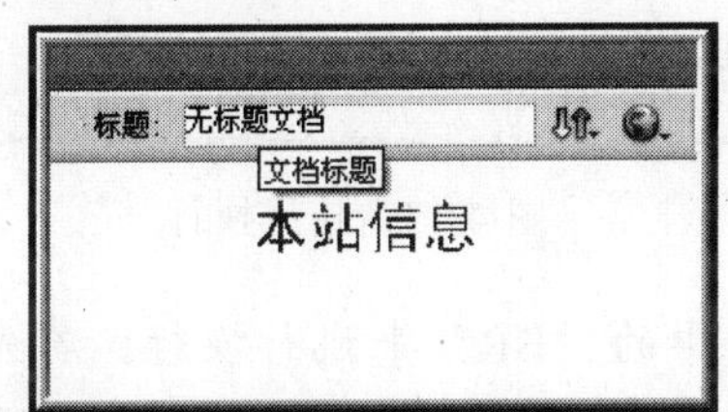

图 4-10　“本站信息”文本的显示效果

体验活动三：设置段落格式

【活动任务】

设置“本站信息”文档中的段落格式。

【活动指导】

通过对文字段落格式的设置，可以使文字信息的内容看起来更清楚。

【活动步骤】

1. 选中需要编辑的段落，单击鼠标右键，在弹出的菜单中选择“段落格式”→“标题 1”命令，如图 4-11 所示。

图 4-11　设置“标题 1”

2. 选中需要编辑的段落，单击鼠标右键，在弹出的菜单中选择“段落格式”→“标题2”命令，如图 4-12 所示。

3. 在第二段文字后，按“Shift+Enter”键，换行输入若干文字，如图 4-13 所示。可以看出，换行和段落相比，换行的间距比段落小很多。

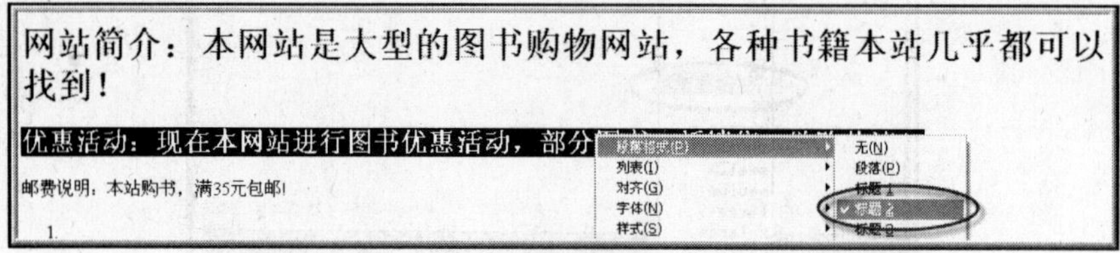

图 4-12 设置“标题 2”

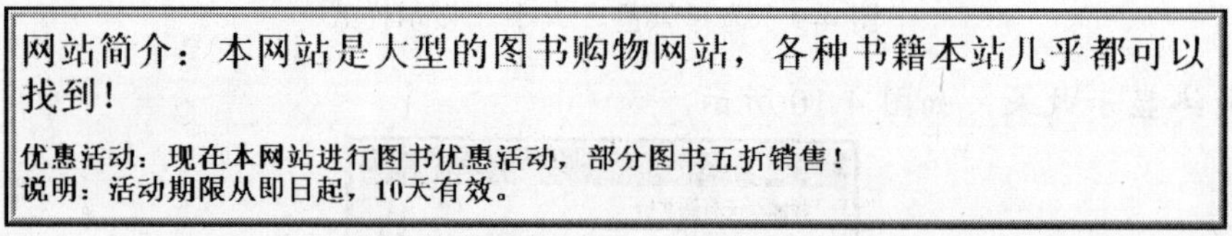

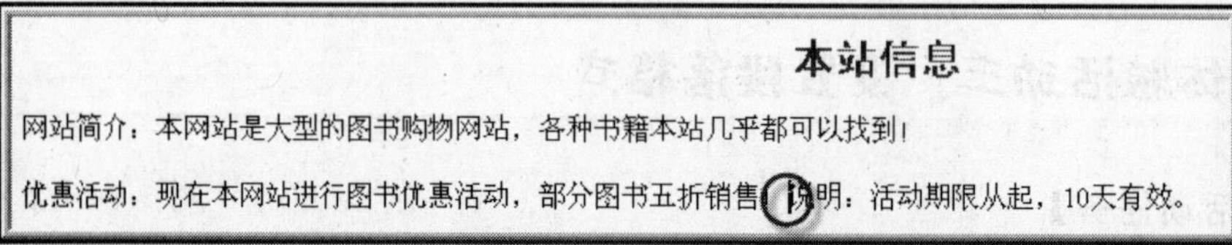

图 4-13 使用换行

4. 使用“文本”工具栏中的“BR”来进行换行。首先将光标定位到需要换行的文字前面，如图 4-14 所示。然后单击“文本”工具栏上“BR”旁的下拉按钮，如图 4-15 所示。

图 4-14 将光标定位到需要换行的文字前面

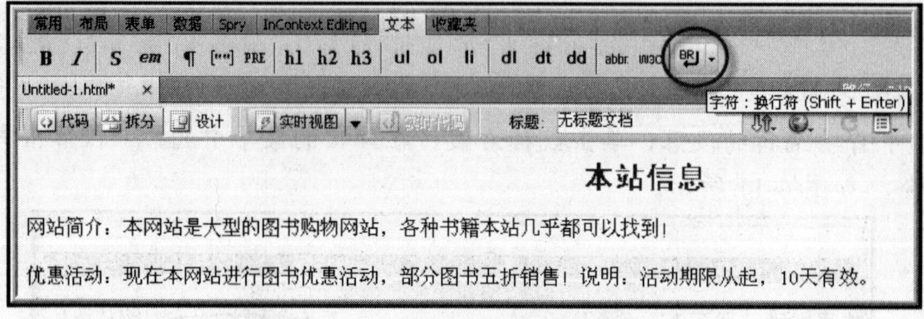

图 4-15 单击“BR”旁的下拉按钮

5. 在弹出的下拉列表中，选择“换行符（Shift+Enter）”命令，如图 4-16 所示。

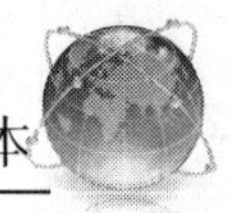

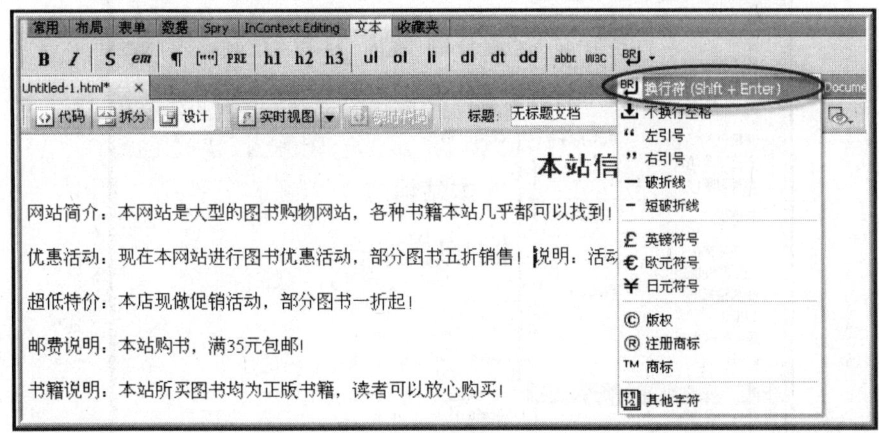

图 4-16　选择"换行符"命令

6. 最终效果，如图 4-17 所示。

网站简介：本网站是大型的图书购物网站，各种书籍本站几乎都可以找到！

优惠活动：现在本网站进行图书优惠活动，部分图书五折销售！
说明：活动期限从即日起，10天有效。

超低特价：本店现做促销活动，部分图书一折起！

邮费说明：本站购书，满35元包邮！

书籍说明：本站所买图书均为正版书籍，读者可以放心购买！

其他：读者可以比较本站与其他图书销售网站，随时可以向我们提出意见和建议！

图 4-17　标题 1～6 的显示效果

体验活动四：在网页中添加特殊字符

【活动任务】

在网页上引用特殊字符。

【活动指导】

在浏览网页的时候，可以看到网站上有一些特殊的符号，这些符号的使用可以让文本更具真实感。

【活动步骤】

1. 将光标停留在需要插入特殊字符的文本处，然后选择"插入"→"HTML"→"特殊字符"命令，然后就会看到 HTML 中自带的各种特殊字符了，如图 4-18 所示。

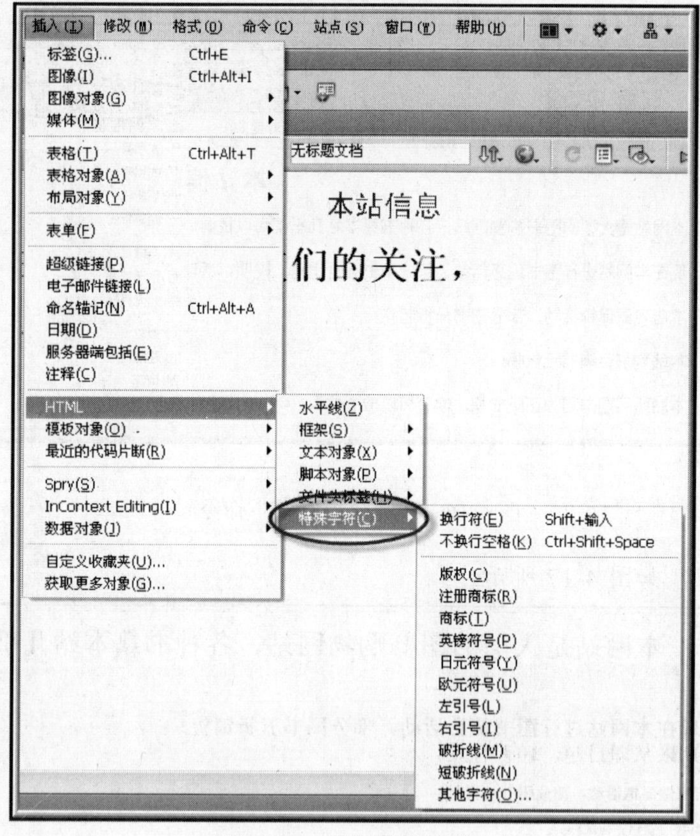

图 4-18 添加特殊字符

2. 按照上面的方法，试添加一些特殊字符。
3. 最终效果，如图 4-19 所示。

图 4-19 部分特殊字符

体验活动五：设置文本内容为列表样式

【活动任务】

在网页中使用列表。

➘【活动指导】

在网页内容中，为了将主题或数据与文档分开，一般采用列表来区分它们。

➘【活动步骤】

1. 项目列表。选中需要进行区分的文档，单击鼠标右键，在快捷菜单中选择“列表”→“项目列表”命令，如图4-20所示。

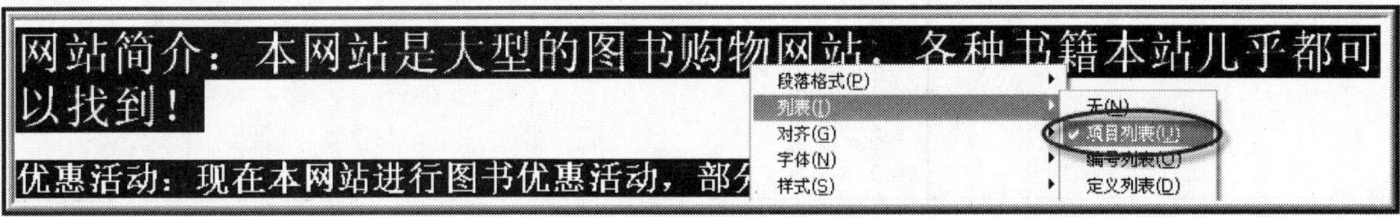

图4-20　使用项目列表

2. 编号列表。选中需要进行区分的文档，单击鼠标右键，在快捷菜单中选择“列表”→“编号列表”命令，如图4-21所示。

图4-21　使用编号列表

3. 最终显示效果，如图4-22、图4-23所示。

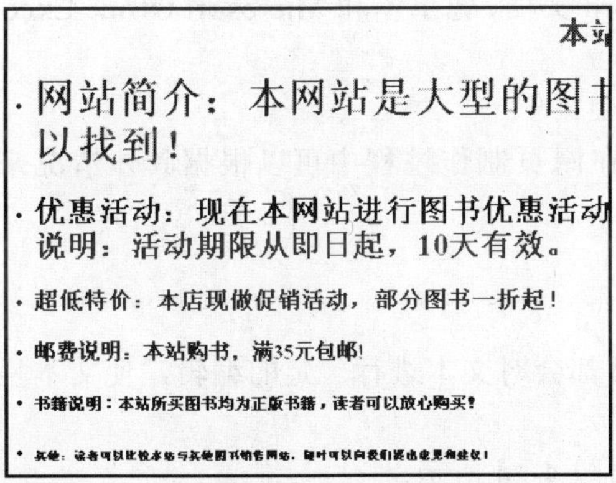

- 网站简介：本网站是大型的图书以找到！
- 优惠活动：现在本网站进行图书优惠活动说明：活动期限从即日起，10天有效。
- 超低特价：本店现做促销活动，部分图书一折起！
- 邮费说明：本站购书，满35元包邮!
- 书籍说明：本站所买图书均为正版书籍，读者可以放心购买！

图4-22　使用“项目列表”功能的显示效果

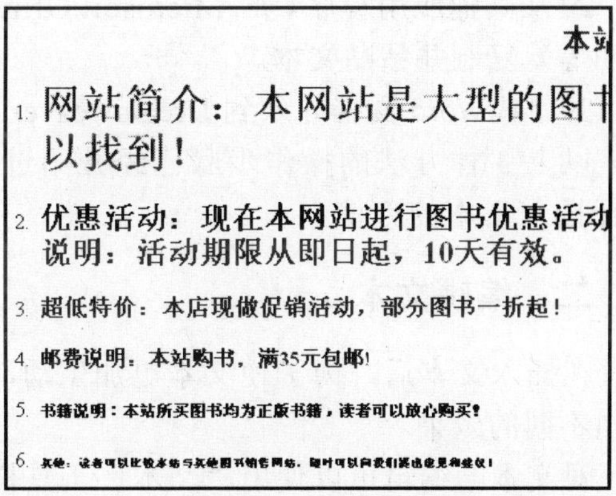

1. 网站简介：本网站是大型的图书以找到！
2. 优惠活动：现在本网站进行图书优惠活动说明：活动期限从即日起，10天有效。
3. 超低特价：本店现做促销活动，部分图书一折起！
4. 邮费说明：本站购书，满35元包邮!
5. 书籍说明：本站所买图书均为正版书籍，读者可以放心购买！

图4-23　使用“编号列表”的显示效果

注意：“项目列表”和“编号列表”功能只能针对段落有效，对换行的文字是不能形成列表样式的。

【活动小结】

完成体验活动后，填写表 4-2。

表 4-2 “本站信息”内容的设置

设置字体	1. 字体颜色 2. 3. 粗细 4.
设置段落格式有三种形式	1. 2. 换行 3.
项目列表和编号列表的直观区别	

相关知识

一、插入文本

在网页制作过程中，文字信息必不可少，以下是 3 种常用的插入文本的方法：

1）在网页中键入文本。

2）从其他应用程序（如 Microsoft Office Word 文档、记事本和 Microsoft Office Excel 文档等）复制并粘贴文本。

3）将 Word 文档导入到 Dreamweaver 软件中。

以上 3 种方法的操作步骤已经介绍过了，在网页制作过程中可以根据具体情况来选择插入文本的方法。

二、编辑文本

在插入文本后，为了使文本更加生动，通常都会对文本进行一定的编辑，使文本呈现出不同的效果。

对文本的编辑可以使用“文本”工具栏，如图 4-24 所示。

图 4-24 使用“文本”工具栏

针对文本的编辑有以下几个方面。

1．修改字体设置

一般情况下，输入文本的字体都会设置为“默认字体”，如图 4-25 所示。

图 4-25　“默认字体”设置

若想要修改字体设置，则选中需要修改的文本，单击如图 4-25 所示的下拉箭头“▼”，选择其他的字体样式，如图 4-26 所示。

如果想要设置为中文字体，则需要选择“编辑字体列表”(见图 4-26)。在弹出的“编辑字体列表”对话框的“可用字体”中选择需要设置的字体类型，如“华文楷体”，然后单击“<<”按钮，在“选择的字体”和“字体列表”中就会出现选中的字体“华文楷体”，最后单击“确定”按钮，如图 4-27 所示。

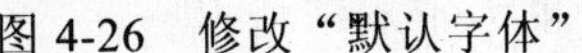

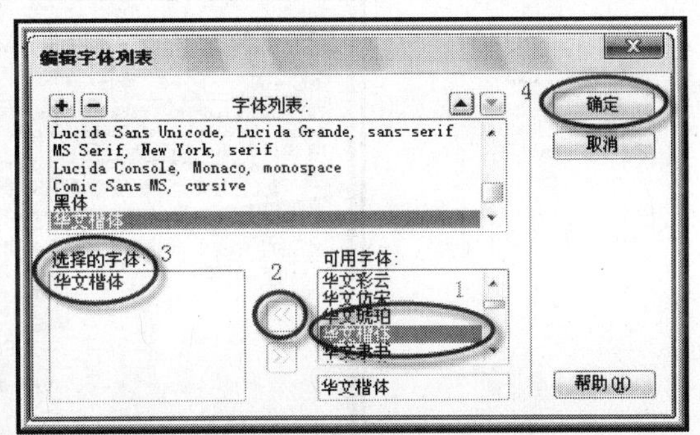

图 4-26　修改“默认字体”　　　图 4-27　“编辑字体列表”对话框

如果想删除已经存在的字体，则在“编辑字体列表”对话框中选中想删除的字体，在“选择的字体”中就会出现相应的字体信息，如图 4-28 所示。

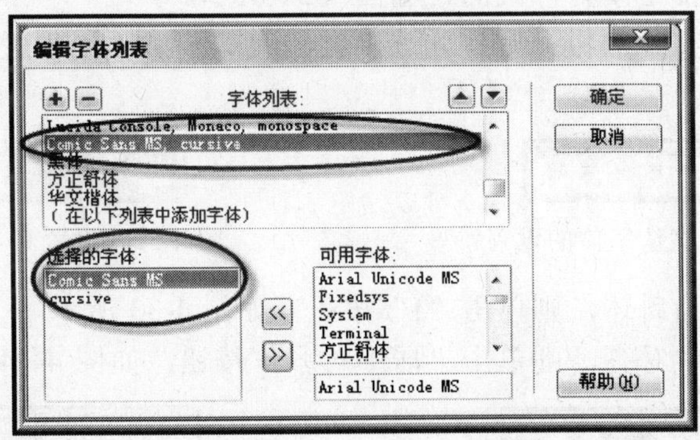

图 4-28　在“编辑字体列表”对话框中选中需要删除的字体

例如，想要删除“cursive”字体，则首先选中该字体，然后单击“>>”按钮，最后单击“确定”按钮即可删除“cursive”字体，如图 4-29 所示。

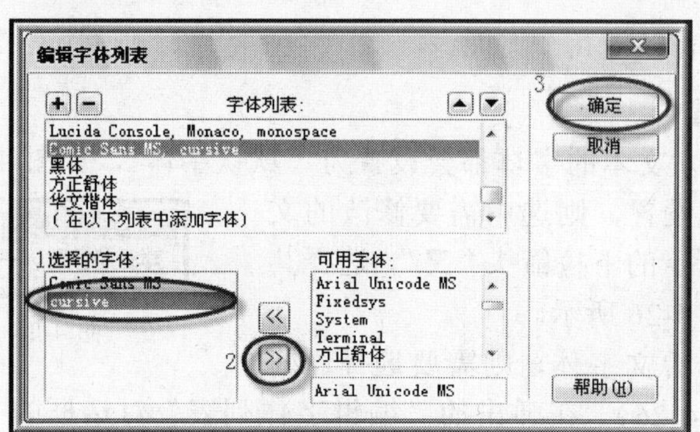

图 4-29　删除“cursive”字体

想要同时删除 “Comic Sans MS”和“cursive”字体，则可以直接在“字体列表”中选中该字体，然后单击“-”按钮，最后单击“确定”按钮即可，如图 4-30 所示。

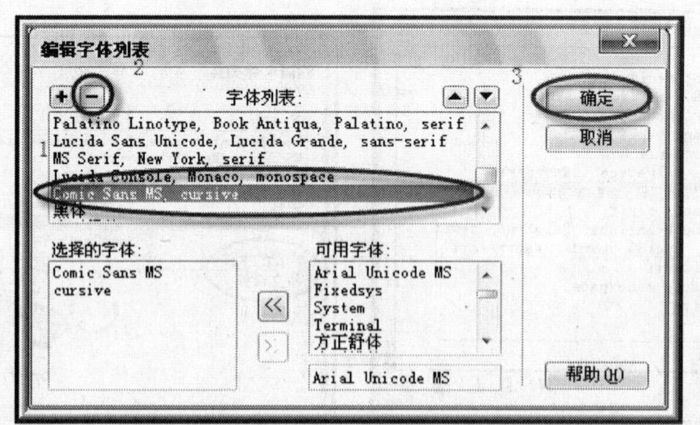

图 4-30　同时删除“Comic Sans MS”和“cursive”字体

2．修改字体样式

默认设置的字体都是没有样式的，如图 4-31 所示。

如果想要将标题文本加粗，则首先选中标题文本，然后单击“B”按钮，如图 4-32 所示。

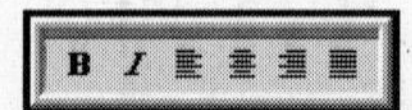

图 4-31　默认字体的设置

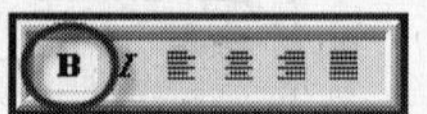

图 4-32　设置文本为粗体

如果想使文本成为斜体，则单击“I”按钮，如图 4-33 所示。

如果想使文本居中对齐，则单击“居中对齐”按钮，如图 4-34 所示。

图 4-33　设置文本为斜体

图 4-34　设置文本为居中对齐

“左对齐”按钮，如图 4-35 所示。

“右对齐”按钮，如图 4-36 所示。

“分散对齐”按钮，如图 4-37 所示。

图 4-35　设置文本为左对齐

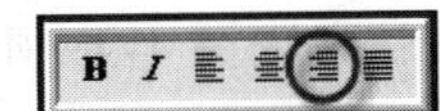

图 4-36　设置文本为右对齐

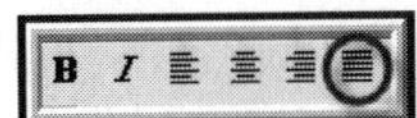

图 4-37　设置文本为分散对齐

3．修改字体大小和颜色

一般情况下，输入文本的大小都是默认的，如图 4-38 所示。

图 4-38　默认文本大小为"无"

若想将输入的文本放大，则选中需要放大的文本，单击"无"后的"▼"（见图 4-37），然后选择"24"即可将字体设置为 24 号，注意选择字号单位为"px"（像素），如图 4-39 所示。

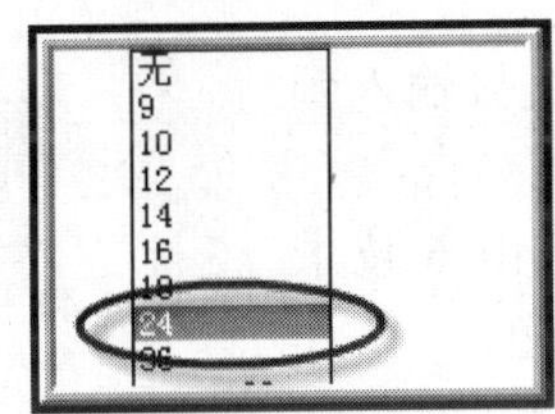

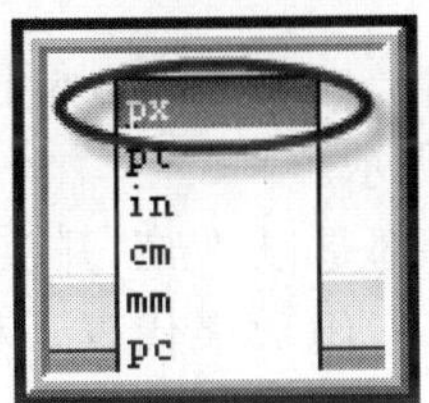

图 4-39　设置文本字号为 24 像素

若想要改变文本的颜色，则需要先选中文本，然后单击"颜色"按钮即可弹出色板，如图 4-40 所示。

图 4-40　单击"颜色"按钮

在色板中选择自己喜欢的颜色，如图 4-41 所示。

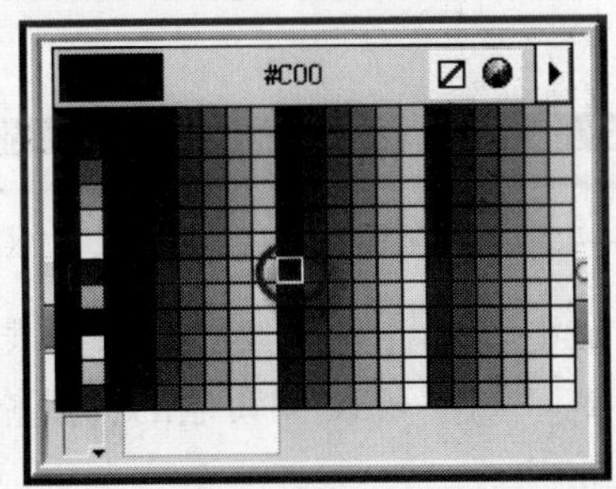

图 4-41　在色板中选择自己喜欢的颜色

如果色板中的颜色都不合适，可以自己进行调色，单击"自定义颜色"按钮，如图 4-42 所示。

图 4-42　打开"自定义颜色"

在"颜色"对话框右边的面板中选择自己喜欢的

颜色。选好颜色后，单击“确定”按钮，如图 4-43 所示。

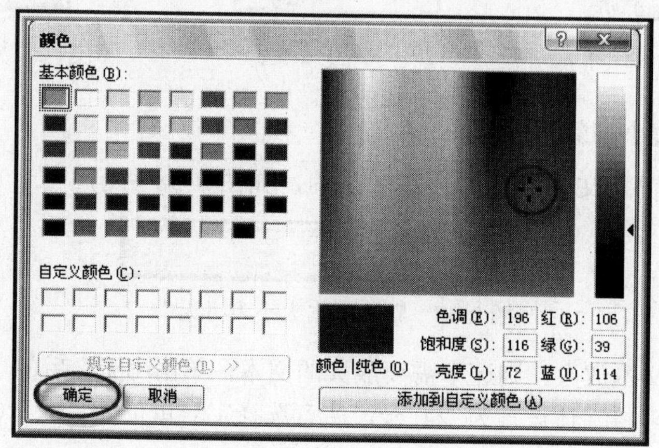

图 4-43　在“颜色”对话框中选择喜欢的颜色

如果知道颜色的编号，可以在文本框中直接输入颜色的编号，如图 4-44 所示。

图 4-44　直接输入颜色的编号

注意：颜色的编号都是以“#”开头的，由 6 位十六进制的数字组成，每一组数字代表一种颜色。

4．设置段落格式

文本的段落格式有标题、换行和已编排格式三种。

1）标题：一共有六级，按照数字 1～6 排列，越小的数字，显示的段落就越明显，字体就越大。在设置标题的时候，除了可以选中文字，通过单击鼠标右键来设置之外，还可以通过“文本”工具栏来设置，如图 4-45 所示。

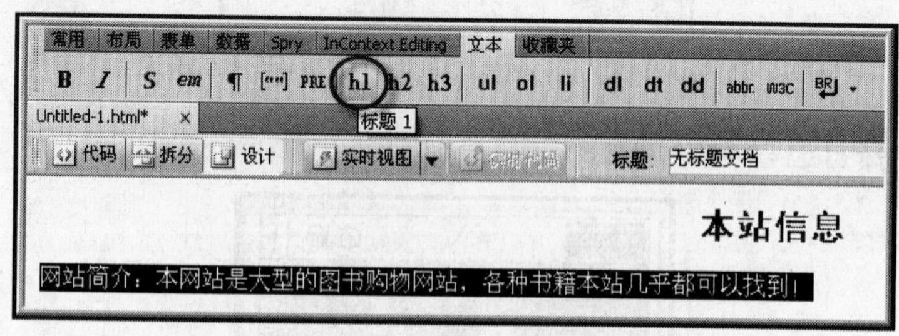

图 4-45　通过“文本”工具栏设置标题

“h1”表示“标题 1”，“h2”表示“标题 2”，“h3”表示“标题 3”。在“文本”工具栏中只能设置这 3 种标题格式，如果要设置其他的标题格式，只能通过单击鼠标右键来设置。

2）换行：在编辑文本的时候，有些文本虽然在一个段落中，但是需要分两行显示，这时可以使用换行。按“Shift+Enter”键即可实现换行操作。

3）已编排格式：在不知道使用哪种格式来编辑文本时，可以使用“已编排格式”来按照默认的格式进行文本的编排。

选中需要编辑的文本，单击“PRE”按钮，如图 4-46 所示。

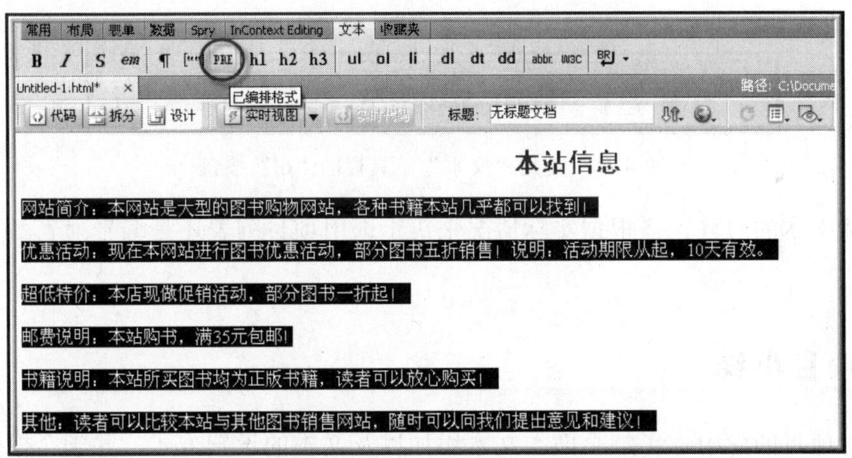

图 4-46　利用“已编排格式”

最终效果，如图 4-47 所示。

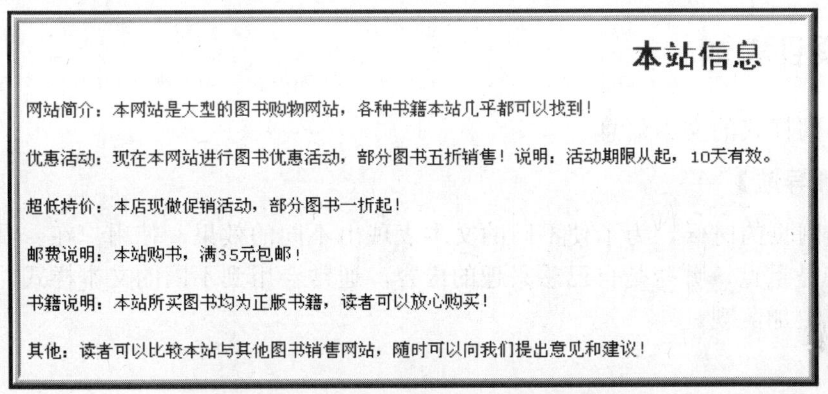

图 4-47　“已编排格式”的最终效果

5. 使用列表

在编辑文本的时候，为了方便用户直观地了解到内容的主题，通常采用列表的形式来进行文本的排版。Dreamweaver 软件中常用的列表有以下两种形式。

1）项目列表：按照所选文本的段落，将文字本部缩进，然后在每段文本前面加上“●”。

2）编号列表：按照所选文本的段落，将文本全部缩进，然后在每段文本前面加上数字序号。

项目列表可以通过单击鼠标右键来设置，还可以通过“文本”工具栏来设置。

设置项目列表时需选中要设置的文本，然后单击“文本”工具栏中的“ul”按钮，如图 4-48 所示。

图 4-48　使用“文本”工具栏的“ul”按钮

设置编号列表时需选中要设置的文本，然后单击“文本”工具栏中的“ol”按钮，如图 4-49 所示。

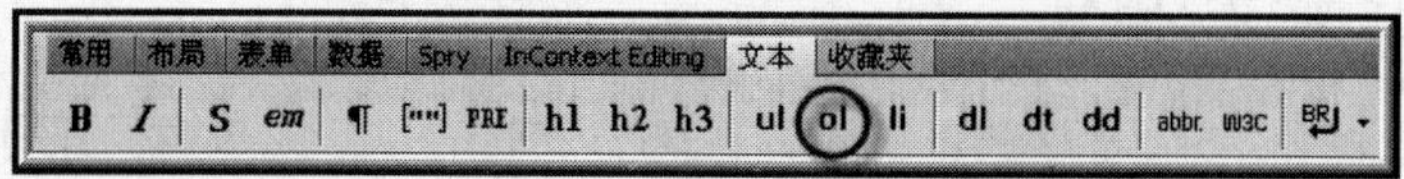

图 4-49　使用“文本”工具栏的“ol”按钮

在编辑文本的时候，需根据实际情况来决定选用项目列表还是编号列表。

项目小结

通过本项目的学习，了解页面上文本添加以及文本的设置方式，并学会根据要求或者自己的喜好来设置页面上文本的显示样式。

项目实训

制作不同样式的文本信息。

【实训导航】

在制作网页的时候，为了使不同的文本表现出不同的效果，使用户在一看到网页时就知道哪些是重点，哪些是自己感兴趣的内容，通常会用到不同的文本样式，这些可以使页面变得更加美观。

要求：

1）使用项目列表制作文本信息，如图 4-50 所示。

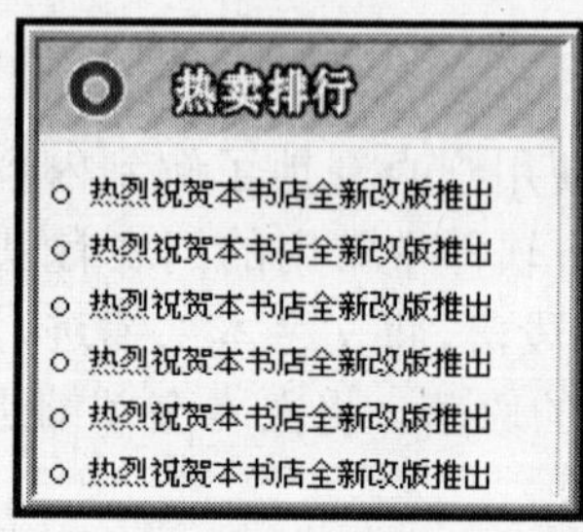

图 4-50　“热卖排行”文字列表

2）使用“已编排格式”编辑文本，对“热门搜索”字样使用“红色”、“加粗”来编辑，如图 4-51 所示。

热门搜索: 研究生教材　食谱　小学作文　钢笔字帖　求医不如求己　明朝那些事儿

图 4-51　“热门搜索”文本内容

3）使用“标题 5”来编辑“财经管理”字样，其他文字使用“已编排格式”，如图 4-52 所示。

财经管理

企业管理	经营管理
人才资源	账务会计
市场营销	股票投资
商业史传	员工培训

图 4-52 “财经管理”文本内容

学习评价

序　号	知识点和实践项目	能准确阐述或能独立完成(优)	能阐述或能合作完成（良）	能大致阐述或能基本完成（合格）	不能阐述或不能完成（不合格）	备　注
1	在页面上添加文字					
2	修改文字字体					
3	修改文字样式					
4	修改段落格式					
5	添加特殊字符					
6	使用项目列表					
7	使用编号列表					

教师评语：

拓展知识：CSS 样式

CSS 是“Cascading Style Sheet”的缩写，译作“层叠样式表”，是用于控制（增强）网页样式并允许将样式信息与网页内容分离的一种标记性语言。

在 Dreamweaver 软件中，CSS 样式在工作界面右侧的面板中有专门的显示，如图 4-53 所示。

在“CSS 样式”面板中有“全部”和“正在”两个选项卡，默认选中的是“全部”选项卡。在“所有规则”下，可以看到当面页面上所有使用的 CSS 样式，选中任意一个样式，则在下半部分窗体中可以看到相应的样式属性，可以通过单击“添加属性”链接

来增加新的属性，如图 4-54 所示。

图 4-53　CSS 样式

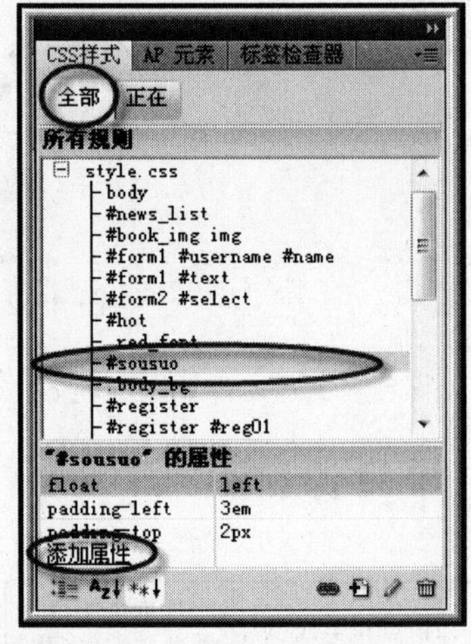

图 4-54　CSS 样式的“添加属性”链接

选中属性中的任意一项，单击鼠标右键，在弹出的快捷菜单中选择“新建”命令可以重新添加一个 CSS 样式；选择“编辑”命令可以修改选中的属性值；选择“删除”命令可以从样式表中删除该属性，如图 4-55 所示。

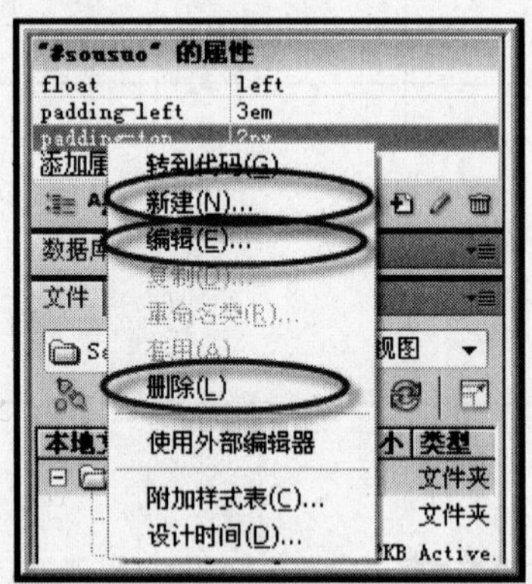

图 4-55　编辑 CSS 样式中的属性

以上简单介绍了一下 CSS 样式，在后面的学习中还将会重点介绍 CSS 样式的类型、创建方式以及各种不同类型样式的使用方法。

项目5 使用图像美化页面

项目导学

网页中包括文本、图像、链接等要素，在网页中添加适当的图像并对其进行处理，能使网页看起来更加美观、生动。本项目将详细介绍在网页中添加图像以及如何对它进行编辑处理的方法。

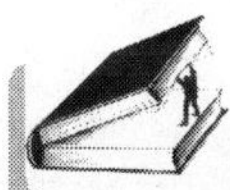

体验活动一：在页面中添加图像

【活动任务】

在“好书热评”页面中直接插入图像文件；通过插入占位符来添加图像。

【活动指导】

网页中图像的添加不宜过多过杂，图像的选择一定要符合网页的主题，在素材中应选取最具代表性的、比较清晰的图像来美化网页。在制作网页时先要规划出整个页面的布局。在向网页中插入图像前，可先插入图像占位符，预先将图像的位置留出，待素材确定好以后再将图像插入网页。在网页中的图像还可以添加鼠标经过效果，这样可使网页看起来更加生动、美观，要特别注意的是应尽量使用两张大小基本一致的图像来创建鼠标经过效果。

【活动步骤】

1. 在Dreamweaver软件中打开网页，将光标定位在需要插入图像的位置，如图5-1所示。

2. 在“插入”菜单下选择“图像”命令（见图5-2），或者单击“常用”工具栏中的“图像”按钮 图像。

3. 在“选择图像源文件”对话框中选择图像所在的文件夹，选择需要插入的图像，单击“确定”按钮，如图 5-3 所示。

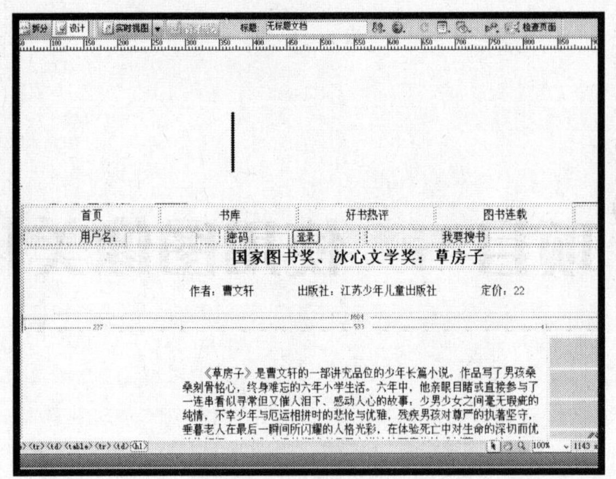

图 5-1 定位光标

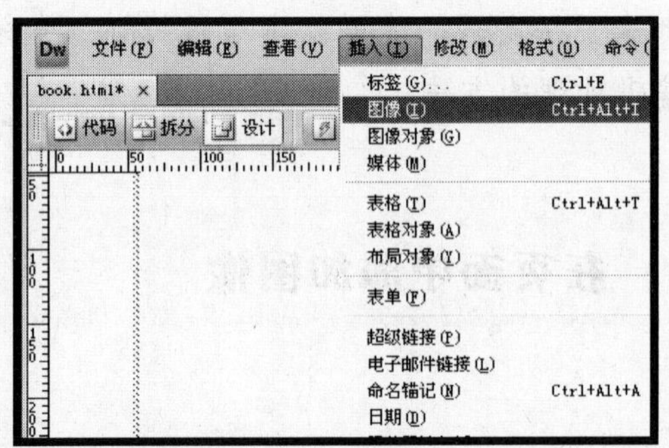

图 5-2 选择“图像”命令

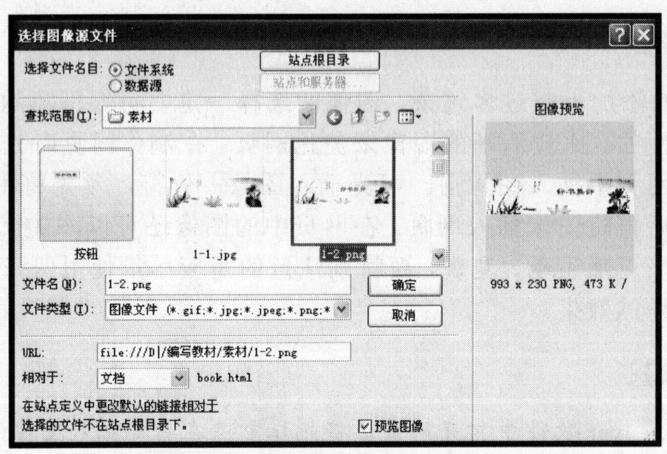

图 5-3 从文件夹中选择图像

4. 如果所选择的图像不在当前网页的网站文件夹中，那么会弹出如图 5-4 所示的提示框，询问是否复制到站点根文件夹中，此时单击“是”按钮。

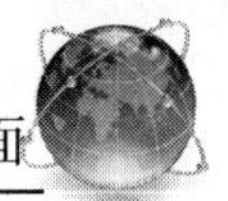

5. 单击“images”文件夹，单击“保存”按钮，如图 5-5 所示。图像文件一般保存在“images”文件夹中，若没有应新建一个文件夹。

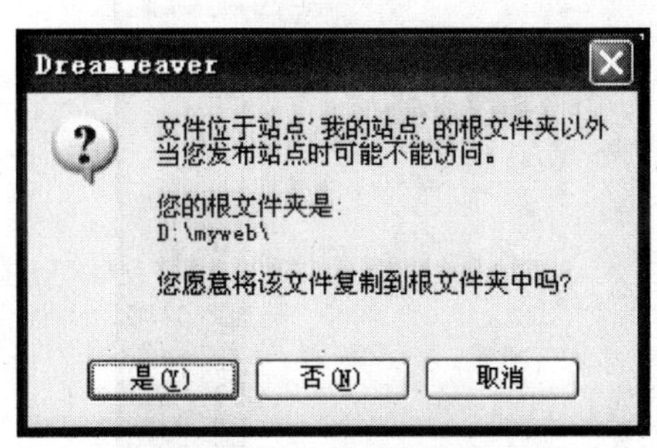

图 5-4 保存图像

图 5-5 选择保存路径

6. 当浏览网页但图像无法显示或者当鼠标指向图像时，就会显示“图像标签辅助功能属性”对话框的“替换文本”中所输入的内容。在“图像标签辅助功能属性”对话框的“详细说明”中输入图像的路径和名称，最后单击“确定”按钮，如图 5-6 所示。

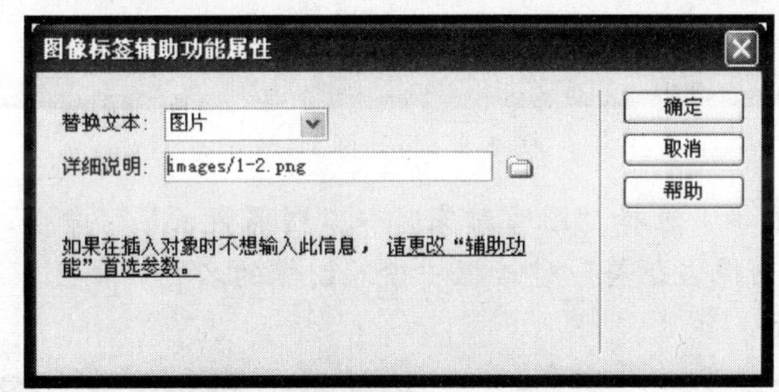

图 5-6 输入替换文本和图像路径

7. 网页添加图像后的效果，如图 5-7 所示。

图 5-7 最后效果

8. 在网页左边需要插入图像的位置定位光标，如图 5-8 所示。

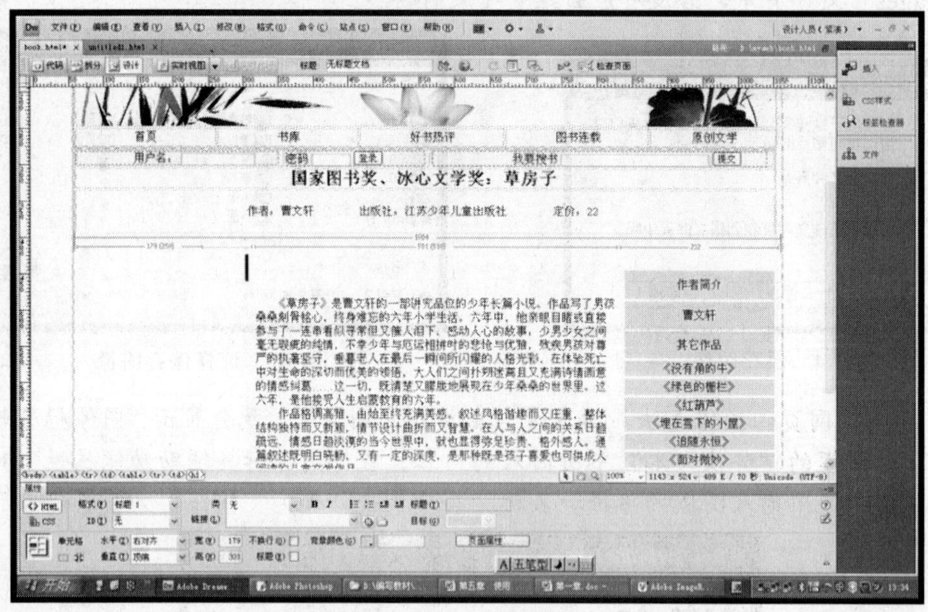

图 5-8 将光标定位

9. 在“插入”菜单下选择“图像对象”→“图像占位符”命令，如图 5-9 所示。

10. 在弹出的“图像占位符”对话框中输入图像的名称和宽度、高度，单击“确定”按钮，如图 5-10 所示。

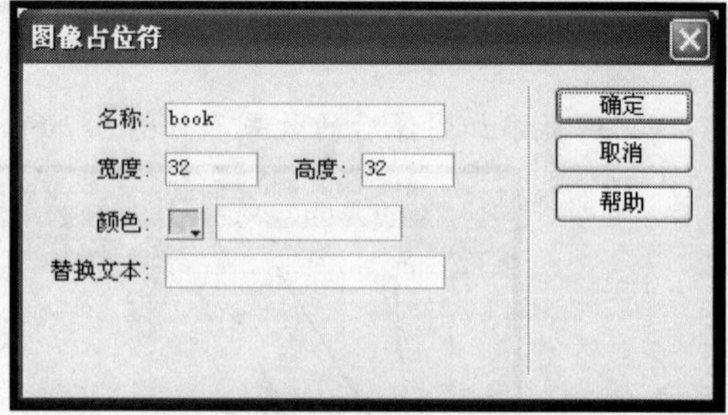

图 5-9 选择“图像占位符”命令　　图 5-10 设置图像占位符

11. 图像占位符上显示了图像的名称以及大小，如图 5-11 所示。

12. 双击图像占位符，在“选择图像源文件”对话框中选择图像所在的文件夹，选择需要插入的图像，单击“确定”按钮，如图 5-12 所示。如果该图像不在站点内，系统会弹出提示框询问是否将图像保存到根文件夹中，此后的操作步骤和直接插入图像文件一样。

13. 首先将鼠标定位在要创建鼠标经过图像的位置，再从“插入”菜单中选择“图像对象”→“鼠标经过图像”命令，如图 5-13 所示。

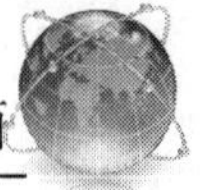

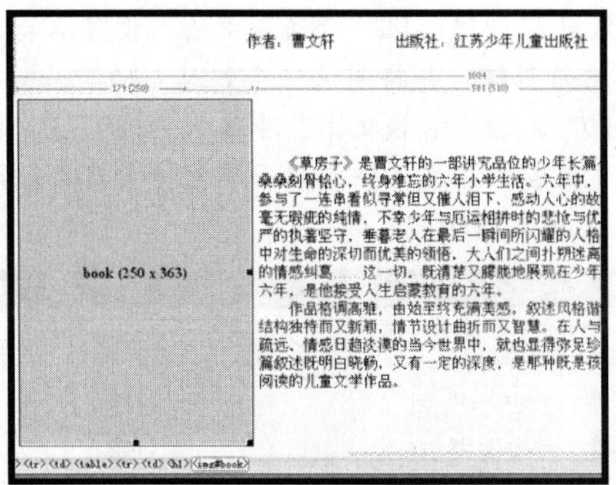

图 5-11　图像占位符

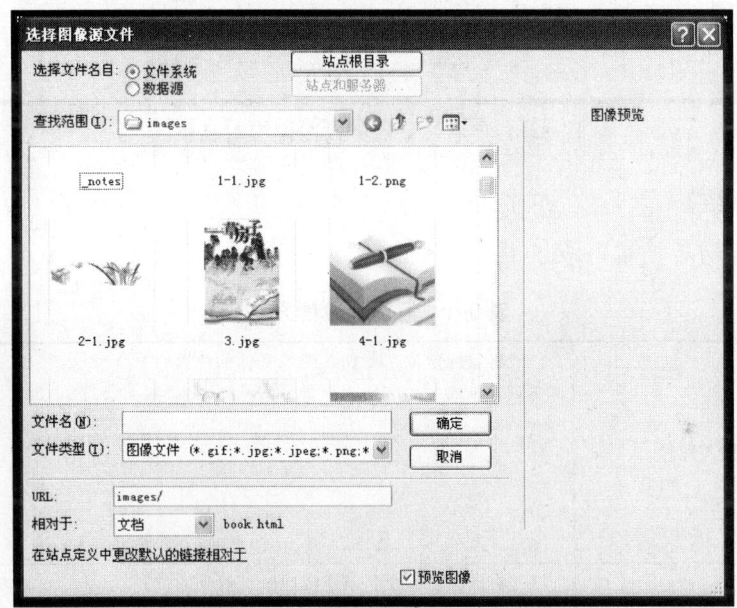

图 5-12　选择要添加的图像

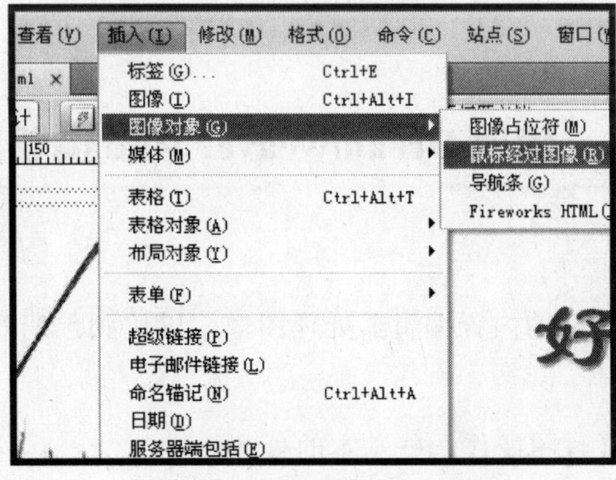

图 5-13　创建鼠标经过图像

14. 在弹出的“插入鼠标经过图像”对话框中输入图像名称，单击“原始图像”后面的“浏览”按钮找到原始图像，并将图像保存到站点的“images”文件夹中，再按此方法设置“鼠标经过图像”，在“替换文本”中输入内容，在“按下时，前往的URL”中可选择要链接的网页（链接的设置方法在后面单元中会有详细的说明），设置完毕后单击“确定”按钮，如图5-14所示。

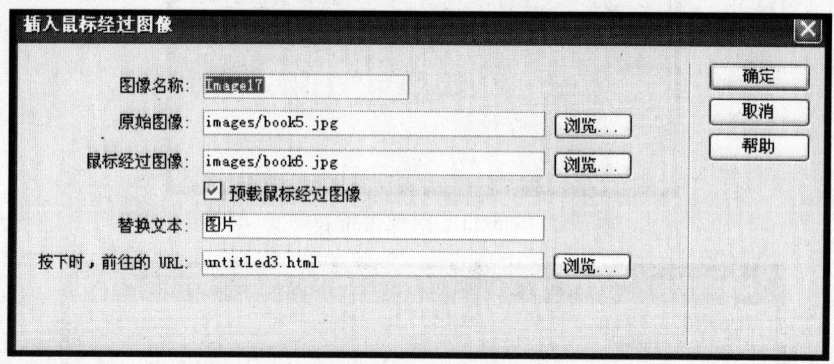

图5-14 “插入鼠标经过图像”对话框

【活动小结】

完成体验活动后，填写表5-1。

表5-1 添加图像的方法

在网页中插入图像	1. 将鼠标定位在要插入图像文件的位置 2. 在“插入”菜单下选择“图像”命令 3. 4. 5. 6.
创建鼠标经过效果	1. 将鼠标定位在要创建鼠标经过效果的位置 2. 3.

体验活动二：使用Dreamweaver内置编辑器编辑图像

【活动任务】

使用Dreamweaver软件的内置编辑器处理图像，以达到预期效果。

【活动指导】

通过编辑图像设置可对图像作一些基本的处理。

【活动步骤】

1. 在网页中选中所要编辑的图像，单击“属性”面板中的图标，如图 5-15 所示。

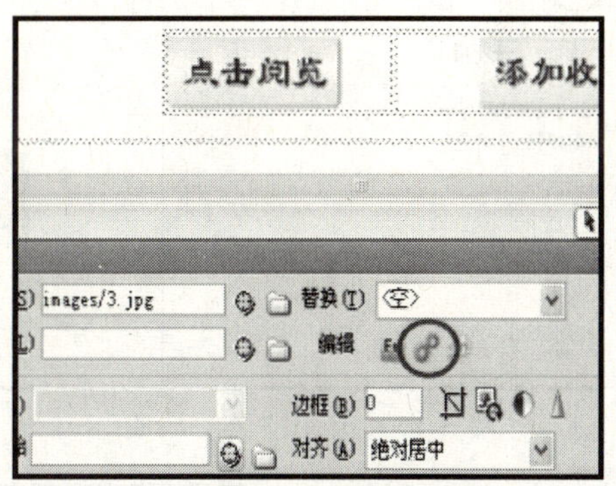

图 5-15 编辑图像设置

2. 在弹出的“图像预览”对话框中可对图像进行处理，如图 5-16 所示。

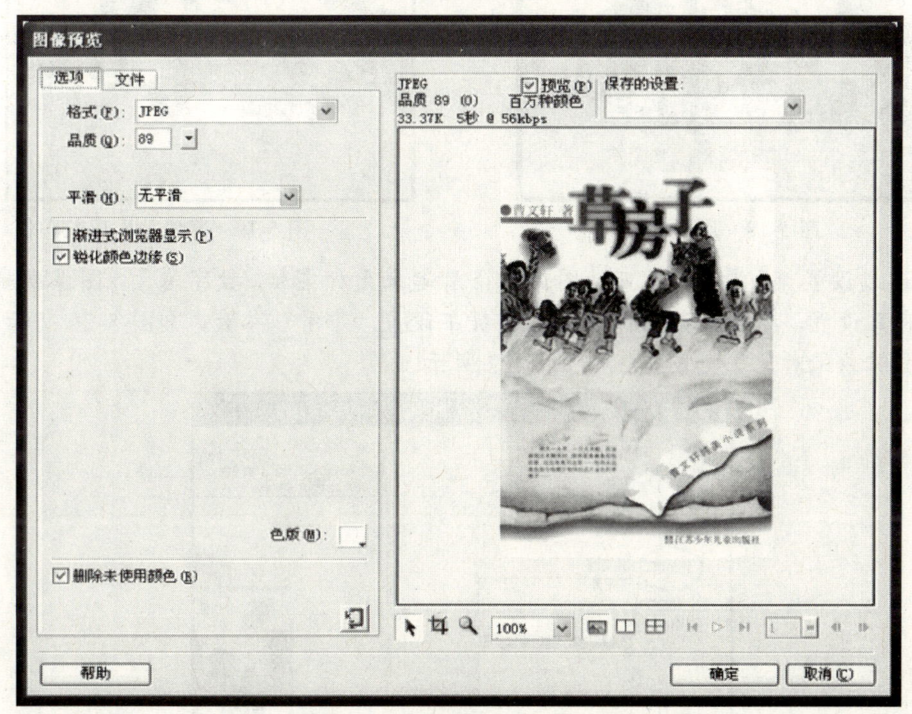

图 5-16 “图像预览”对话框

3. 如果对网页中的图像品质不满意，可以重新设置品质参数，数字越大，品质越高，图像越清晰，反之图像就越模糊，设置方法如图 5-17 所示。设置前后的效果对比，如图 5-18、图 5-19 所示。

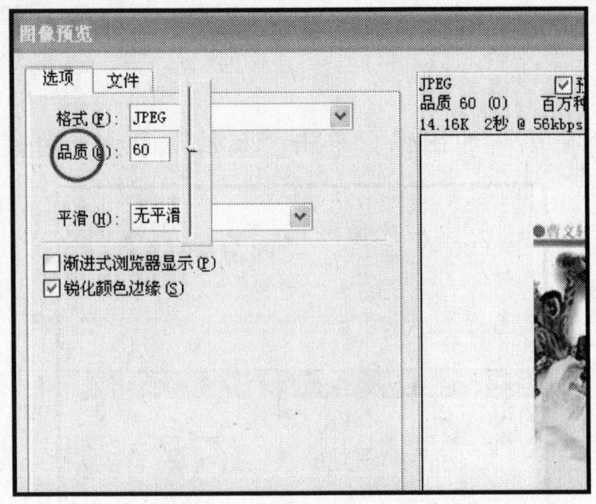

图 5-17　改变图像的品质

图 5-18　原图像

图 5-19　降低品质后的图像

4. 通过设置“平滑”参数可使图像线条看起来更加柔和，数字越大，图像就越柔和，但不能盲目设置，要在保证图像清晰的前提下设置“平滑”参数，如图 5-20 所示。设置前后的图像效果对比，如图 5-21、图 5-22 所示。

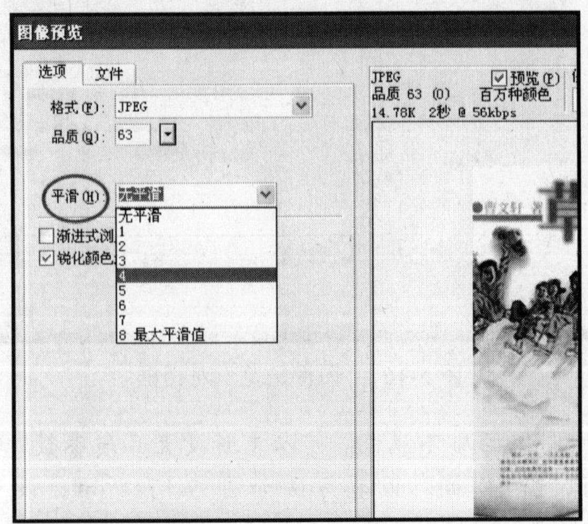

图 5-20　设置“平滑”参数

图 5-21　原图像

图 5-22　设置后的图像效果

5. 在“文件”选项卡中可设置缩放的百分比，或通过直接输入高与宽的像素值来改变图像的大小，如图 5-23 所示。

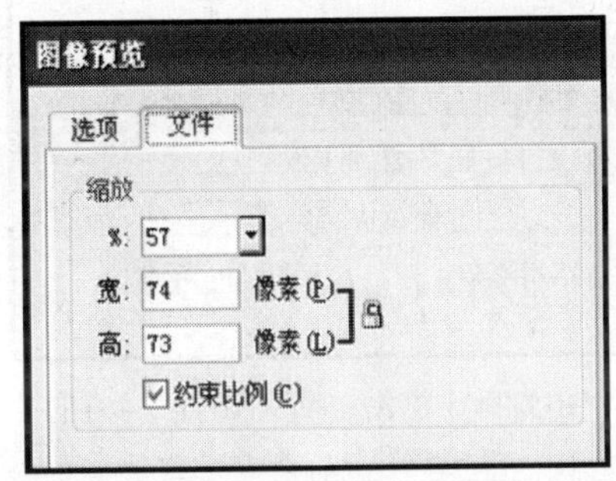

图 5-23　图像的缩放

【活动小结】

完成体验活动后，填写表 5-2。

表 5-2　利用内置编辑器改变图像的方法

通过内置编辑器改变图像的大小
1．选中要编辑的图像
2．单击“属性”面板中的“编辑图像设置”按钮
3．
4．
5．

体验活动三：通过“页面属性”在网页中添加背景

【活动任务】

在“好书热评”页面中添加背景图像。

【活动指导】

为网页添加背景图像时要注意素材的选取。选用色彩淡雅、像素较高的图像作为背景会使整个网页锦上添花。添加的背景图像一定不能遮住网页的文本，否则会影响到信息的传达。

【活动步骤】

1. 在网页的空白处单击一下鼠标，在“属性”面板中单击“页面属性”按钮，如图 5-24 所示。

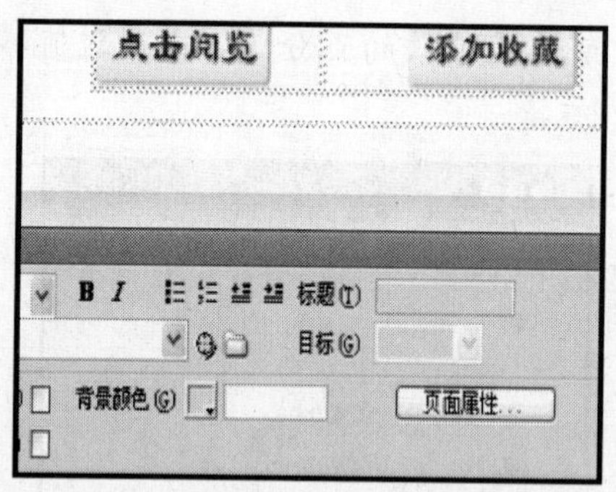

图 5-24　单击“页面属性”按钮

2. 在弹出的“页面属性”对话框中单击“背景图像”后面的“浏览”按钮，如图 5-25 所示。

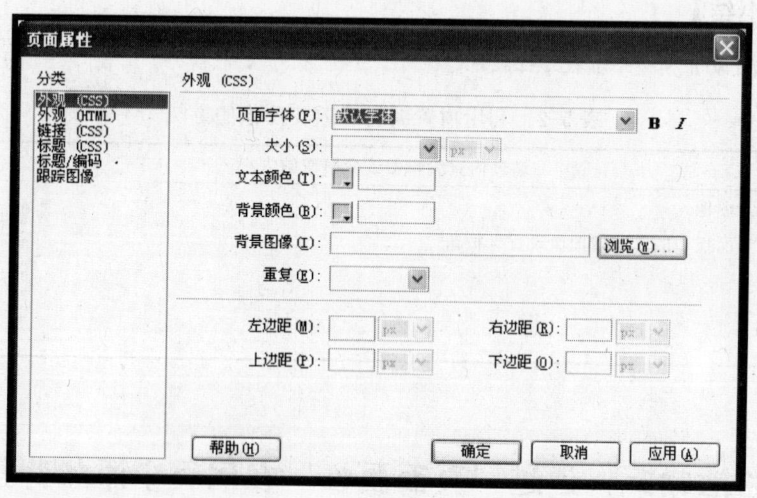

图 5-25　“页面属性”对话框

3. 在“选择图像源文件”对话框中找到要设为背景的图像文件，并单击“确定”按钮，如图 5-26 所示。

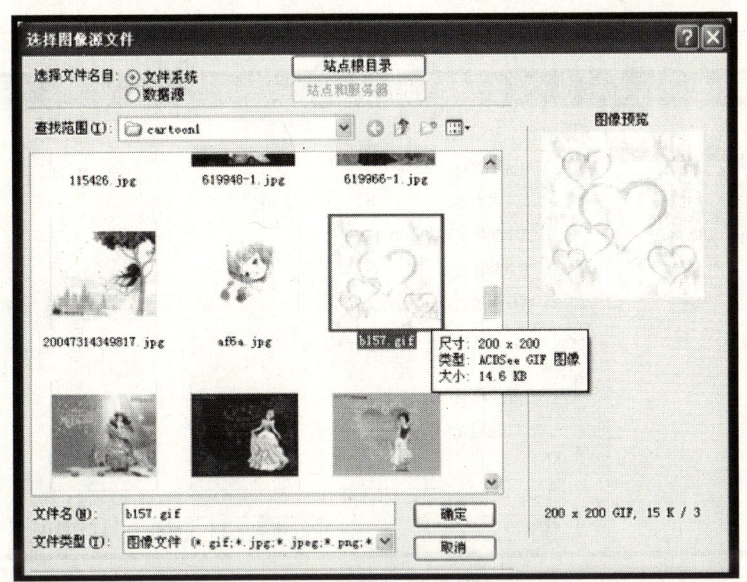

图 5-26 “选择图像源文件”对话框

4. 单击“是”按钮，将图像保存在本站点内，如图 5-27 所示。

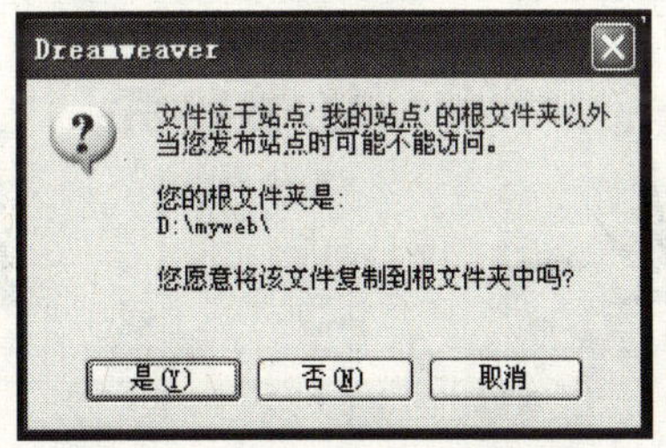

图 5-27　将图像存放进站点内

5. 在弹出的“复制文件为”对话框中选择“images”文件夹，然后单击“保存”按钮，如图 5-28 所示。

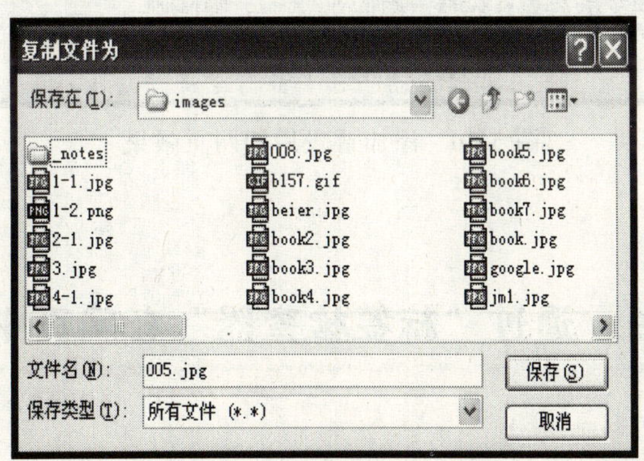

图 5-28　选择保存的文件夹

6. 此时，“背景图像”后面的文本框内显示出所选图像的名称，点击“确定”按钮，

如图 5-29 所示。

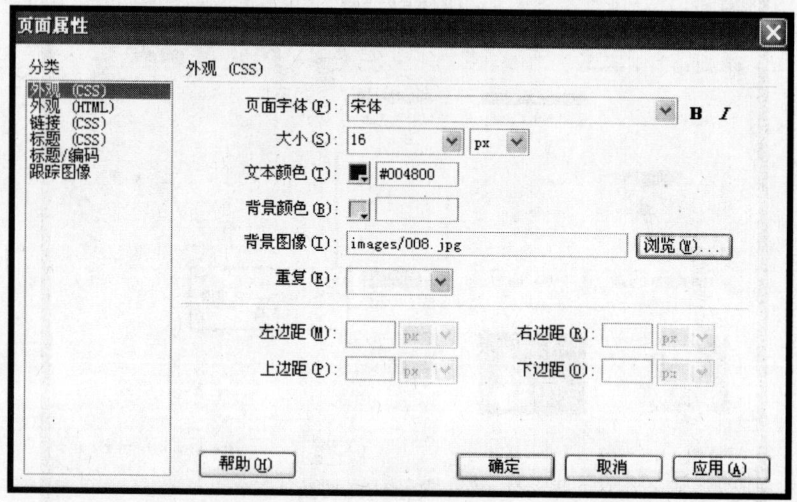

图 5-29　确定图像

7. 添加背景后的网页效果如图 5-30 所示。

图 5-30　添加背景后的网页效果

体验活动四：通过“标签检查器”在网页中添加背景

【活动任务】

在“好书热评”页面中添加背景图像。

↘【活动指导】

在网页中利用“标签检查器”也能为网页添加背景。

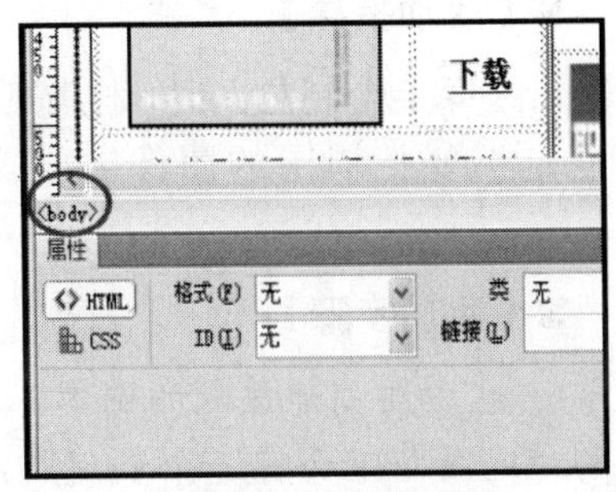

图 5-31　单击标签

↘【活动步骤】

1. 单击“属性”面板上方的“<body>”标签，如图 5-31 所示。

2. 在“标签检查器”面板中的“background”项右侧点击一下鼠标，如图 5-32 所示。

3. 这时会出现一个“文件夹”图标（见图 5-33），单击它会出现“选择文件”对话框，在其中选取要设为背景的图像文件。

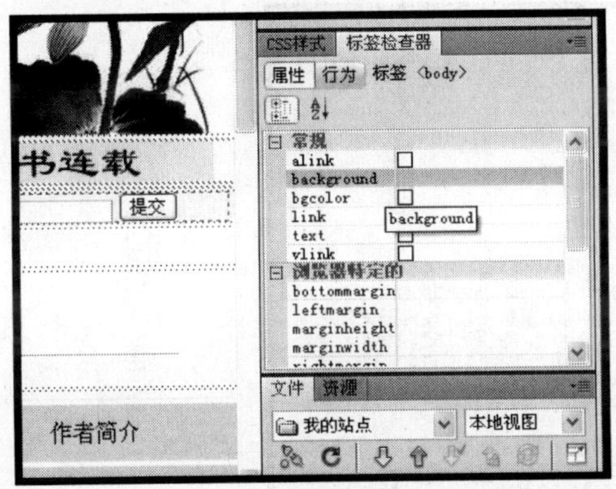

图 5-32　“标签检查器”面板

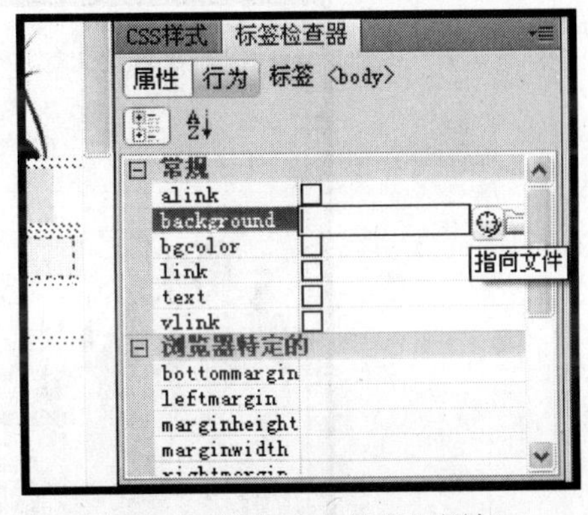

图 5-33　单击“文件夹”图标

↘【活动小结】

完成体验活动后，填写表 5-3。

表 5-3　添加网页背景图像

利用“标签检查器”在网页中添加背景的操作步骤
1. 单击“<body>”标签
2.
3.

体验活动五：创建图像热区

↘【活动任务】

为网页中的图像创建热区。

【活动指导】

在图像上绘制热区时，区域应尽量大一些，但一定不要把周围的图像以及文本框绘制进去。

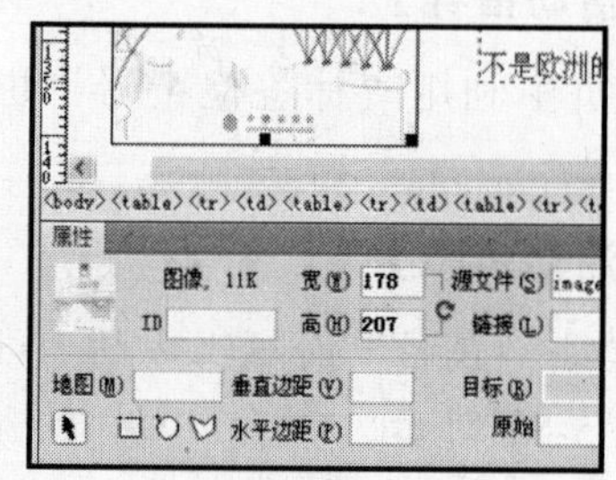

图 5-34 “属性”面板中的热点工具

【活动步骤】

1. 选中要创建热点的图像，在“属性”面板的“地图”下面有三个创建热点的图标，即方形、圆形、多边形，如图 5-34 所示。

2. 可根据实际需要选择一个热点工具（如圆形），将光标移至图像上，然后按住鼠标左键不放并拖动绘制一个圆形，如图 5-35 所示。

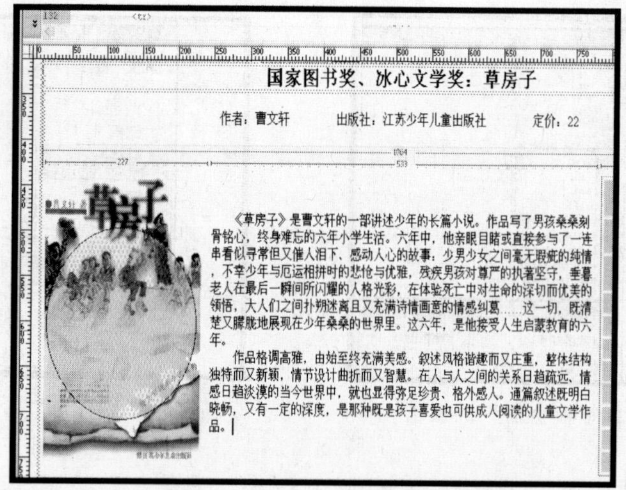

图 5-35 在图像上绘制热点区域

3. 单击“链接”文本框后的“文件夹”按钮，如图 5-36 所示。

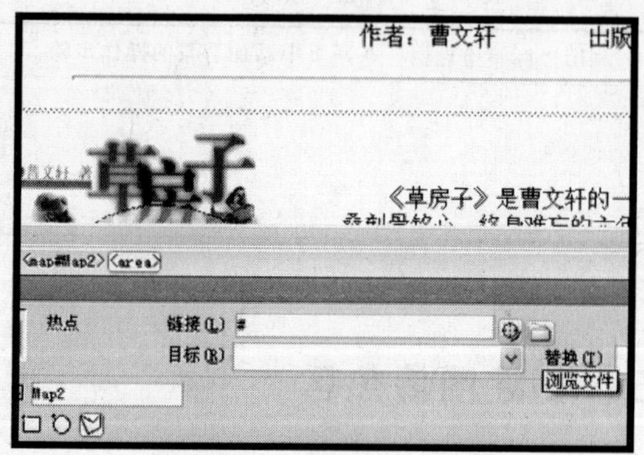

图 5-36 “链接”文本框

4. 在弹出的“选择文件”对话框中选择要链接的网页，单击“确定”按钮，如图 5-37 所示。

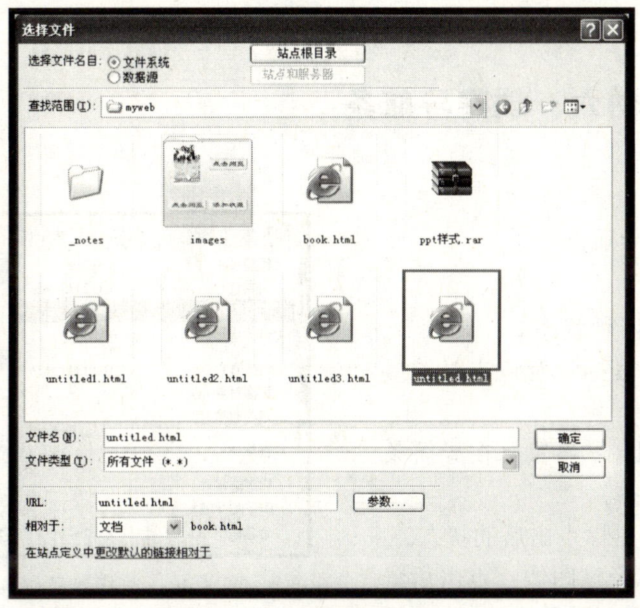

图 5-37　选择要链接的网页

5. 确定要链接的网页后，在“属性”面板的“链接”文本框中会显示已链接的目标网页名称，如图 5-38 所示。此时，可按“F12”键在浏览器中预览网页，当鼠标指向图像热区时会变成小手状的标记，单击后可进入目标网页。

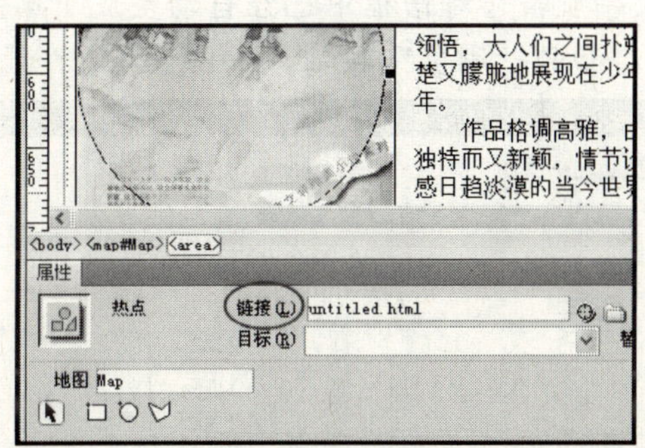

图 5-38　“链接”文本框中显示链接的目标网页

【活动小结】

完成体验活动后，填写表 5-4。

表 5-4　创建图像热区的操作步骤

创建图像热区的操作步骤
1. 选中要创建热区的图像
2. 单击“属性”面板中的热区图标
3.
4.
5.

体验活动六：创建导航条

【活动任务】

在网页中创建导航条。

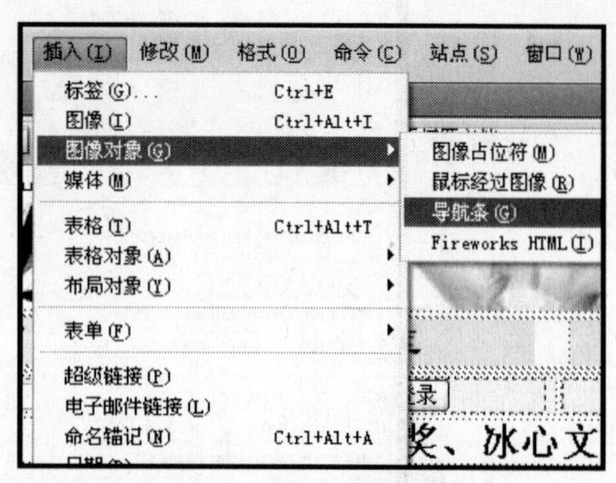

图 5-39 选择“导航条”命令

【活动指导】

先来了解以下四种状态。

1）状态图像：鼠标没有点击时的最初始状态。

2）鼠标经过图像：当鼠标在导航条上划过时呈现的状态。

3）按下图像：鼠标点击后的状态。

4）按下时鼠标经过图像：点击后鼠标再次经过图像所呈现的状态。

【活动步骤】

1. 将鼠标定位在要创建导航条的位置，选择“插入”→“图像对象”→“导航条”命令，如图 5-39 所示。

2. 在弹出来的“插入导航条”对话框中已经自动生成了第一个导航条元件的名称。点击“状态图像”文本框后面的“浏览”按钮，如图 5-40 所示。

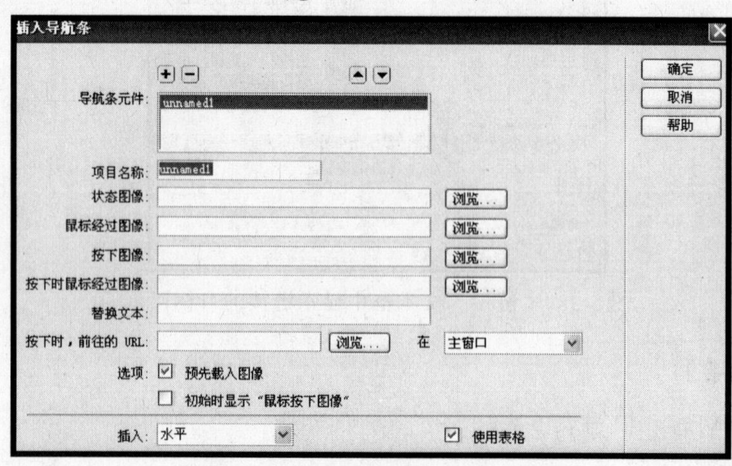

图 5-40 “插入导航条”对话框

3. 在弹出来的“选择图像源文件”对话框中找到要设置为“状态图像”的图像文件，并单击“确定”按钮，如图 5-41 所示。

4. 此时，系统会询问是否将图像复制到根文件夹，按照前面体验活动中讲述过的方法保存图像，“状态图像”文本框内便会显示出图像的路径及名称，如图 5-42 所示。

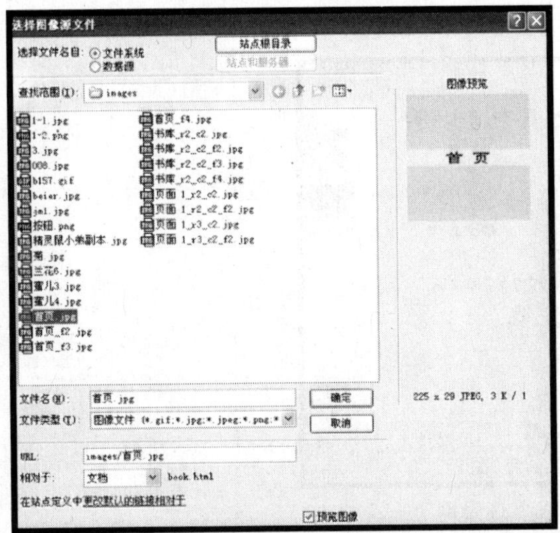

图 5-41　选择插入图像源文件

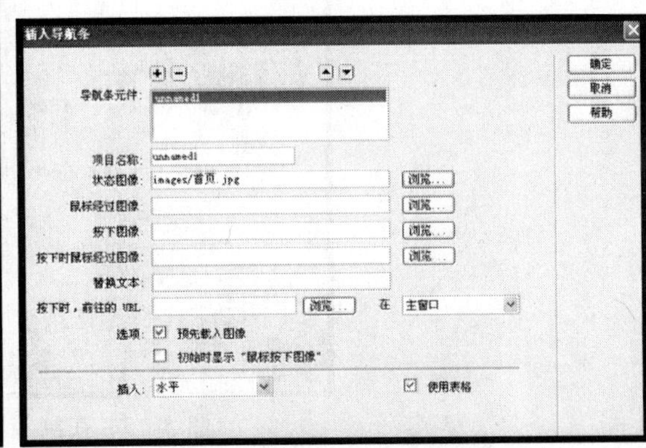

图 5-42　添加导航条图像

5. 按照上述方法分别设置其他的图像状态，完成第一个导航条元件的设置，如图 5-43 所示。

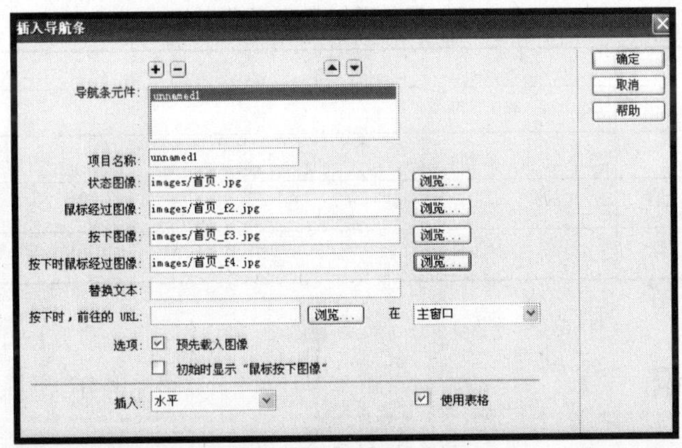

图 5-43　插入导航条

6. 单击“添加项”按钮，按上述方法可继续设置第二个导航条元件，根据网页设计的需要可添加多个导航条元件，如图 5-44 所示。

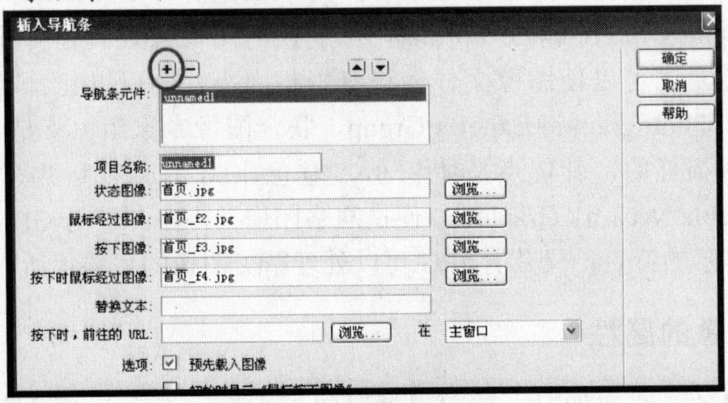

图 5-44　编辑导航条元件

7. 在浏览器中查看导航条的效果，如图 5-45 所示。

图 5-45　在浏览器中查看网页

【活动小结】

完成体验活动后，填写表 5-5。

表 5-5　导航条的四种图像状态

图像状态	状态内容
状态图像	
鼠标经过图像	
按下图像	
按下时鼠标经过图像	

相关知识

一、网页中插入图像的格式

网页中能添加的图像文件的格式比较多，其中常见的有 GIF、JPG、PNG 等几种。

1）GIF（Graphics Interchange Format，可交换的图像格式）是目前大量使用的图像格式之一，其优点是它可以使图像文件体积变得相当小，并可以包含动态信息。

2）JPG（Joint Photographic Experts Group，联合图像专家组）支持最高级别的压缩，不过这种压缩是有损耗的，其优点是体积小，颜色丰富，所以运用较为方便。

3）PNG（Portable Network Graphics，便携网络图像）具有 JPG 与 GIF 两种格式的优点，既有 GIF 能透明显示的特点，又具有 JPG 可以处理精美图像的优势，所以运用较为广泛。

二、设置图像的属性

当选中网页中的一张图像时，就可以通过“属性”面板中各项设置处理图像，各属

性设置的作用如下。

1. “ID”、“高”和“宽”栏

“ID”栏用来设置图像的名称，“宽”与“高”栏用来设置图像的大小尺寸，默认的单位是像素，如图 5-46 所示。

2. “源文件”和“链接”栏

“源文件”栏用来设置图像所在的路径和文件名，可以单击右边的文件夹图标来更改设置。“链接”栏用来设置图像的链接地址，当浏览者在图像上单击时即可转向该链接，如图 5-47 所示。

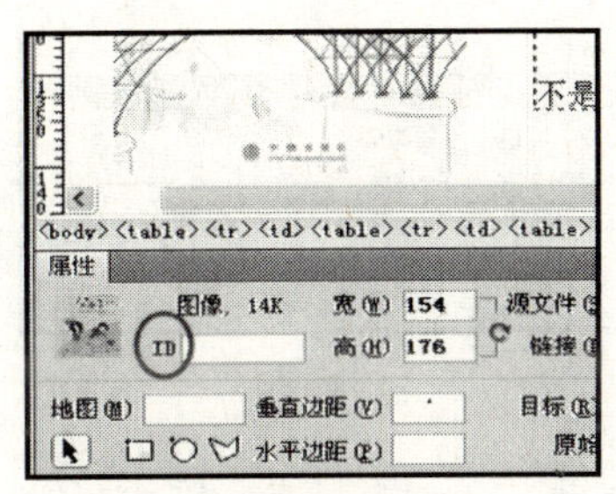

图 5-46 设置图像的名称、高和宽

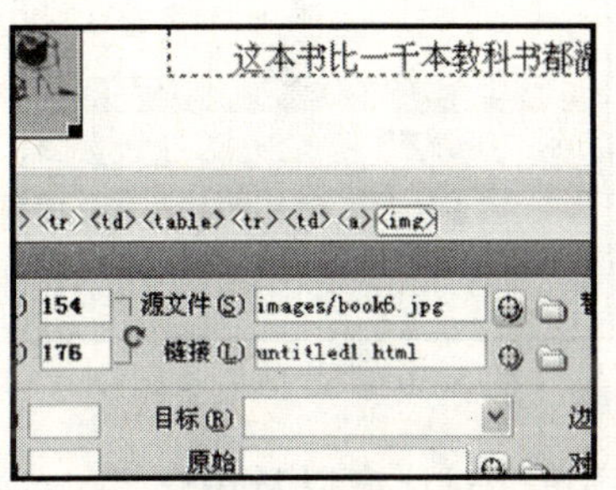

图 5-47 设置图像路径与链接

3. “替换”和“编辑”栏

“替换”栏用来设置当鼠标移到图像上时所显示的提示文本。单击“编辑”栏中的Fw按钮（见图 5-48）后，当前选中的图像会在 Fireworks 软件中打开，并可进行编辑。

4. “垂直边距”和“水平边距”栏

在这两个文本框中输入数字，可设置图像与文本在垂直方向和水平方向的距离，如图 5-49 所示。

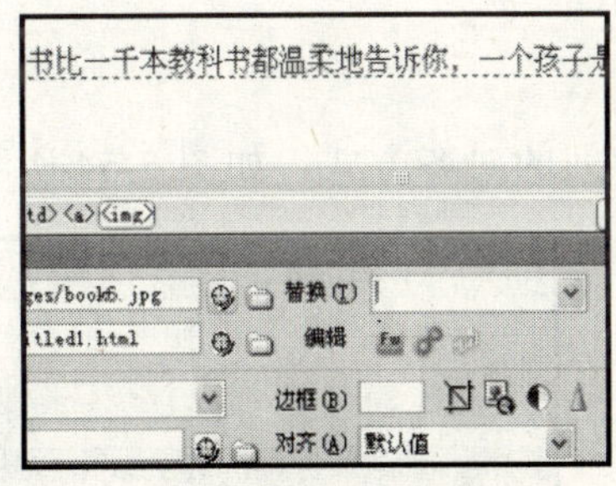

图 5-48 “替换”与“编辑”栏

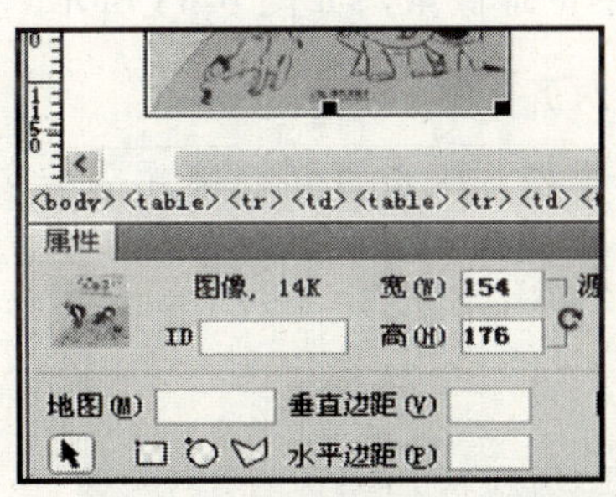

图 5-49 设置垂直边距和水平边距

5. “裁剪”按钮

“裁剪”按钮用于图像的裁切，如图 5-50 所示。首先选中图像，然后单击“裁剪”按钮，在弹出的对话框中选“是”，图像上会出现一个选框，选框以外的区域是被裁剪掉的，用鼠标拖动选框的控点可以调整选区的大小，确定后再次单击“裁剪”按钮或“重新取样”在选框内双击鼠标。

6．“重新取样”按钮

当图像被裁剪过或是改变了大小后再次被选中时，“重新取样”按钮才会被激活。单击“重新取样”按钮后会使图像自动根据大小进行重新取样，以提高调整后图像的品质，如图 5-51 所示。

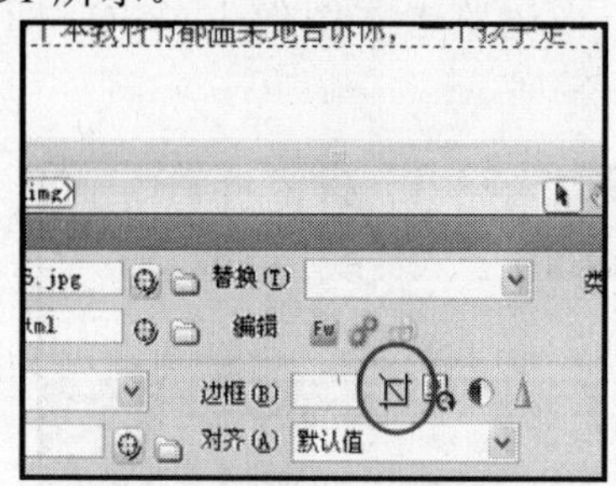

图 5-50 “裁剪”按钮

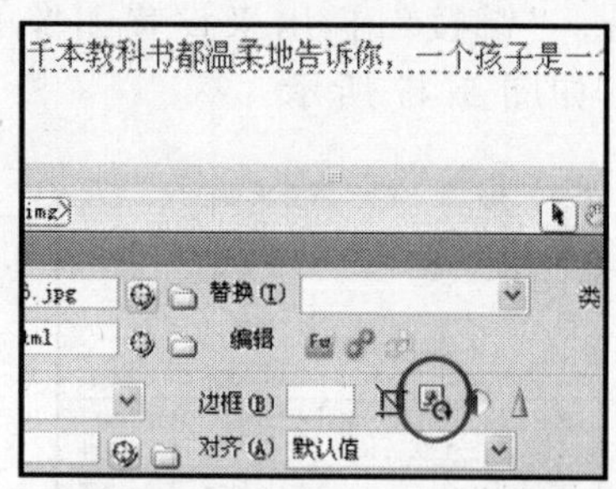

图 5-51 “重新取样”按钮

7．亮度、对比度以及锐化

◐按钮用于调整图像的亮度和对比度。单击该按钮后，在出现的对话框中拖动滑块即可调整图像的明暗以及对比度。

△按钮可使图像的棱角更加分明，如图 5-52 所示。

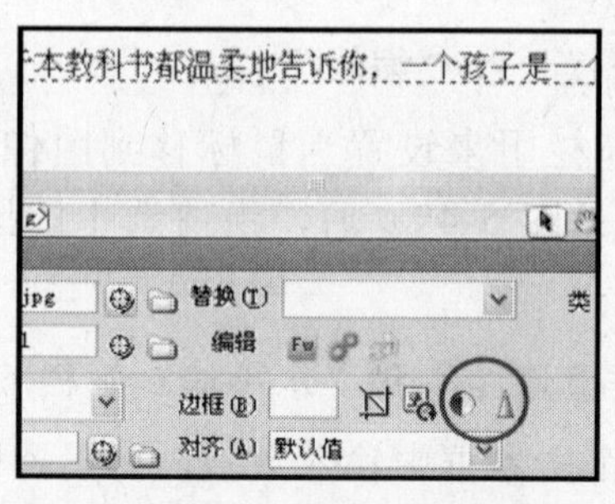

图 5-52 亮度/对比度以及锐化

8．“边框”栏

“边框”栏用来为选中的图像添加边框效果，单位是像素，如图 5-53 所示。

9．“对齐”栏

“对齐”栏用来设置同一单元格中文本与图像间的对齐方式，如图 5-54 所示。

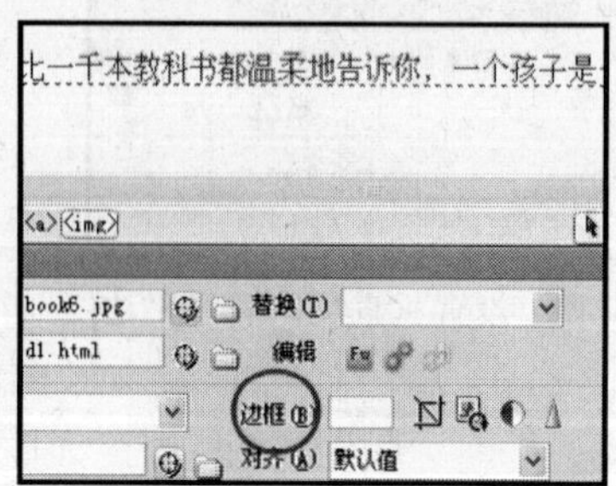

图 5-53 边框设置

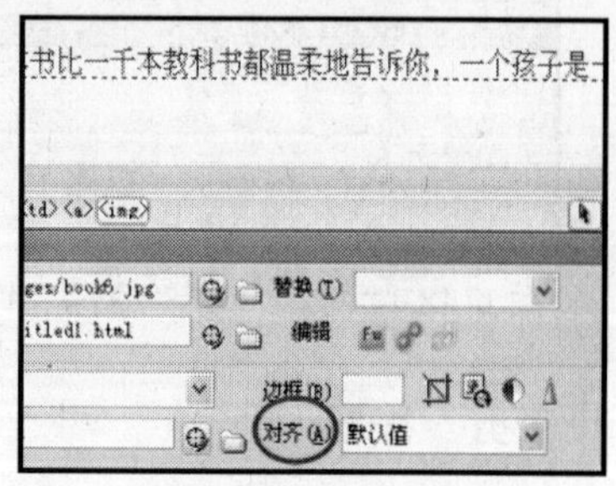

图 5-54 对齐设置

项目小结

本项目通过详细地介绍在网页中添加图像、创建导航条、创建图像热区的操作方法来美化、丰富网页，使其更加美观、实用。

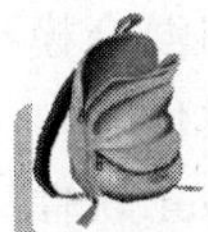

项目实训

新建一个页面，在网页中插入各种类型的图像。

【实训导航】

设计一个“新书推荐”页面，页面中要包括导航条、图像、鼠标经过效果，对图像不太满意的部分要在 Dreamweaver 软件中进行编辑处理。

要求：

1）插入“新书”相关的图像和文字。

2）插入“最新上架图书”导航条。

3）选择几本新书图像制作成鼠标经过效果。

学习评价

序　号	知识点和实践项目	能独立完成(优)	能合作完成（良）	能基本完成(合格)	不能完成（不合格）	备　注
1	插入图像					
2	插入图像占位符					
3	创建鼠标经过效果					
4	编辑图像					
5	添加网页背景					
6	创建图像热区					
7	创建导航条					

教师评语：

拓展知识：Fireworks CS4 简介

Fireworks 软件是 Macromedia 公司推出的专门针对网络图形设计的工具软件，它既可以编辑处理 Web 图像，又可以编辑 Web 动画，还可以制作按钮、导航栏、菜单等，甚至能直接制作网页。同时，它具有多种传统图形制作软件的功能，而且能把位图处理和矢量图处理完美地结合在一起。利作 Fireworks 软件可以创建和编辑矢量及位图图像，导入和修改原 Photoshop 和 Illustrator 文件，还可以应用光效、阴影效果、样式和混合模式来增加文本和元件的深度和特性。在制作导出按钮或弹出菜单时，Fireworks 软件会自动生成在 Web 浏览器中显示它所需的 CSS 代码或 JavaScript 代码。在 Dreamweaver 软件中，可以轻松地将 Fireworks 软件中的 CSS 代码、JavaScript 代码和 HTML 代码插入到网页或任何 HTML、CSS 文件中。

Fireworks 软件还增强了智能集成功能，可导入 Photoshop PSD 文件，同时保持分级层、层效果和混合模式并以原 Photoshop 格式存储 Fireworks PNG 文件。它可以导入 Illustrator AI 文件，同时保持图形的完整性。

项目 6　创建超链接

项目导学

通过前面项目的学习，我们了解到网页的基本要素包括文本和图像，下面将详细讲解第三个基本要素——超链接。什么是超链接？它在网页中是如何体现的呢？网站中包括一张张的网页，而将这些网页连接起来的纽带就是超链接，它可以是文本，也可以是图像等。当用鼠标单击链接后会进入另一个页面或者打开另一个窗口。超链接由源端点和目标端点构成，源端点是创建了超链接的文件，目标端点是通过链接打开的目标文件，通过超链接实现了源端点到目标端点的跳转。

体验活动一：规划“首页”页面超级链接

【活动任务】

了解网站首页中各种类别的超链接。

【活动指导】

登录淘宝网、新浪网等网站，看看这些网站的首页是如何规划超链接的，并仔细观察有哪些类别的超链接。

【活动步骤】

1. 登录淘宝网，仔细观察会发现首页中以图文形式展现了该网站包括的所有栏目，如最新公告信息、商品类别等。首页中的每个区域的关键字都像书的目录一样清晰、简明，如图 6-1 所示。

图 6-1 淘宝网首页

2. 登录新浪网首页，同样首页列出了所有包含的类别。当用鼠标单击任意一个文本或图像都会进入另外一张页面，这就是首页中的超链接，首页中包含了文本超链接和图像超链接等，如图 6-2 所示。

图 6-2 新浪网首页

3. 前面观察了两个网站首页的上半部分，再来看看网页的底部。淘宝网首页底部有进入其他网站的链接，如“支付宝”等，如图 6-3 所示。

4. 单击首页底部的“联系我们”链接会进入另一个页面中。该网页中有电子邮件地址，单击它会自动打开 Outlook 程序，如图 6-4 所示，这本身也是一种链接方式。

通过体验活动了解到首页中的超链接像一本书的目录，那么，在规划首页的超链接时也应尽量将本网站的主要内容以关键字链接的方式体现出来。超链接有多种类别，如根据目标端点可分为内部链接、外部链接、局部链接和电子邮件链接；根据源端点可分

为文本、图像、窗体链接等。

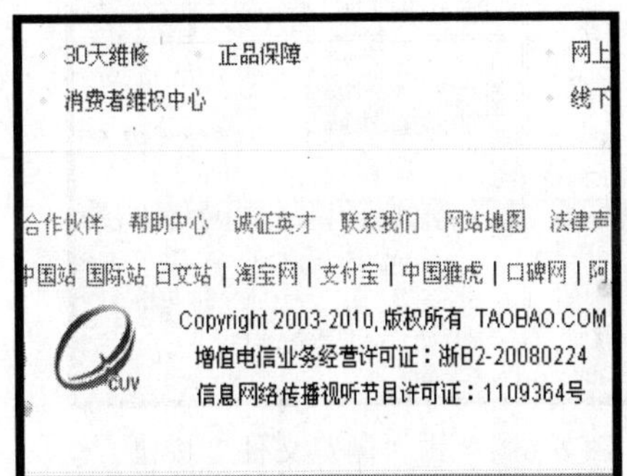

图 6-3　淘宝网首页底部

杭州市文二路391号西湖国际科技大厦裙楼2层（淘宝网收）
此地址暂不接受支付宝邮政汇款和现金缴款
310099
地址：香港湾仔分域街18号捷利中心24楼
传真：(852) 2215-5311
电邮：852@taobao.com
香港媒体查询：　国际企业传讯经理 赵洁盈 justinechao@hk.alibaba-inc.com
点此进入淘宝打听（热心淘友会即时帮助您答疑解惑）
点此给客服留言（24小时内回复，最迟不超过48小时）

图 6-4　淘宝网联系我们页面

【活动小结】

完成体验活动后，填写表 6-1。

表 6-1　超链接的类型

网页中超链接的类别	1．文本 2．图像 3．

体验活动二：创建内部超级链接

【活动任务】

用“浏览文件”按钮创建内部链接；用“指向文件”按钮创建内部链接。

【活动指导】

内部链接就是链接指向的目标端点为本站点内的文件。创建链接的操作并不算难，但一定要仔细，不能把链接的路径弄错了，否则进入的目标端点就是错误的。可以利用“指向文件”按钮创建内部链接，这样会更加方便、快捷。

【活动步骤】

1．选中要创建链接的文本。在页面中选择文本“热门书评”，如图 6-5 所示。

2．在“属性”面板中单击“浏览文件”按钮，如图 6-6 所示。

图 6-5 选中文本“热门书评”

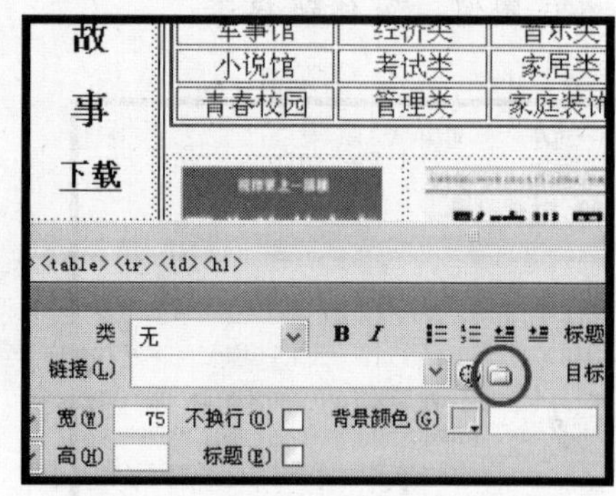

图 6-6 单击“浏览文件”按钮

3. 在“选择文件”对话框中找到要链接的目标网页“book.html”，单击“确定”按钮即可，如图 6-7 所示。

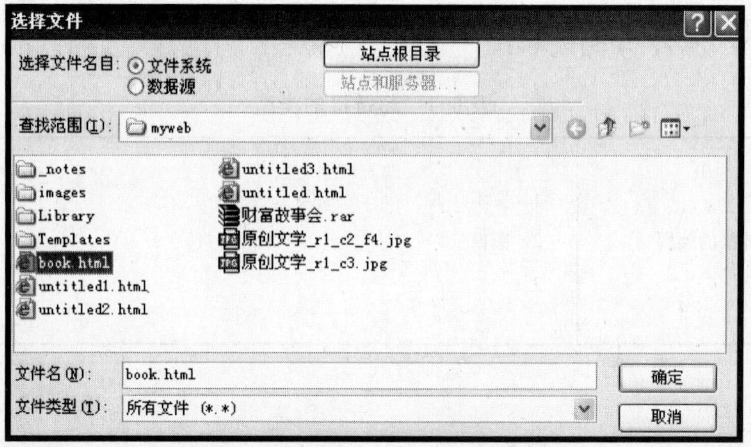

图 6-7 选择网页“book.html”

4. 选中要创建链接的文本“热门书评”，如图 6-8 所示。

5. 在“属性”面板中将鼠标定位在“指向文件”按钮上，如图 6-9 所示。

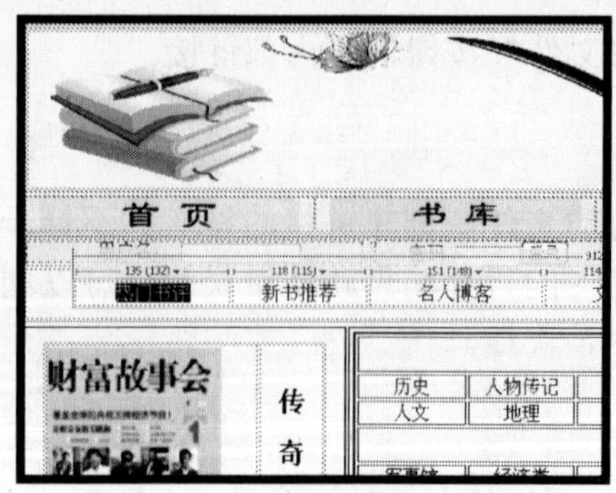

图 6-8 选中要设置链接的文本

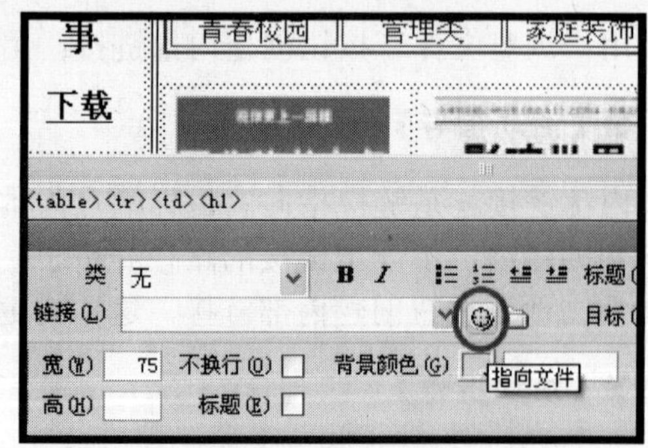

图 6-9 “指向文件”按钮

6. 按住鼠标不放进行拖动，则会出现一个箭头，将箭头指向右侧文件窗口中要链接的目标网页“book.html”即可，如图 6-10 所示。

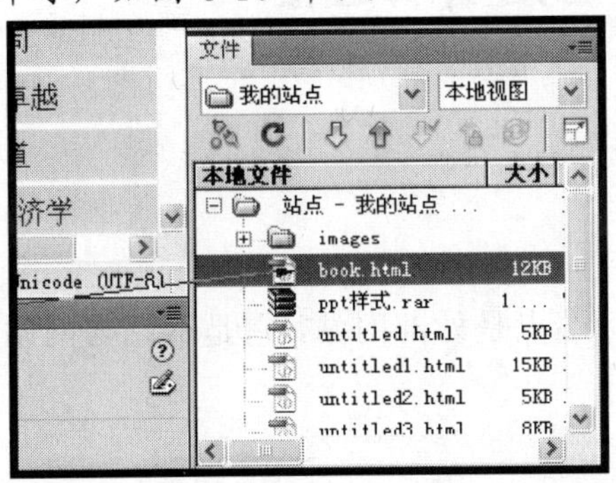

图 6-10　指向要链接的“book.html”文件

7. 链接创建后可以在浏览器中查看效果，如图 6-11 所示。

图 6-11　在浏览器中查看链接后的效果

【活动小结】

完成体验活动后，填写表 6-2。

表 6-2　创建内部链接的操作步骤

创建内部链接的操作步骤	1. 选中要创建链接的文本或图像
	2.
	3.

体验活动三：创建外部链接

【活动任务】

创建外部链接。

【活动指导】

外部链接所创建的目标端点是外部网站，它是网站与网站间的跳转，在输入 URL 时一定要完整无误。

【活动步骤】

1. 用图像来创建一个外部链接，要选中创建链接的图像，如选中搜狐网的图标，如图 6-12 所示。

2. 在“属性”面板上的“链接”文本框中输入 URL，如“http://www.sohu.com”，如图 6-13 所示。

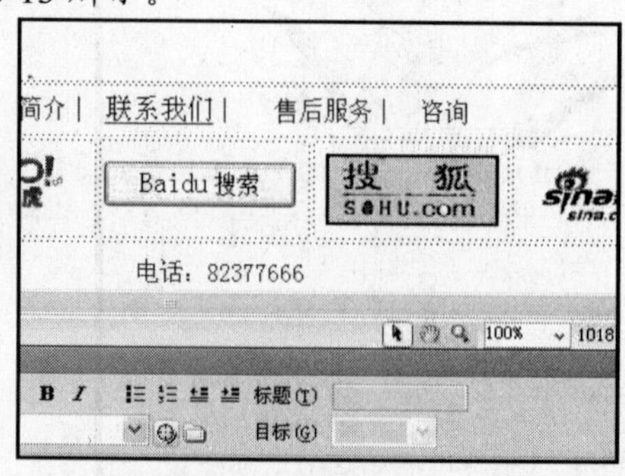

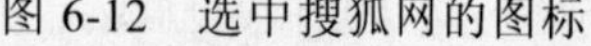

图 6-12 选中搜狐网的图标

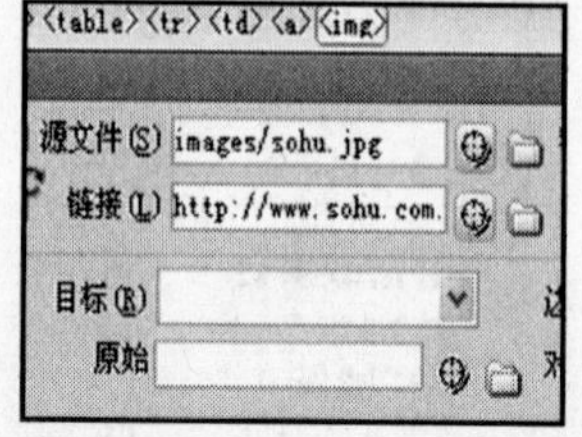

图 6-13 在“链接”文本框中输入“http://www.sohu.com”

3. 创建后可以在浏览器中预览，单击刚刚创建链接的图像后可进入搜狐网的主页，如图 6-14 所示。

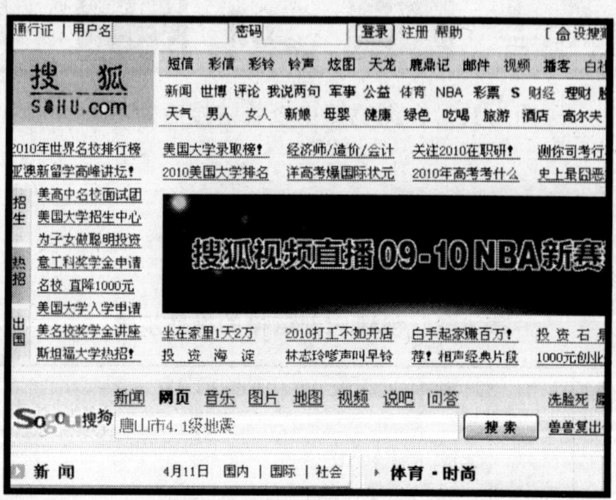

图 6-14 链接到搜狐网的主页

【活动小结】

完成体验活动后，填写表 6-3。

表 6-3　创建外部链接的操作步骤

创建外部链接的操作步骤	1. 选中要链接的文本或图像 2. 3.

体验活动四：创建电子邮件超链接

【活动任务】

直接输入地址来创建电子邮件超链接；通过“电子邮件链接”按钮创建电子邮件超链接。

【活动指导】

在“体验活动一”中，我们已经接触到了电子邮件超链接，在网页中创建电子邮件超链接可以方便用户和网站联系。

【活动步骤】

1. 在网页中选中要创建链接的文本“E-Mail:shucheng@gmail.com”，如图 6-15 所示。

2. 在“属性”面板上的“链接”文本框中输入“mailto: shucheng@gmail.com”，如图 6-16 所示。

图 6-15　选中 E-mail 地址

图 6-16　输入“mailto:shucheng@gmail.com”

3. 在浏览器中预览，单击该链接，系统会自动启动 Outlook 程序，如图 6-17 所示。

4. 将光标定位在“本站简介”和“售后服务”之间，如图 6-18 所示。

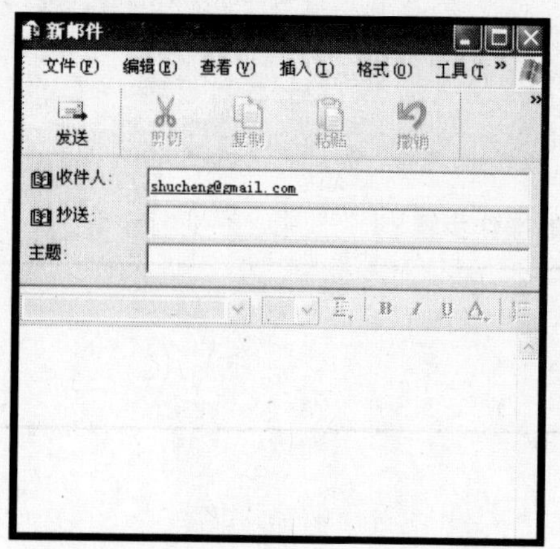

图 6-17 系统自动启动 Outlook 程序

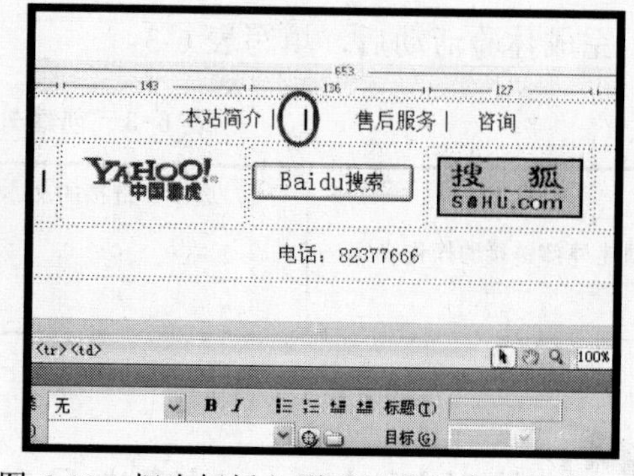

图 6-18 把光标插入到要显示邮箱链接的位置

5. 单击“插入”面板上的“电子邮件链接”按钮，如图 6-19 所示。

6. 在弹出来的“电子邮件链接”对话框中输入相关信息。在“文本”栏中输入“联系我们”，在“E-Mail”栏中输入要链接的邮箱地址，最后单击“确定”按钮，如图 6-20 所示。

图 6-19 “电子邮件链接”按钮

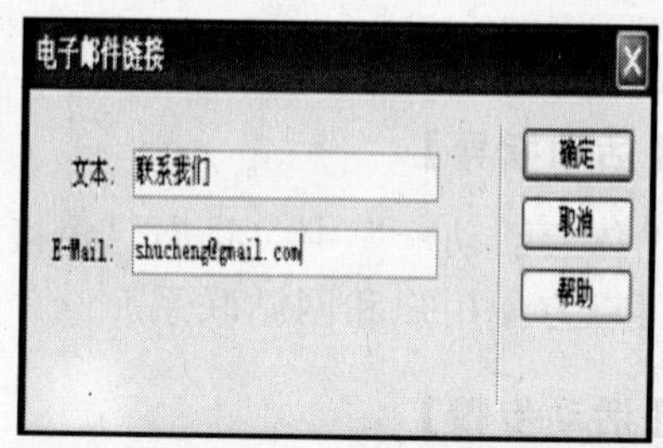

图 6-20 “电子邮件链接”对话框

7. 在光标定位的位置显示出文本“联系我们”，在“属性”面板上的“链接”文本框中会显示出邮箱地址，如图 6-21 所示。进入浏览器单击该文本，会自动打开 Outlook 程序。

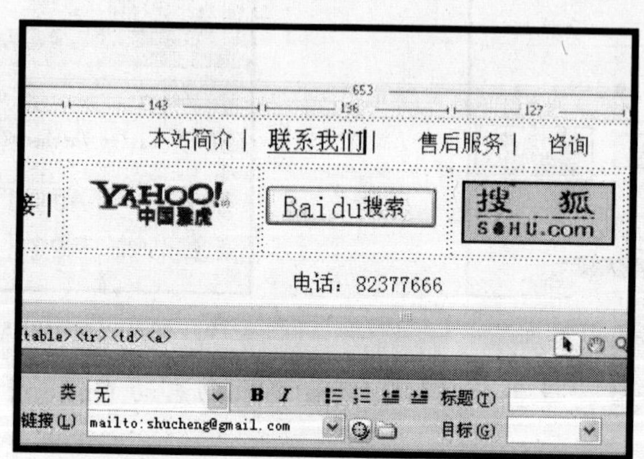

图 6-21 创建的超链接已完成

【活动小结】

完成体验活动后，填写表 6-4。

表 6-4　创建电子邮件链接的步骤

创建电子邮件链接的操作步骤	1. 单击“插入”面板上的“电子邮件链接”按钮 2. 3. 4.

体验活动五：创建锚链接

【活动任务】

创建锚链接。

【活动指导】

创建锚链接可以使我们单击链接后直接跳转到当前网页中指定的具体位置，或是直接跳转到另一网页中指定的具体位置，使浏览网页更加快捷、方便。

【活动步骤】

1. 首先将光标定位在要创建锚记的位置，如图 6-22 所示。
2. 在“插入”面板中单击“命名锚记”按钮，如图 6-23 所示。

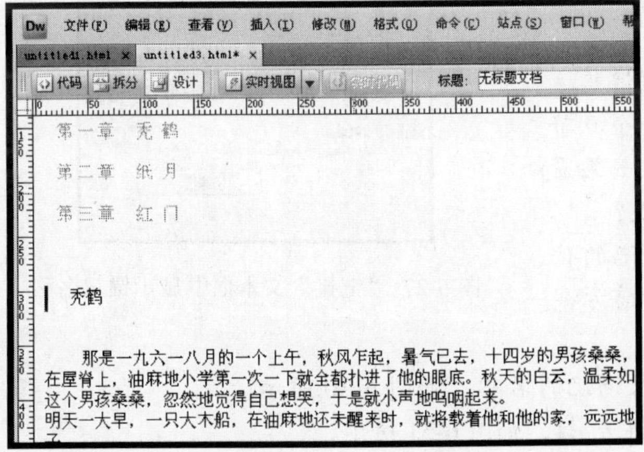

图 6-22　将光标定位在章节具体内容的前面

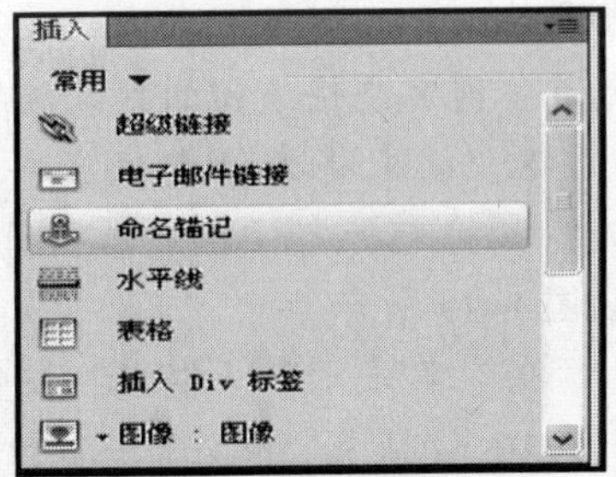

图 6-23　命名锚记

3. 在弹出来的“命名锚记”对话框中输入锚名称“tuhe”，如图 6-24 所示。

图 6-24 命名锚记名称“tuhe”

4. 原光标定位的地方会出现一个锚记符号，如图 6-25 所示。

5. 为创建的锚记添加链接，选中对应的章节标题，如图 6-26 所示。

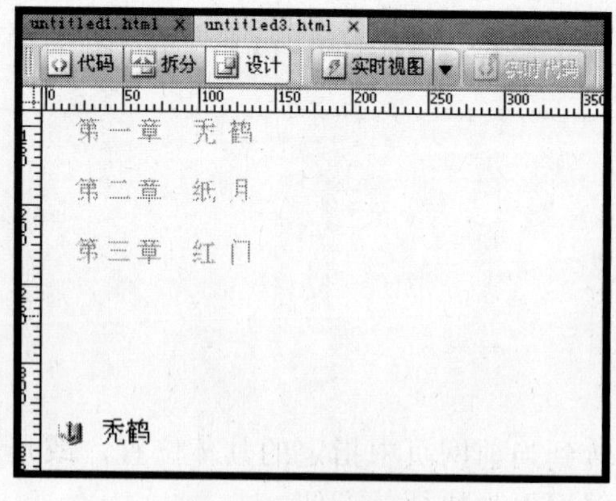

图 6-25 锚记符号

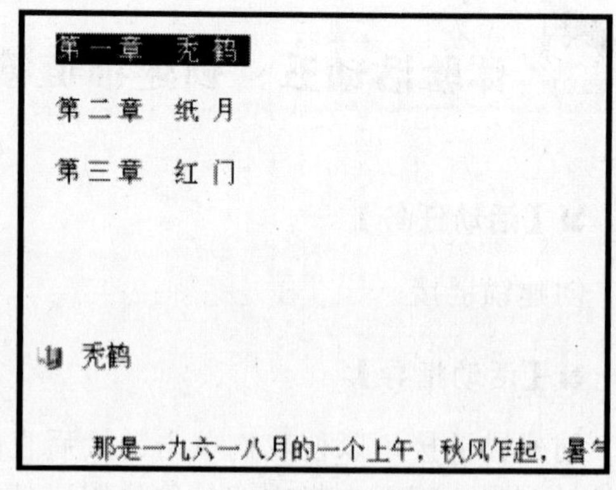

图 6-26 选中第一章的标题

6. 在“属性”面板的“链接”文本框中输入“#”和锚记的名称，如“#tuhe”；或者直接用“指向文件”按钮指向对应的锚记，如图 6-27 所示。

7. 在浏览器中预览，单击文本“第一章”，网页便会自动跳转到下面的具体内容，而无需再拖动滚动条，如图 6-28 所示。

通过以上体验，可以感受到创建锚链接方便了我们浏览网页。任意挑选其中的一个章节都会快速定位到网页具体的位置，那么如果看完具体内容想快速回到目录该怎么做呢？

8. 首先将光标定位在要创建锚记的位置，如将光标定位在文本“目录”的前方，如图 6-29 所示。

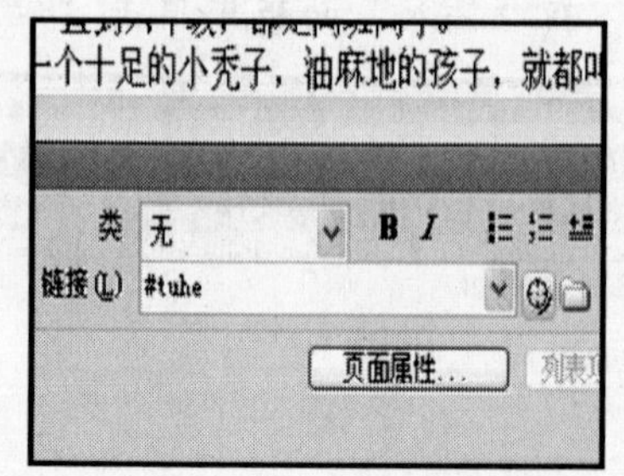

图 6-27 “链接”文本框中显示锚记名称

9. 单击“命名锚记”按钮，输入锚记的名称，如图 6-30 所示。

10. “目录”前会显示创建的锚记符号，如图 6-31 所示。

11. 为创建的锚记添加链接，在具体章节内容的末尾输入“top”并选中，如图 6-32 所示。

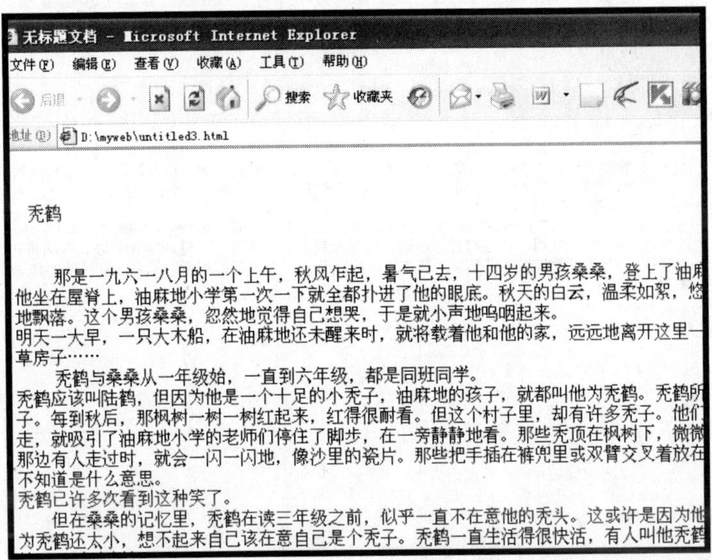

图 6-28　在浏览器中查看锚链接的效果

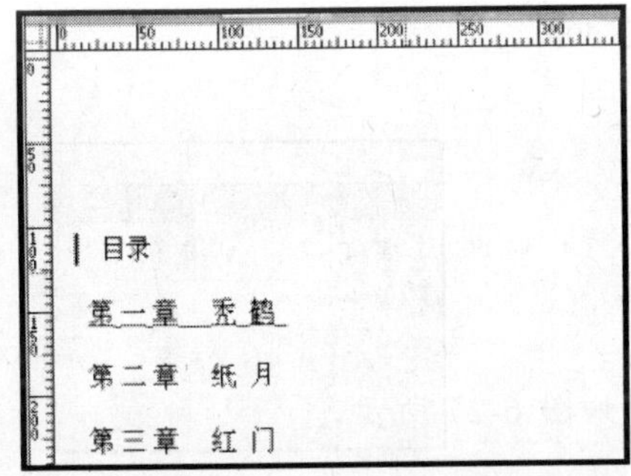

图 6-29　在“目录”前插入光标

图 6-30　命名锚记“mulu”

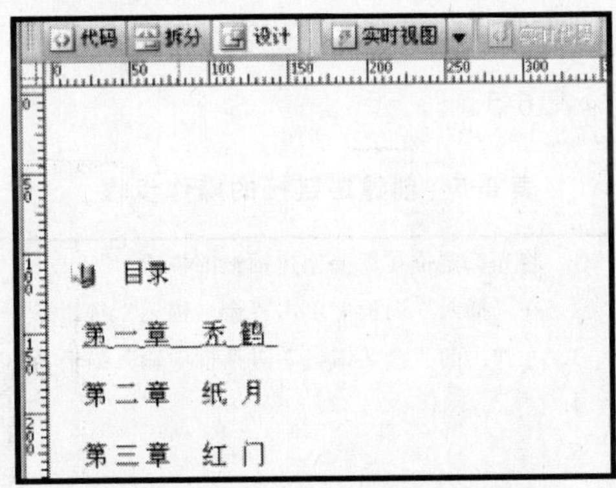

图 6-31　为“目录”创建锚记

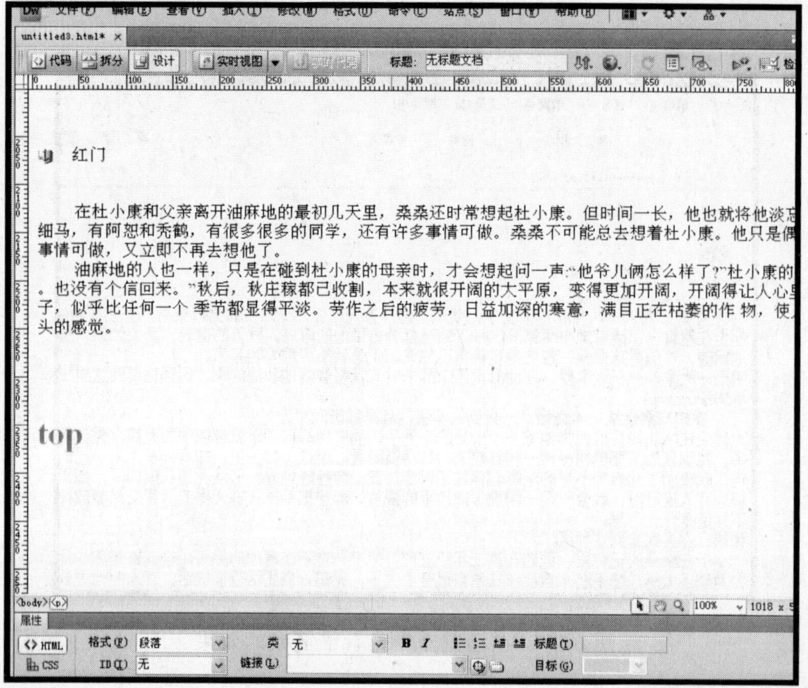

图 6-32　输入文本“top”

12. 在“属性”面板的“链接”文本框中输入锚记名称，如“#mulu”即可，如图 6-33 所示。

当浏览者单击“top”时就会回到目录的位置，这个链接创建好以后可以复制并粘贴到每一章节具体内容的结尾处。

若要创建链接到其他网页的锚记，在“链接”文本框中先输入网页的路径及名称，再加上“#”和锚记名称即可。

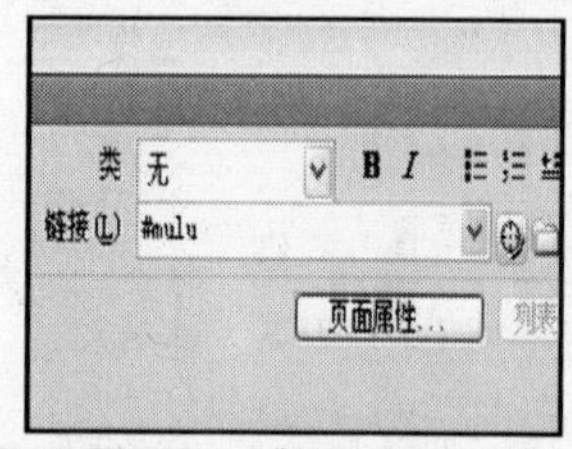

图 6-33　在链接文本框中输入“#mulu”

【活动小结】

完成体验活动后，填写表 6-5。

表 6-5　创建锚链接的操作步骤

创建锚链接的操作步骤	1. 将光标定位在需要创建锚记的位置 2. 在“插入”面板上单击“命名锚记”按钮 3. 在弹出的“命名锚记”对话框中输入锚记名称 4. 5. 6. 7.

体验活动六：创建下载文件链接

【活动任务】

创建下载文件链接。

【活动指导】

在浏览网页时，除了可以单击链接跳转到另一个网页，还可以在网上下载需要的资料。当单击下载时便会弹出“文件下载”对话框，这样的链接是如何创建的呢？

【活动步骤】

1. 选中要创建链接的文本或图像，如选中文本“下载”，如图 6-34 所示。
2. 单击“属性”面板中的“浏览文件”按钮，如图 6-35 所示。

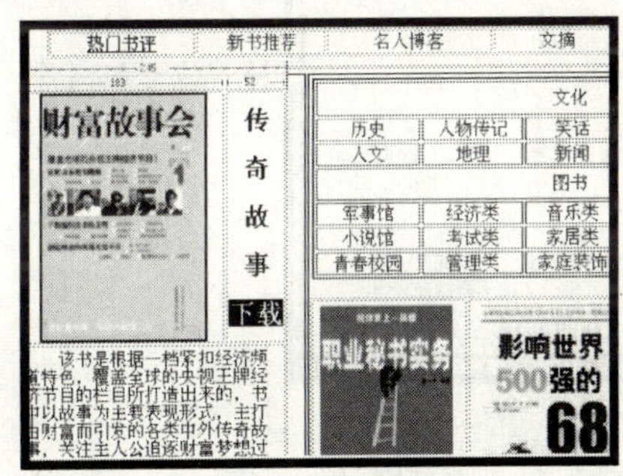

图 6-34　选中文本“下载”

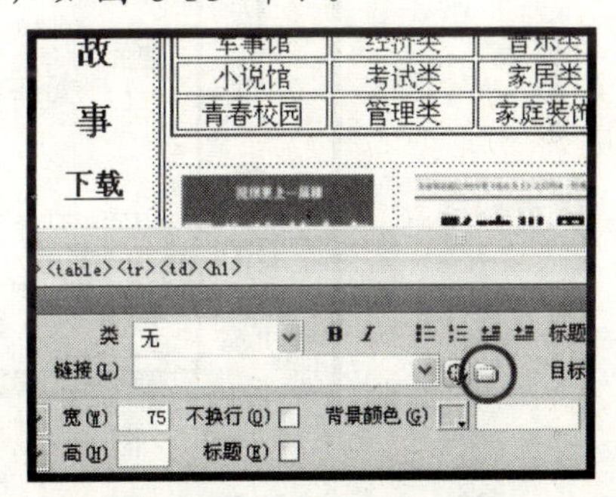

图 6-35　“浏览文件”按钮

3. 在弹出来的“选择文件”对话框中找到要链接的目标文件，这里选择一个压缩包，单击“确定”按钮，如图 6-36 所示。

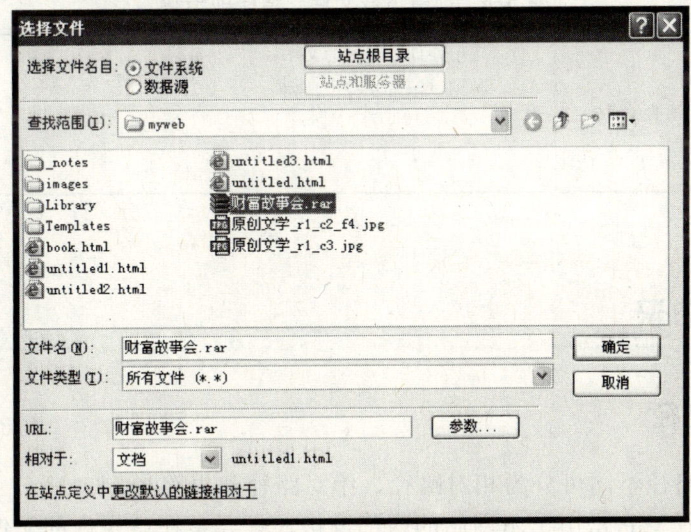

图 6-36　选择“财富故事会”压缩包

4. 这时，“链接”文本框中会显示目标文件的名称，如图 6-37 所示。

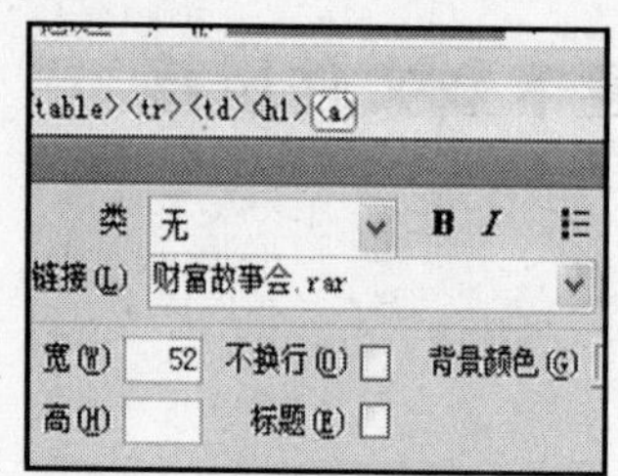

图 6-37 链接文本框显示“财富故事会.rar”

5. 在浏览器中进行预览，单击“下载”便会自动弹出“文件下载”对话框，可以进行打开或保存的操作，如图 6-38 所示。

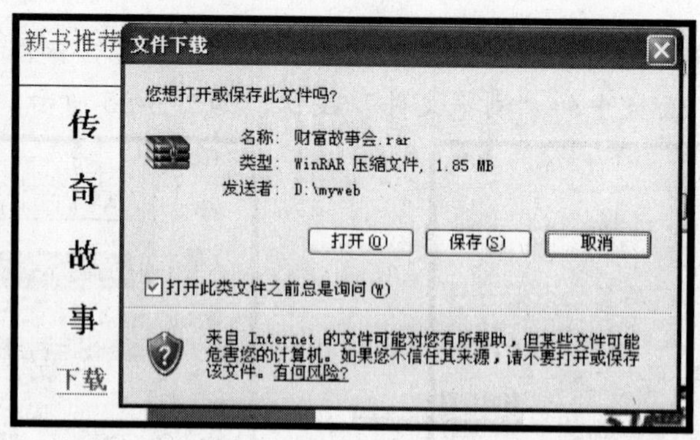

图 6-38 “文件下载”对话框

➘【活动小结】

完成体验活动后，填写表 6-6。

表 6-6 创建下载文件超链接的步骤

创建下载文件超链接的步骤	1. 选中要创建链接的文本
	2. 点击“浏览文件”按钮
	3.
	4.

相关知识

一、链接路径

根据链接的路径不同可分为相对路径、绝对路径和根路径。

（1）相对路径　它常用于本网站的内部链接，只要是在站点内的文件，若目标网页

与当前网页在同一目录下，则直接输入目标网页名称；若目标网页在站点根目录中，则在目录名后加“/”，再加上网页名称；若目标网页在当前目录的上层目录中，则输入“../”，再加上文件名称。

（2）绝对路径　它链接的目标端点是完整的 URL 地址，在路径开头都是 HTTP 或 FTP 之类的协议。

（3）根路径　这类链接是基于站点根目录的，如“/好书热评”。

二、链接按目标端点分类

1）内部链接：目标端点为本站点中的其他文件的超链接。

2）外部链接：它的目标端点不属于本站点，它实现了网站与网站间的跳转。

3）局部链接：也可称为锚点链接，它可以链接到当前网页的某一指定位置或其他网页的某一指定位置。

4）电子邮件链接：这类链接会自动打开编辑邮件的程序。

三、编辑超链接的属性

在网页中已经创建的链接还可以对其属性进行设置。例如，在浏览网页时会发现，当我们用鼠标去指向创建了链接的文本时它的颜色会发生变化，已经单击过的链接和其他链接的颜色不一样，这样可以有效地将单击过的和还未单击过的链接区分开来。

在“页面属性”对话框中可以对文本的字体、大小、颜色进行设置，如图 6-39 所示。“链接颜色”是指已经创建了链接的文本颜色；“变换图像链接”是指当鼠标指向链接文本时显示的颜色；“已访问链接”是指已经单击进入过的链接的颜色；“活动链接”是指鼠标在链接文本上单击时显示的颜色。

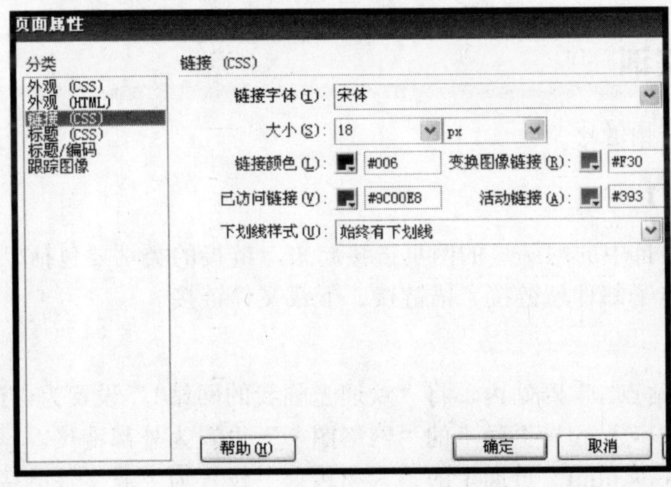

图 6-39　“页面属性”对话框

下划线的样式也可以进行设置，这里提供了四种："始终有下划线"是指无论什么状态，链接文本都显示下划线；"始终无下划线"与"始终有下划线"相反；"仅在变换图像时显示下划线"是指只有当鼠标指向链接文本时才会显示下划线；"变换图像时隐藏下划线"是指当鼠标指向链接文本时隐藏下划线。设置完毕后单击"确定"按钮，如图 6-40 所示。

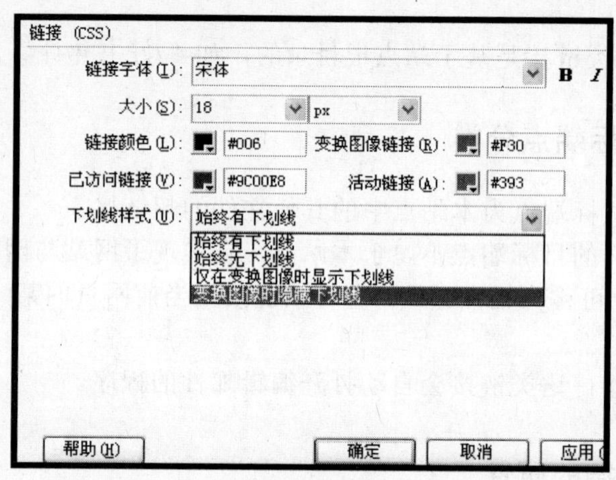

图 6-40 设置链接属性

项目小结

本项目主要介绍了网页中包括哪些类别的超链接，以及如何创建这些超链接，如何设置其属性，创建链接中应该注意的问题。

项目实训

创建网站中的超链接。

【实训导航】

将前面几个项目中的网站里的网页链接起来，链接的类别要包括以下几种：内部链接、外部链接、电子邮件超链接、锚链接、下载文件链接。

要求：

1）在"我的站点 1"网站内，将"欢迎光临我的网站！"设置为内部链接。

2）把"newbook.html"页面上的"网络图书"设置为外部链接。

3）把"newbook.html"页面上的"人物传记"设置为下载文件链接。

4）把"shuping.html"页面上的"心灵修行"设置为锚链接。

5）把“shuping.html”页面上的“几米”（《星空》所在行）设置为电子邮件超链接。

学习评价

序　号	知识点和实践项目	能准确阐述或能独立完成（优）	能阐述或能合作完成（良）	能大致阐述或能基本完成（合格）	不能阐述或不能完成（不合格）	备　注
1	创建内部链接					
2	创建外部链接					
3	创建电子邮件超链接					
4	创建锚链接					
5	创建下载文件链接					
6	设置超链接属性					

教师评语：

拓展知识：设置超链接的打开位置

在浏览网页时，有时单击一个超链接会在另一窗口中打开新的网页，而有时是替换当前的网页，通过“目标”即可设置超链接的打开位置，如图 6-41 所示。在框架网页中，设置超链接的打开位置非常重要。

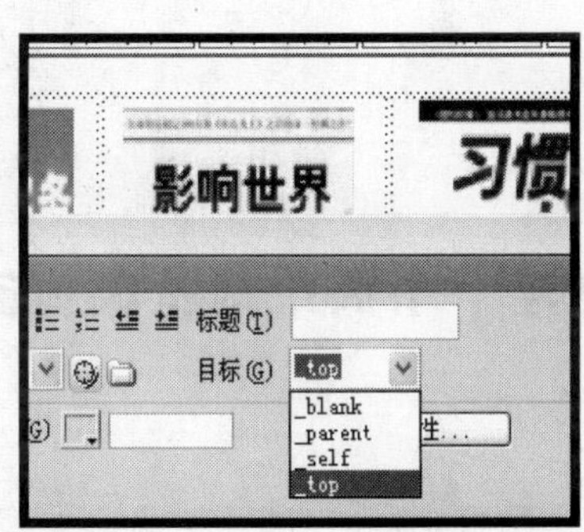

图 6-41　设置“属性”面板中的“目标”

1）“__blank”项：在新的浏览器窗口中打开链接的文档，同时保持当前窗口不变。

2）“__parent”项：在显示链接框架的父框架中集中打开链接的文档，同时替换整个框架集。

3）“__self”项：在当前框架中打开链接，同时替换该框架中的内容。

4）“__top”项：在当前浏览器窗口中打开链接的文档，同时替换所在框架。

项目 7 应用框架技术

项目导学

学习了不同页面间的超链接制作后，我们将学习另一种超链接设置——框架。框架网页是指一种 Web 页，它可将 Web 浏览器窗口分为不同的可滚动区域，这些区域可独立显示几个 Web 页。当某个窗口保持不变时，其他窗口可根据用户选择的超链接发生页面的跳转。

框架主要由两大部分组成，即框架集（Frameset）和普通框架（Frame）。使用框架技术，可以将不同的页面文档在同一个浏览器窗口中显示出来。整个浏览器窗口被分为几个不同的部分，每个部分独立地显示一个网页文件，这样每个部分就成为一个框架。框架的功能有点像 Windows 操作系统的“资源管理器”，在窗口的一边显示目录，另一边显示内容。因此，框架技术经常被用于实现页面文档的导航功能。

体验活动一：创建一个简单的框架页面

【活动任务】

创建一个简单的框架页面。

【活动指导】

框架页面本身不包含可视内容，它只是一个展示页面内容的容器，因此框架的布局成为框架网页设计的关键技术。有两种方法可以创建框架集，一种是通过自定义创建，另一种是通过预定义框架集创建。下面使用预定义的框架集。

【活动步骤】

1. 在 Dreamweaver CS4 软件中新建页面，如图 7-1 所示。

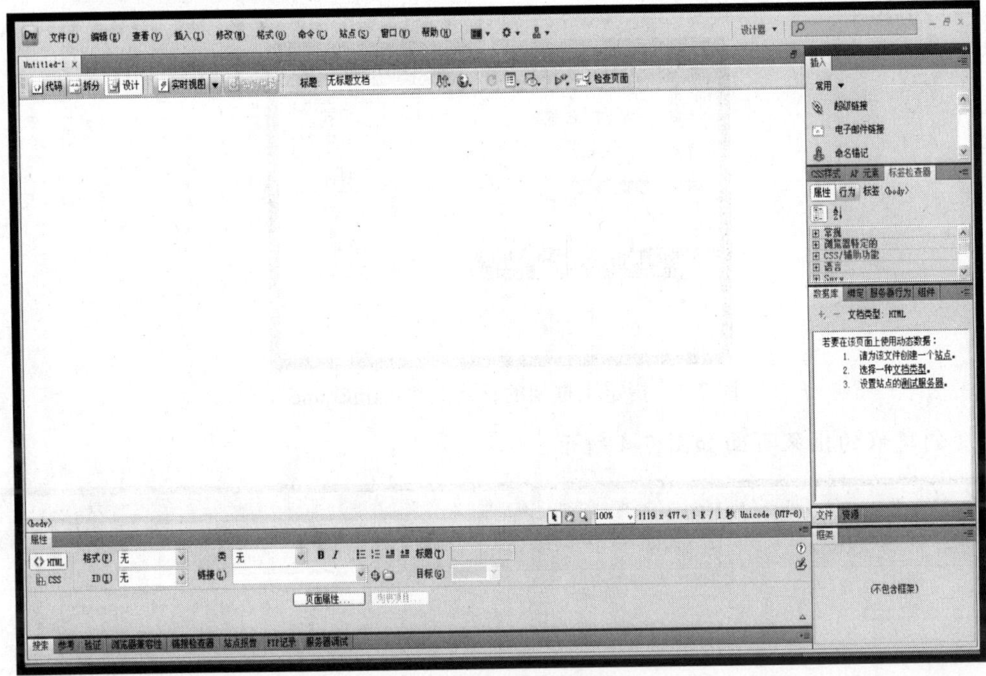

图 7-1 新建一个页面

2. 在“文件”菜单下选择“新建”命令，在弹出来的“新建文档”对话框中选择示例页右侧的“框架页”，在示例页中选择需要的框架类型。此处选择“上方固定，左侧嵌套”，右侧会出现预览的框架页（见图 7-2），然后单击“创建”按钮。

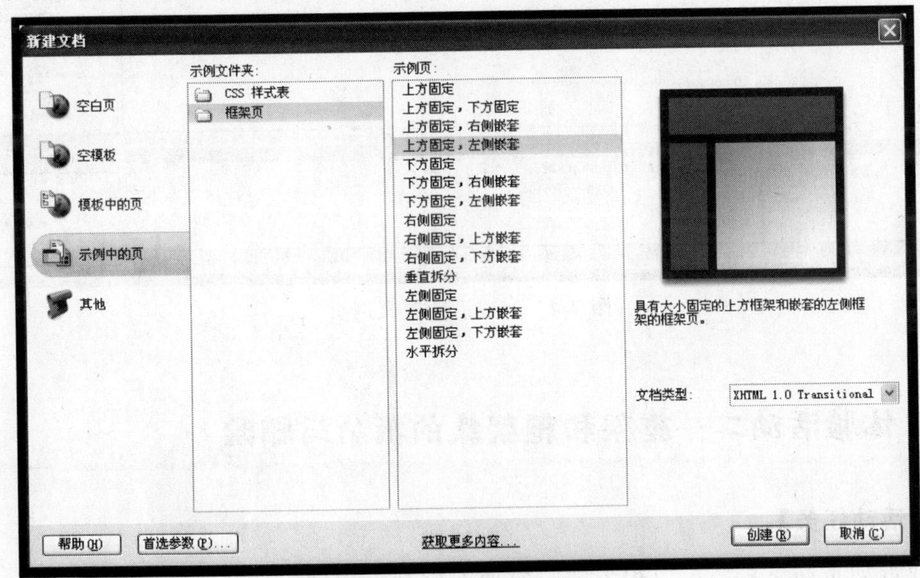

图 7-2 选择框架样式

3. 在弹出来的“框架标签辅助功能属性”对话框中单击“确定”按钮（此处一般不需要修改，使用默认值即可），此时，主框架被指定为“mainFrame”，标题为“mainFrame”，如图 7-3 所示。

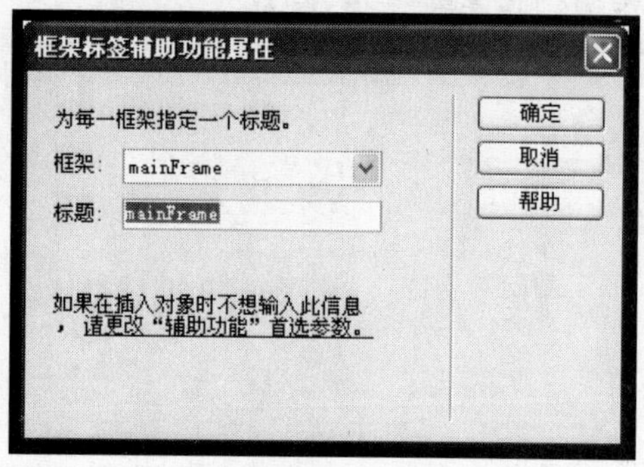

图 7-3　指定主框架的标题为“mainFrame”

4. 创建好的框架页面如图 7-4 所示。

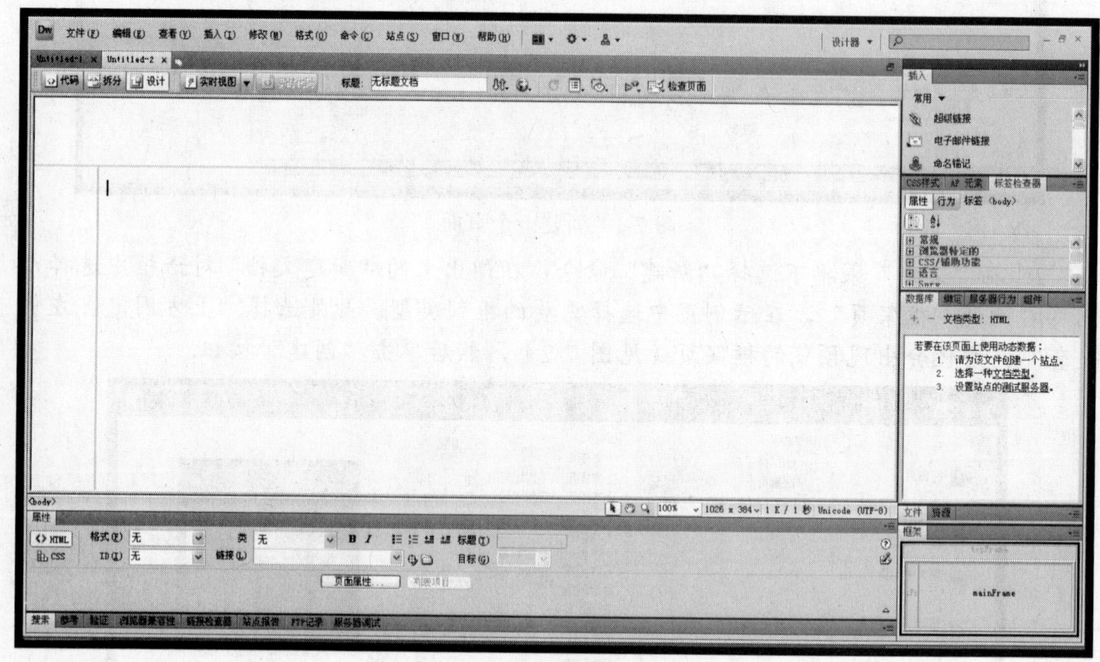

图 7-4　完成后的框架网页

体验活动二：框架和框架集的拆分与删除

【活动任务】

创建框架页面之后，可以根据实际需要对框架页面进行拆分、删除等操作。

【活动指导】

要给框架页面增加新框架，就像是拆分表格的单元格一样，把一个框架分为两个框架。若框架页面看起来太乱，可以删除某些框架，可先单击该框架选中它，再选择“框架”菜单中的“删除框架”命令即可。在设置好框架的整体布局后，还可以对每一框架的具体属性进行设置。

【活动步骤】

1．在框架页面的右端添加框架。单击边框选择框架页，光标定位于“mainframe”框架中；或者按“Alt”键后，在框架中单击，选中框架；还可以在“框架”面板上选择，如图 7-5 所示，单击子框架内部，选择子框架，单击外边框，选择框架页。

图 7-5　选定框架“mainframe”

2．在“修改”菜单中选择“框架集”→“拆分右框架”命令，将“mainframe”框架分成左右两个框架，如图 7-6 所示。

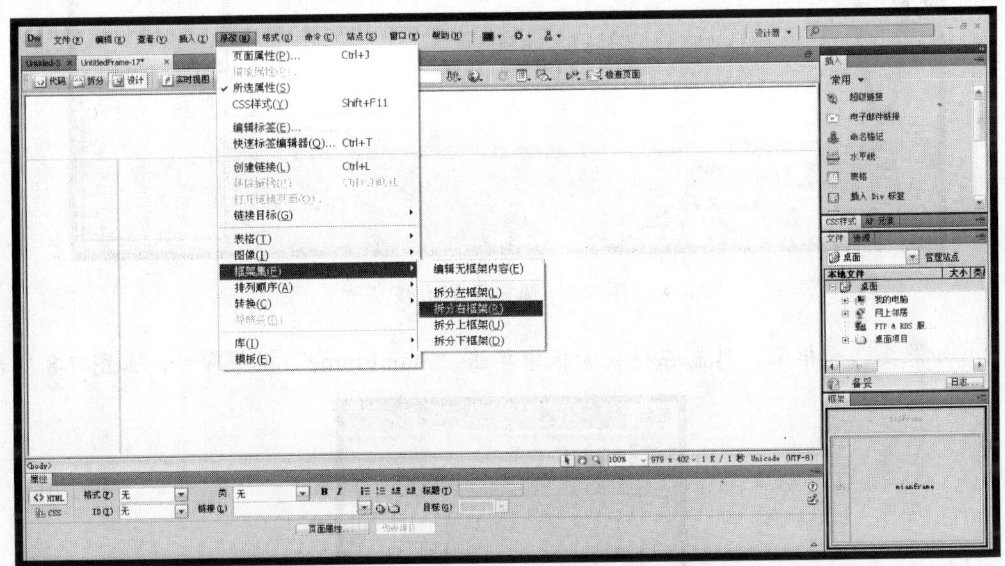

图 7-6　拆分“mainframe”框架为两个框架

3．如果不需要该框架，只需选中框架边线，鼠标此时变成双向箭头 ⇿，拖动鼠标使该边框和其他边框线重合即可删除框架。

体验活动三：选择框架和框架集

【活动任务】

在编辑窗口中完成选择框架和框架集的操作。

【活动指导】

针对不同的框架进行编辑前，先要选择框架。

【活动步骤】

1. 在编辑窗口中选择框架边线，此时框架边线变为虚线即为选中，如图 7-7 所示。

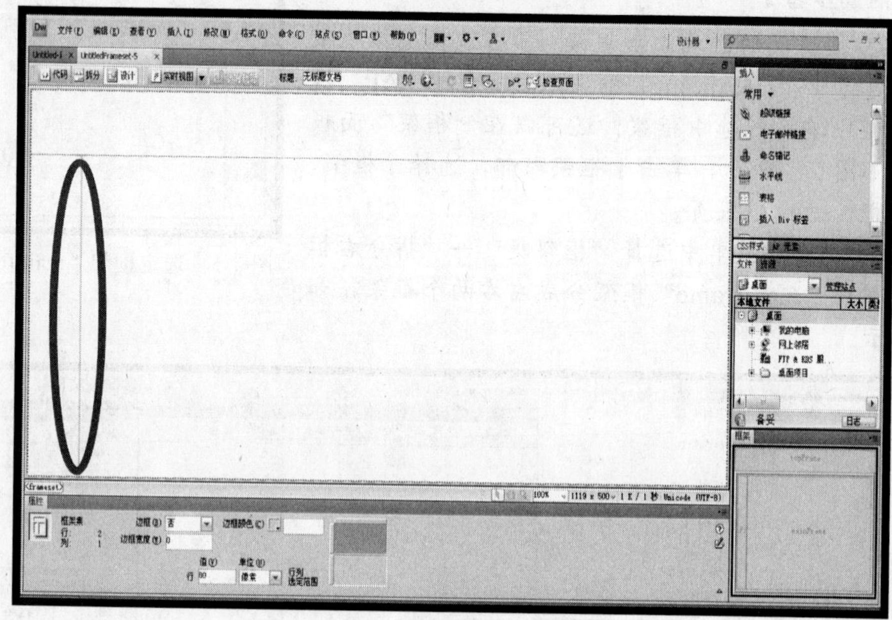

图 7-7 选择框架边线

2. 如果要选择框架，只需在框架面板中单击“mainFrame”框架即可，如图 7-8 所示。

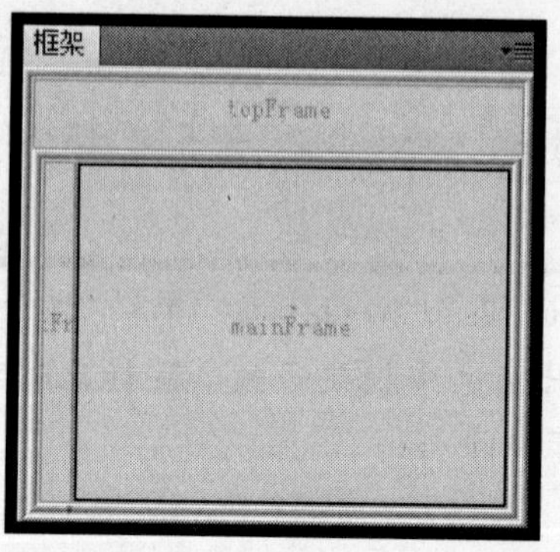

图 7-8 选择框架“mainFrame”

【活动小结】

完成体验活动后，填写表 7-1。

表 7-1　关于框架网页的几类重要操作

操作类型	操作步骤
拆分框架网页	
删除框架网页	
选择框架	
选择框架集	

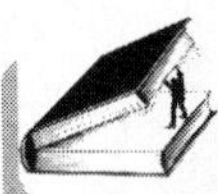

体验活动四：框架网页的保存

【活动任务】

保存框架和框架集。

【活动指导】

创建好的框架网页保存方法和一般网页的保存有所不同，框架网页在保存框架集的同时需要保存框架内的每个页面。

【活动步骤】

1. 在文档中选择框架集，然后选择“文件”菜单中的“保存框架”命令，或者按“Ctrl+S”组合键，如图 7-9 所示。

2. 在弹出的“另存为”对话框中选择保存路径，输入保存名称，单击“保存”按钮，将框架保存到指定路径中，如图 7-10 所示。

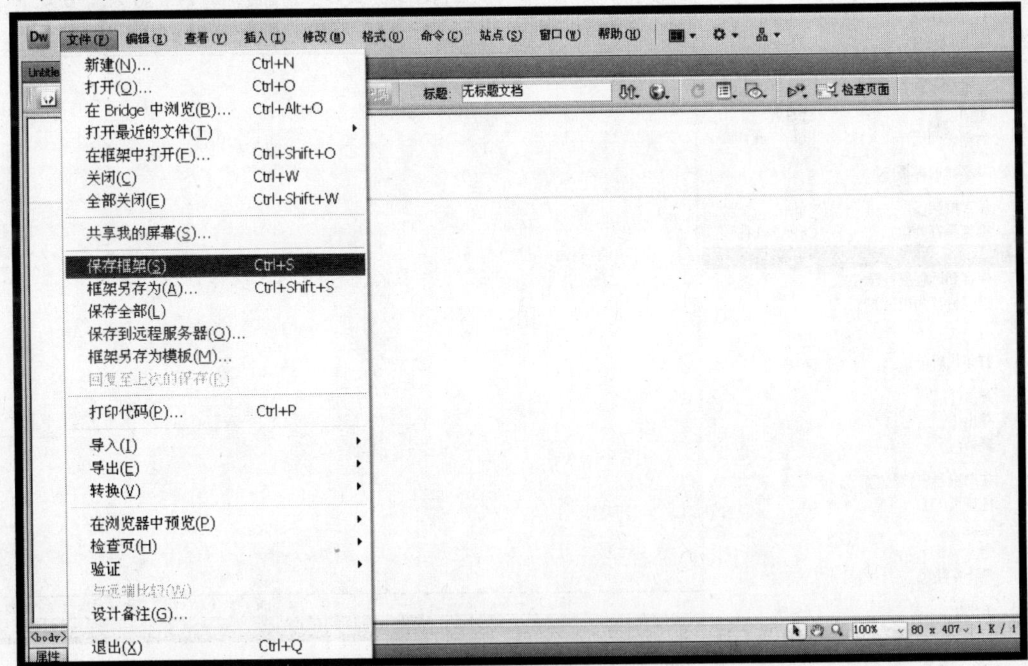

图 7-9　保存框架

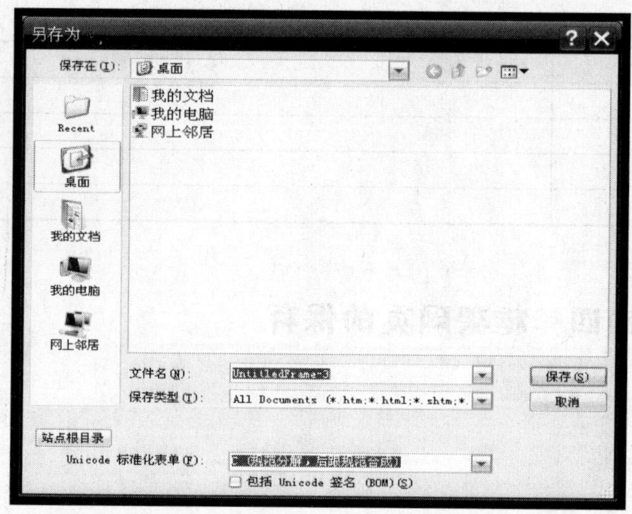

图 7-10　设置“另存为”对话框

3. 如果保存与一组框架关联的所有文件，只需选择“文件”菜单中的“保存全部”命令即可，如图 7-11 所示。

4. 在弹出的“另存为”对话框中选择保存路径，输入保存名称，单击“保存”按钮，将框架保存到指定路径中，如图 7-12 所示。

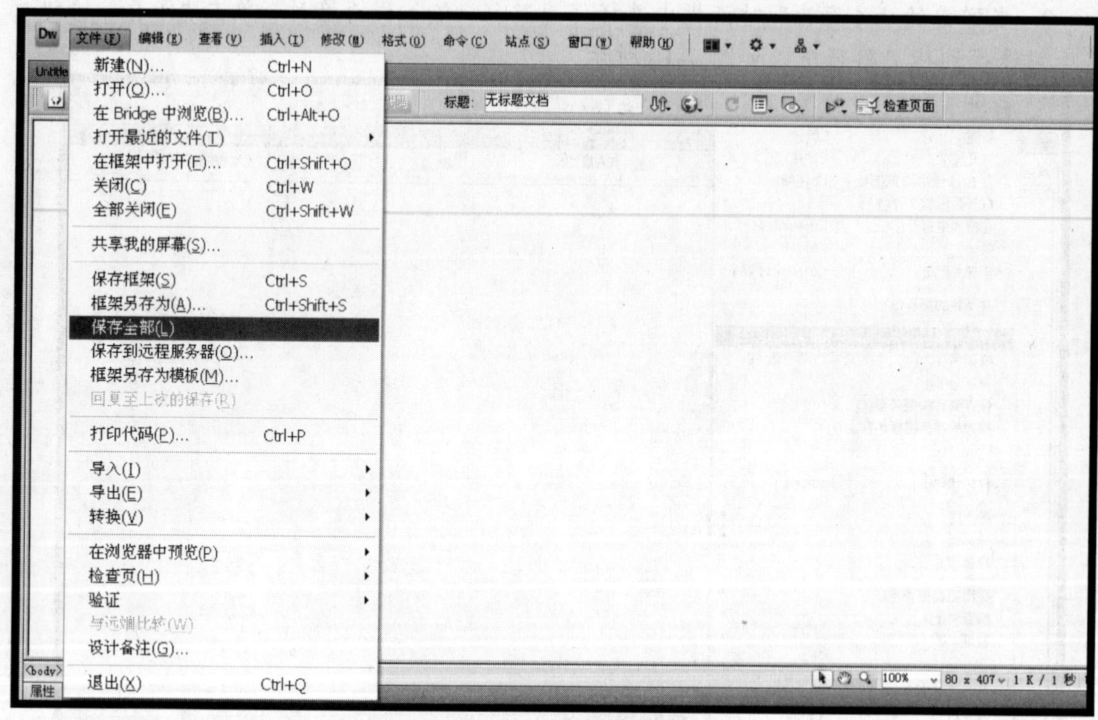

图 7-11　保存全部关联文件

图 7-12　将一组框架文件保存到指定路径

【活动小结】

完成体验活动后，填写表 7-2。

表 7-2　保存框架网页的方法

方法和异同点 / 操作名称	操 作 方 法	异 同 点
保存为一个文件		
保存全部的关联文件		

相关知识

一、设置框架集属性

选中网页中的框架集后，就可以通过“属性”面板查看和设置框架集的边框和大小，各属性设置的作用如下。

（1）框架集　在面板中选中整个框架集，可使“属性”面板变为“框架集属性”面板。此时，编辑对象为框架集，系统将整个框架视为一个2行1列的表格，如图7-13所示。

图7-13　“框架集属性”面板

（2）边框　在“边框”选项中选择“是”或“否”来决定浏览器是否显示框架边框，如图7-14所示。

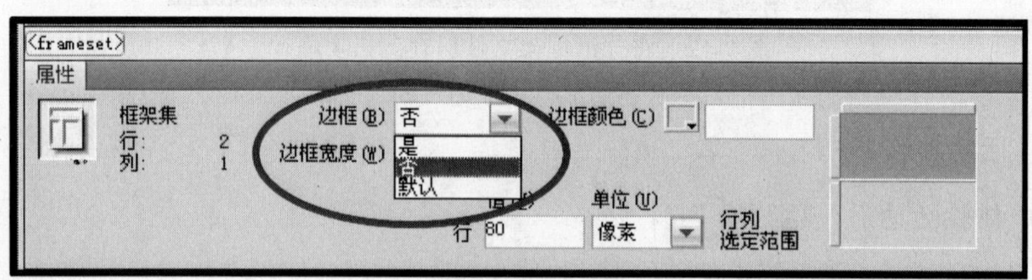

图7-14　设置“边框”选项

（3）边框颜色参数　“边框颜色”选项可以设置框架边框的颜色，可以在“边框颜色”选项后的文本框中直接输入颜色代码，如图7-15所示。

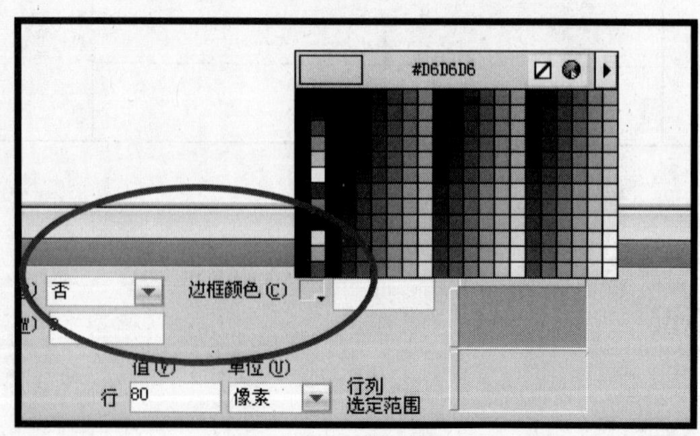

图7-15　设置边框颜色

（4）边框宽度参数　在“边框宽度”选项中输入一个数字来表示边框宽度，输入“0”表示无边框，如图7-16所示。

（5）值参数和单位参数　“值”选项表示指定行或列的大小；“单位”选项表示指定行或列是以像素为单位，还是显示为浏览器窗口的百分比，或是扩展或缩小以填充窗口中的剩余空间，如图 7-17 所示。

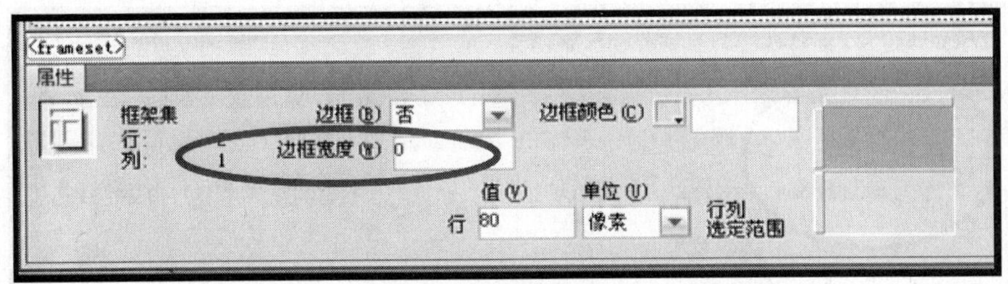

图 7-16　设置边框宽度

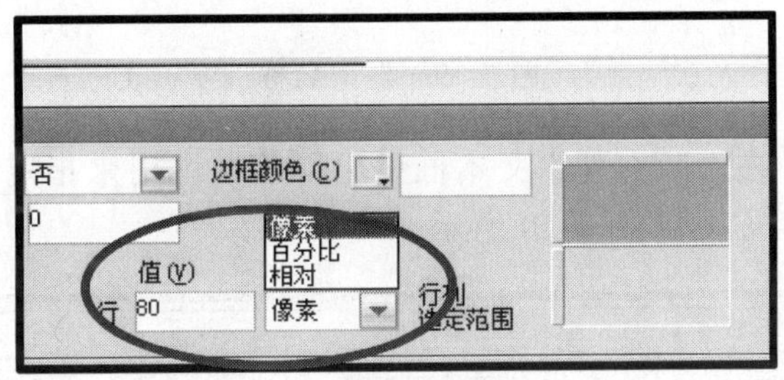

图 7-17　设置值参数和单位参数

二、设置框架属性

（1）查看和设置框架属性　选中某框架，在窗口下端就会出现该框架的各种属性，如图 7-18 所示。

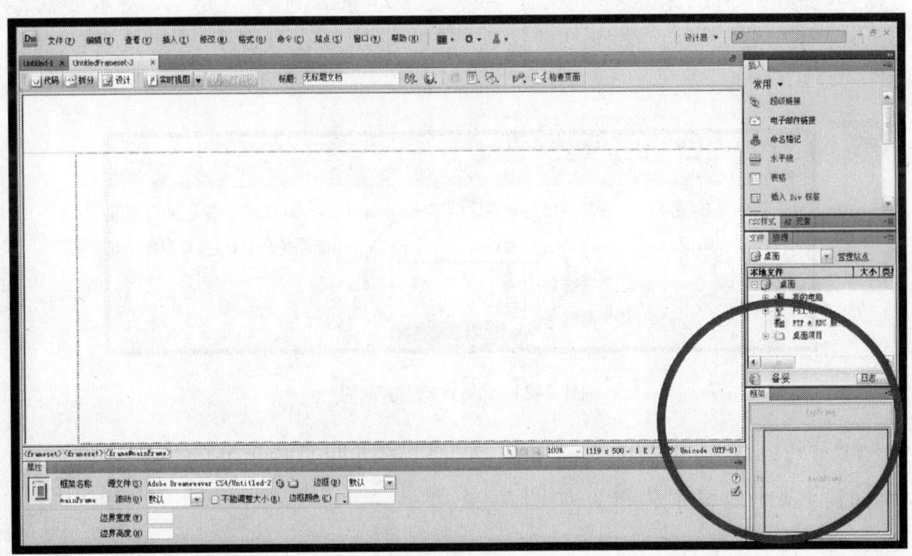

图 7-18　查看框架属性

（2）框架名称参数　在“框架名称”文本框里出现的名称将会被超链接和脚本引用，如图 7-19 所示。

图 7-19　框架名称

（3）源文件参数　在“源文件”文本框里出现的文本用来指定当前打开的 HTML 文件的相对路径和文件名称，如图 7-20 所示。

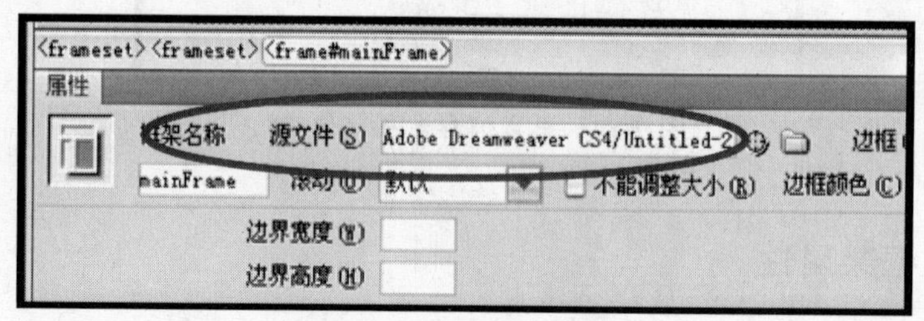

图 7-20　源文件地址和名称

（4）滚动参数　它用来选择框架是否需要滚动条。选择“是”，表示要滚动条；选择“否”，表示不要滚动条；选择“默认”，表示采用默认状态，一般选择“默认”状态即可，如图 7-21 所示。

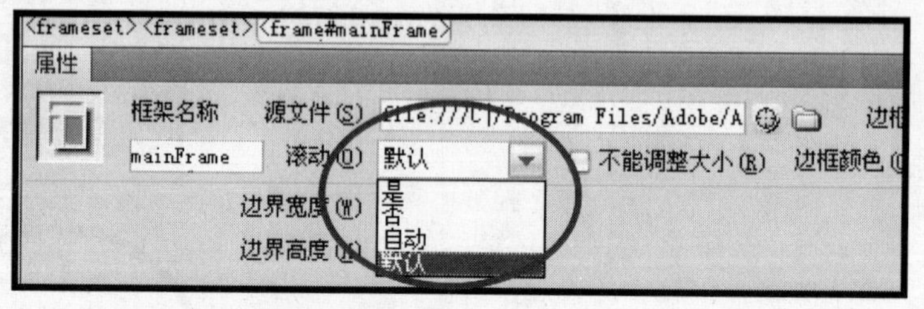

图 7-21　设置滚动参数

（5）边框参数　它用来确定当前框架是否显示边框。当此处的设置与框架集“属性”的设置矛盾时，以此处设置为准，如图 7-22 所示。

图 7-22　设置边框参数

（6）不能调整大小参数　它是用来防止用户浏览时通过拖动框架边框来调整框架大小的。如果没有选择它，用户则可以用鼠标拖曳框架的边框来调整框架大小，如图 7-23 所示。

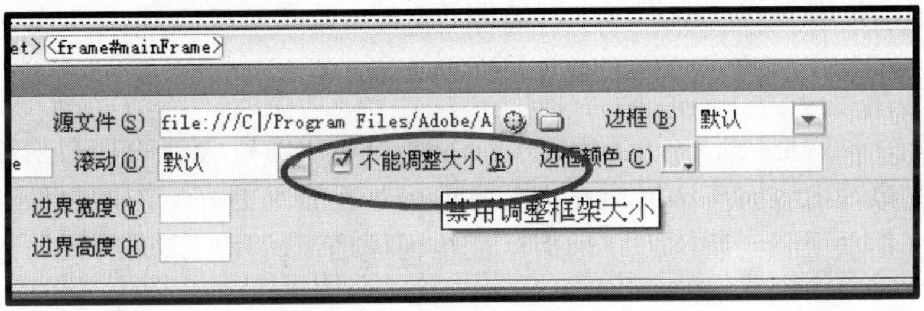

图 7-23　设置禁用调整框架大小

（7）边框颜色参数　它表示与当前框架所有边框的颜色，框架集的边框颜色将以此项选择设置为准，如图 7-24 所示。

（8）边界宽度和边界高度参数　边界宽度以像素为单位，设置边框与内容左右之间的距离；边界高度以像素为单位，设置边框与内容上下之间的距离，如图 7-25 所示。

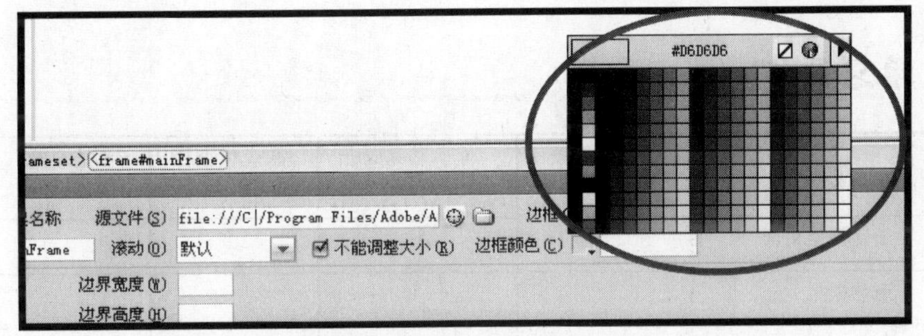

图 7-24　设置边框颜色

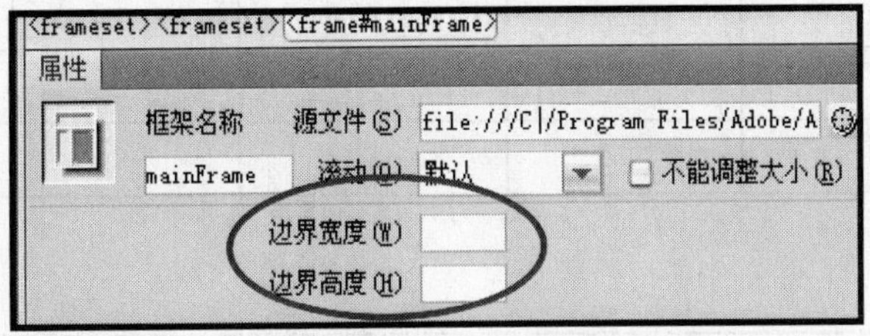

图 7-25　设置边界宽度和边界高度参数

项目小结

在本项目中，我们学了如何创建框架页面，如何拆分和删除框架集以及如何选择框架集，最后还学习了如何保存编辑好的框架页面。

项目实训

利用所学的框架知识，制作一个网站的首页。

【实训导航】

网页的排版布局是决定网站美感的一个重要方面，通过合理的、有创意的布局，可以把文字、图像等内容完美地展现在浏览者面前，而布局的好坏在很大程度上取决于设计者的技术修养水平和创新能力。框架就能很便捷地帮助我们完成网页的布局设计。

要求：

1）建立一个“上方固定，左侧嵌套”的框架页。

2）将左框架拆分成上下两个框架。

3）保存所有的框架。

学习评价

序　号	知识点和实践项目	能独立完成（优）	能合作完成（良）	能基本完成（合格）	不能完成（不合格）	备　注
1	创建框架页面					
2	选定框架					
3	增加框架					
4	删除框架					
5	保存框架页面					
6	框架集的属性设置					

教师评语：

拓展知识：设置链接的打开位置

框架中链接的打开位置也是可以设置的。默认状态下是在当前窗口打开；如果需要在其他窗口打开，则选中要链接的文字或图片后，在窗口下端“属性”面板的“链接”文本框中输入链接地址，然后在“目标”下拉列表框中选择打开的目标地址，如图 7-26 所示。

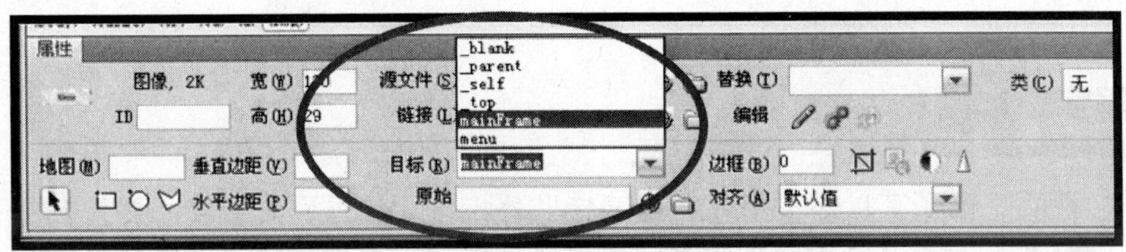

图 7-26　设置链接目标

在“属性”面板的“目标”下拉列表框中，选择链接的文档将要显示的框架或窗口。不同的窗口名称有所不同。

1）“blank”：　在新的浏览器窗口中打开链接的文档，同时保持当前窗口不变。

2）“parent”：　在显示链接框架的父框架中集中打开链接的文档，同时替换整个框架集。

3）“self”：　在当前框架中打开链接，同时替换该框架中的内容。

4）“top”：　在当前浏览器窗口中打开链接的文档，同时替换所有框架。

项目 8　制作网页动态效果

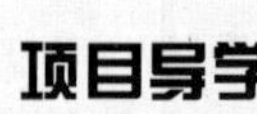

项目导学

网页中除了可以添加图片和超链接以外，为了让页面更生动，更具有吸引力，还可以为网页添加动态效果。本项目就学习如何制作网页动态效果。

行为是用来动态响应用户操作、改变当前页面效果或执行特定任务的一种办法。对象是产生行为的主体。网页中的很多元素都可以成为对象，如整个 HTML 文档、插入的一个图像、一段文本、一个媒体文档等。对象是基于成对出现的标签的，在创建时应首先选中对象的标签。事件是触发动态效果的条件。Web 事件包括不同的种类，有的与鼠标有关，有的与键盘有关，如单击鼠标、按下键盘的某个键等。对于同一个对象，不同版本的网站页面浏览器支持的事件种类有可能是不一样的。

体验活动一：使用行为制作页面

【活动任务】

在页面的公告栏处使用滚动字母效果。

【活动指导】

如果想要在网页里显示最新信息、新闻、通知、布告等较长的文字信息，而又不想占用太多的网页空间，可以使用滚动公告栏。页面中动态效果不易过多，适当地添加动态效果可以吸引浏览者的注意，为网页增添亮点。滚动公告栏通常是通过 JavaScript 技术控制网页中的层的滚动来实现的，然而手工编写 JavaScrip 代码进行制作是比较复杂、困难的事情。使用 Dreamweaver 软件为用户提供的 ScrollableArea 插件可以快速、便捷地制作出滚动公告栏。

【活动步骤】

1. 安装插件。打开 Dreamweaver CS4 软件，选择工具栏中的“扩展 Dreamweaver”按钮，选择“扩展管理器”命令，打开扩展管理器，如图 8-1 所示。

图 8-1　打开扩展管理器

2. 打开扩展管理器后选择“文件”菜单中的“安装扩展”命令，如图 8-2 所示。

图 8-2　选择“安装扩展”命令

3. 在“选取要安装的扩展”对话框中找到“scrollablearea.mxp”文件并打开，如图 8-3 所示。

图 8-3　选择“scrollablearea.mxp”文件

4. 安装“dHTML Scrollable Area”扩展，如图 8-4 所示。

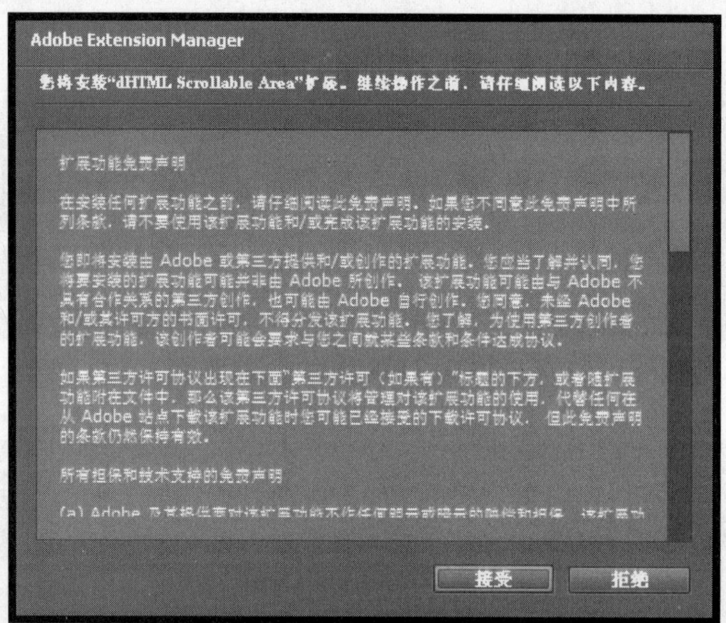

图 8-4　安装“dHTML Scrollable Area”扩展

5. 安装“dHTML Scrollable Area”扩展后如图 8-5 所示表示安装操作已完成，重启 Dreamweaver 软件。

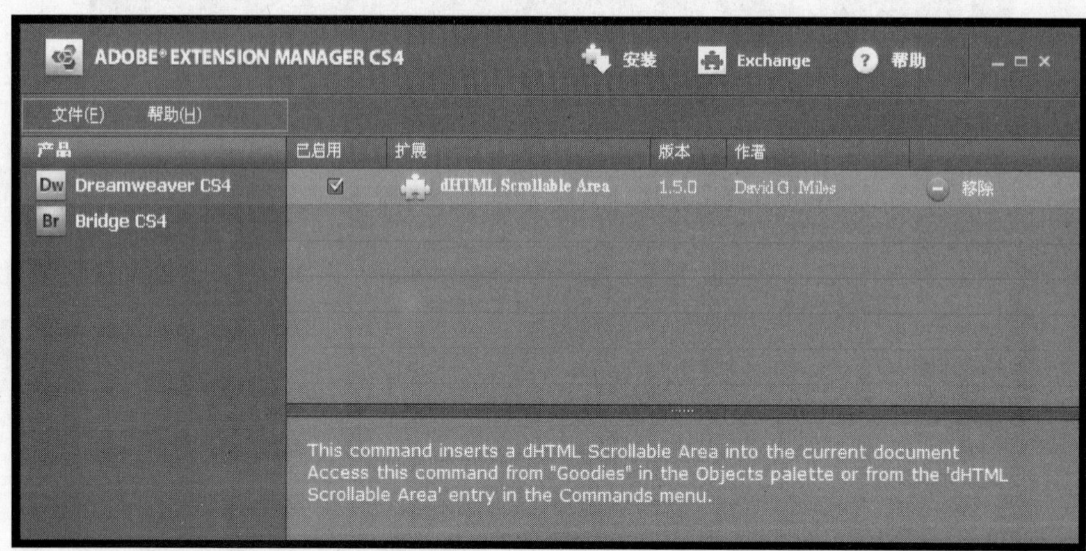

图 8-5　“dHTML Scrollable Area”扩展已安装成功

6. 设置滚动公告栏。在 Dreamweaver CS4 软件中打开“网上书店”页面，光标定位于公告栏处，如图 8-6 所示。

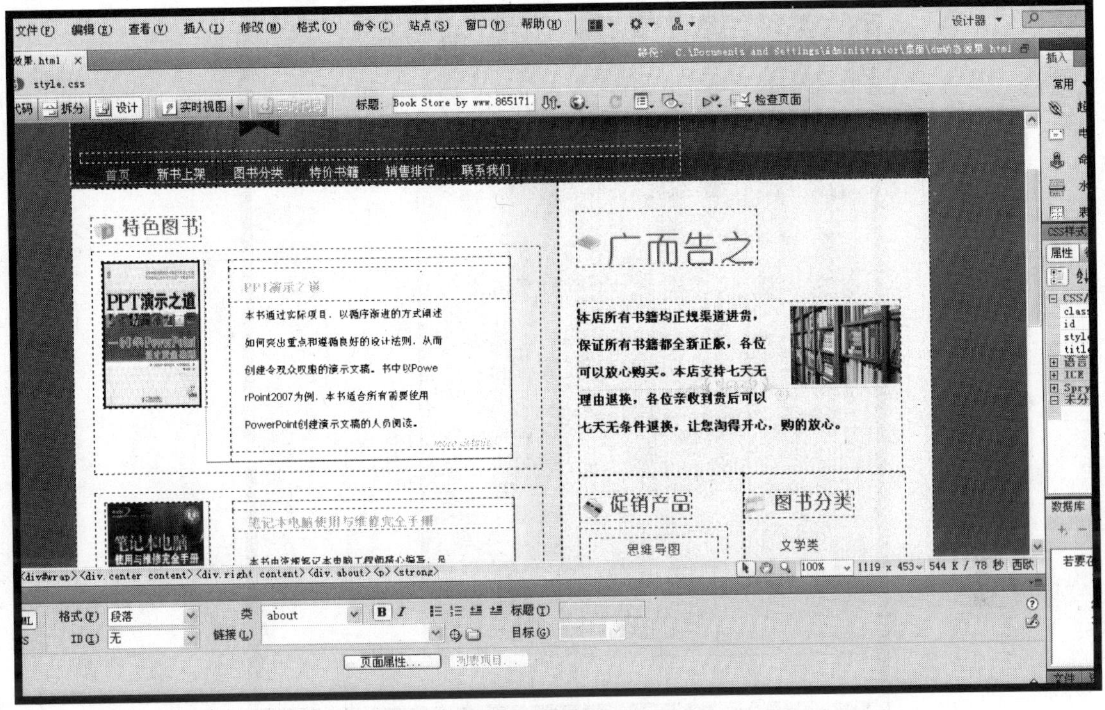

图 8-6　打开页面

7. 选择“命令”菜单中的“dHTML AP Scrollable Area”命令，如图 8-7 所示。

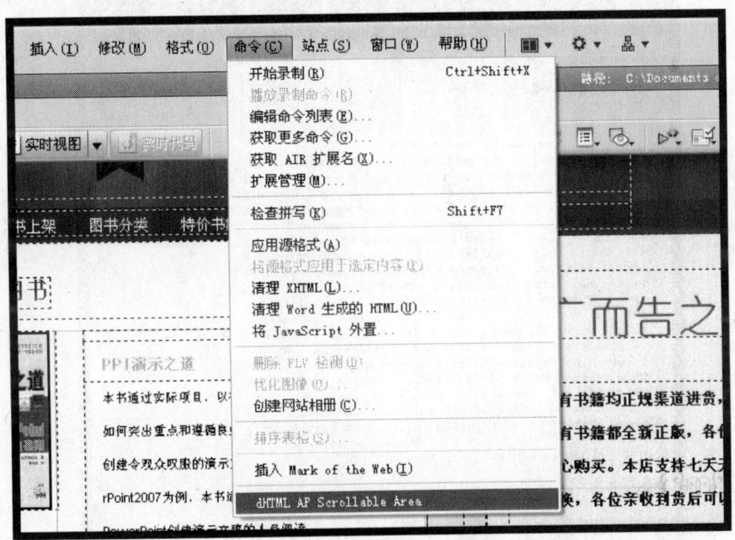

图 8-7　选择“dHTML AP Scrollable Area”命令

8. 在弹出的对话框中设置各参数，如图 8-8 所示。

9. 选择“Content”选项卡填充其内容，如图 8-9 所示。

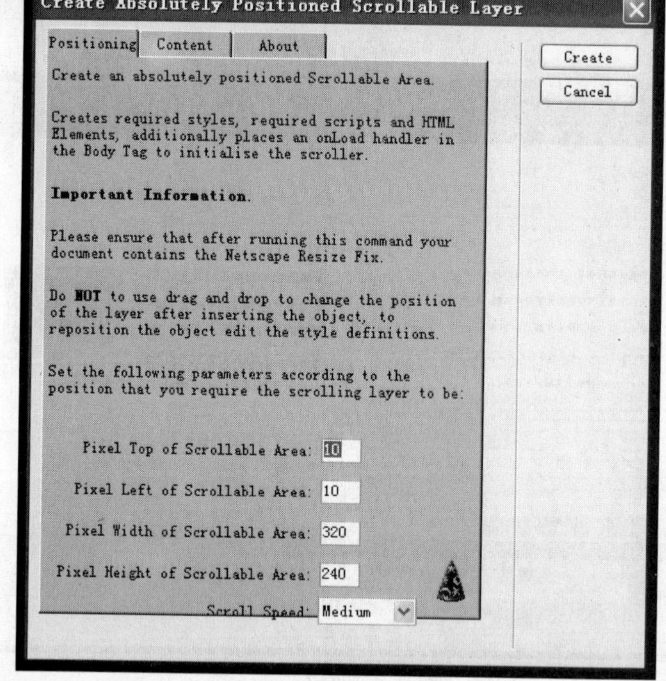

图 8-8　设置公告栏参数

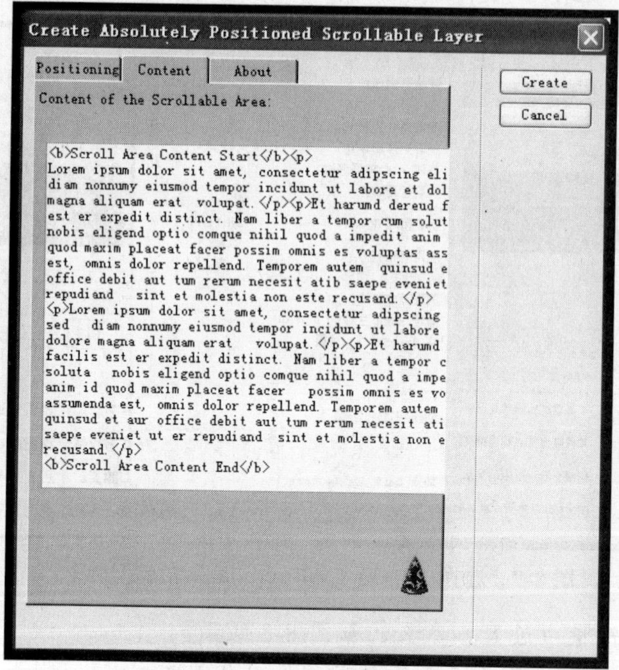

图 8-9　填充文字内容

10. 使用“标签选择器”插入 marquee 标签。把光标定位在需要插入滚动字幕的地方，选择“插入”菜单中的“标签选择器”命令，然后选择 marquee 标签，单击“插入”按钮，如图 8-10 所示。

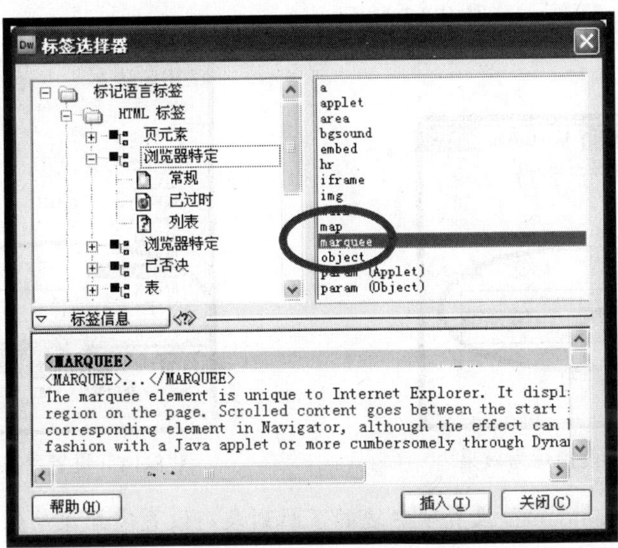

图 8-10　插入 marquee 标签

11. 切换到代码视图，把光标定位在 marquee 标签内，如图 8-11 所示。

12. 选择“窗口”菜单中的“标签检查器”命令，在界面右边的面板中单击“属性”，然后单击“未分类”前面的“+”，如图 8-12 所示。

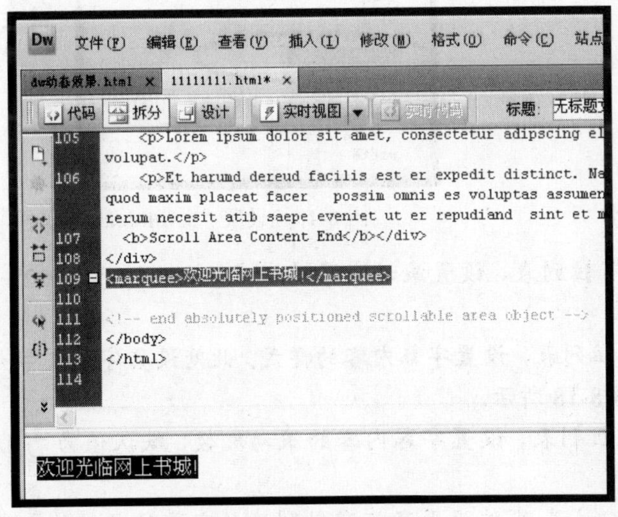

图 8-11　切换到代码视图

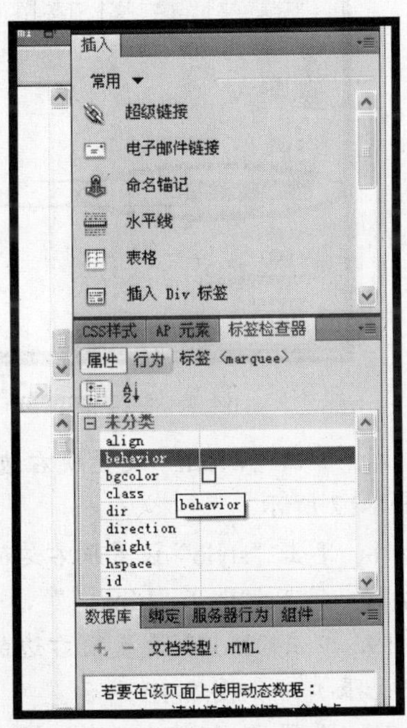

图 8-12　设置 marquee 标签的主要用法

13. 单击“behavior”设置项右边的下拉列表，选择滚动字幕内容的运动方式。此处选择“scroll”项，如图 8-13 所示。

14. 单击“direction”设置项右边的下拉列表，设置字幕内容的滚动方向。此处应向上滚动，选择“up”项，如图 8-14 所示。

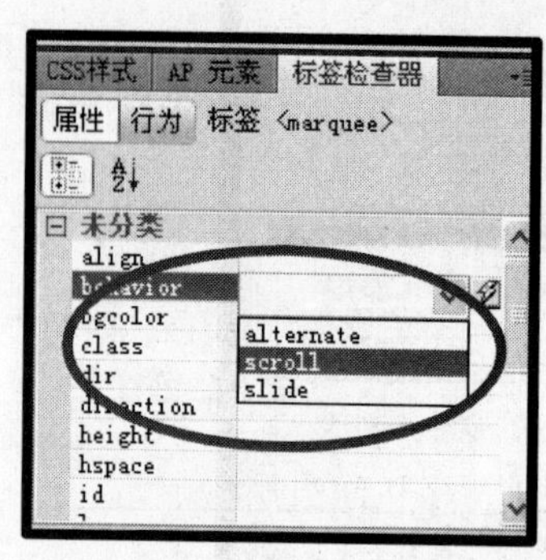

图 8-13　设置行为效果

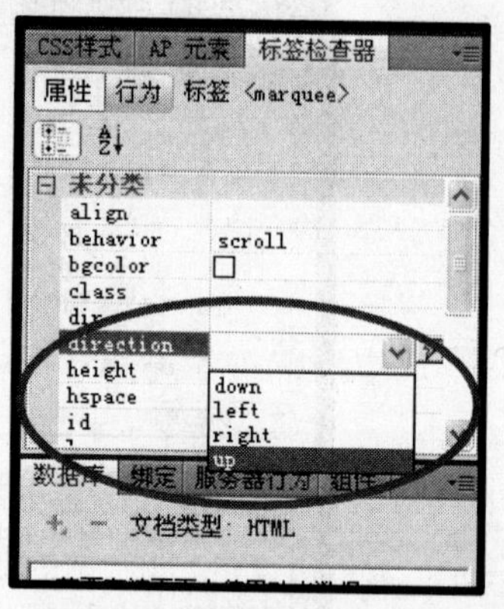

图 8-14　设置“direction”属性

15. 单击“scrollamount”设置项右边的下拉列表，设置字幕滚动的速度。此处直接输入数值“1”，如图 8-15 所示。

16. 单击“scrolldelay”设置项右边的下拉列表，设置字幕内容滚动时停顿的时间，单位为毫秒。如果要让滚动看起来流畅，数值应该尽量小些。此处设置为 1 毫秒，如图 8-16 所示。

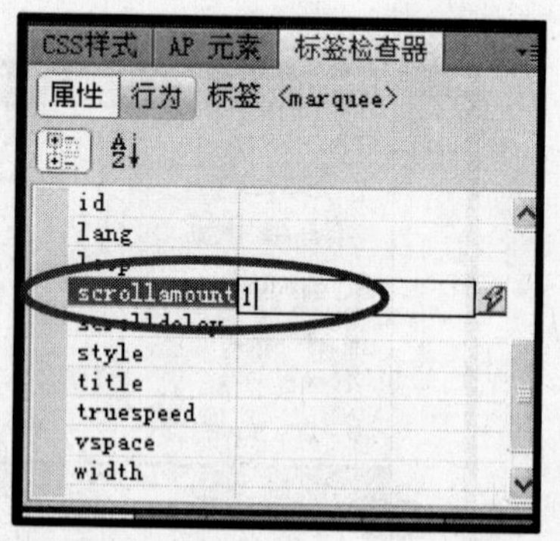

图 8-15　设置“scrollamount”属性

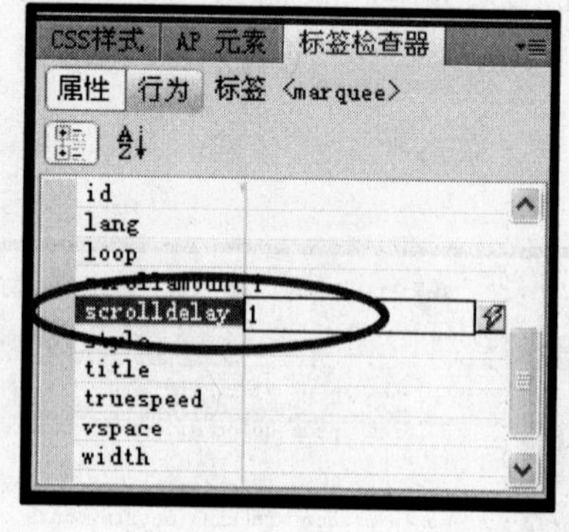

图 8-16　设置“scrolldelay”属性

17. 单击“width”设置项右边的下拉列表，设置滚动字幕的宽度。此处设为“100”，如图 8-17 所示。

18. 单击“style”设置项右边的下拉列表，设置字幕内容的样式。此处设置字幕文字大小为 14，输入“font: 14px; ”，如图 8-18 所示。

19. 单击“loop”设置项右边的下拉列表，设置字幕内容的滚动次数，默认值为“-1”（即无限），如图 8-19 所示。

20. 设置 2 个行为。“onMouseOver”事件设置鼠标移动到滚动字幕时的动作，常设置为停止滚动。“onMouseOut”事件设置鼠标离开滚动字幕时的动作，常设置为开始滚动。在 Dreamweaver CS4 软件中需要打开“行为”面板设置它们，如图 8-20 所示。

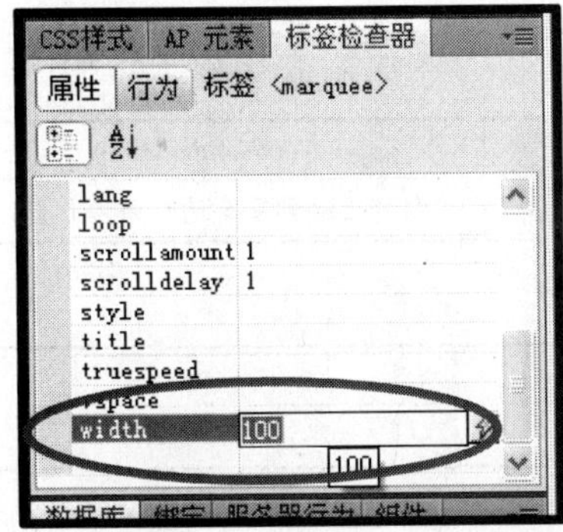

图 8-17　设置“width”属性

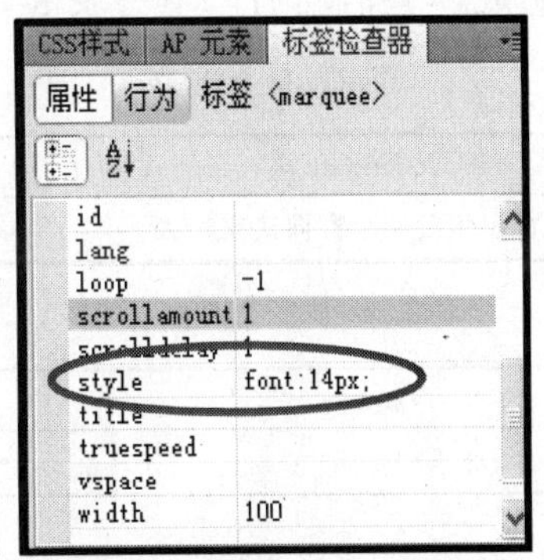

图 8-18　设置“style”属性

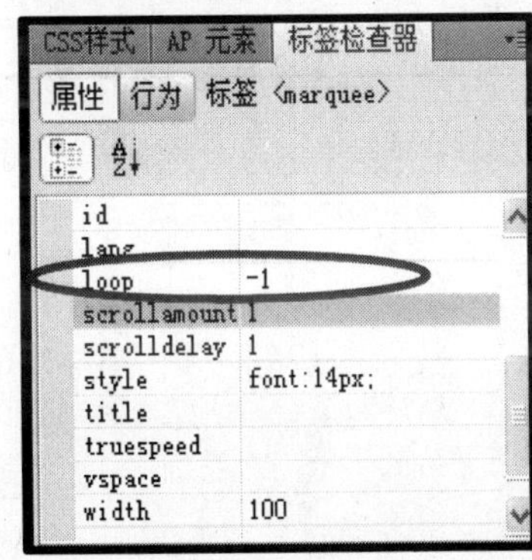

图 8-19　设置“loop”属性

图 8-20　设置 2 个行为

21．在浏览器中浏览该页面，此处应显示为由下往上滚动的文字，如图 8-21 所示。

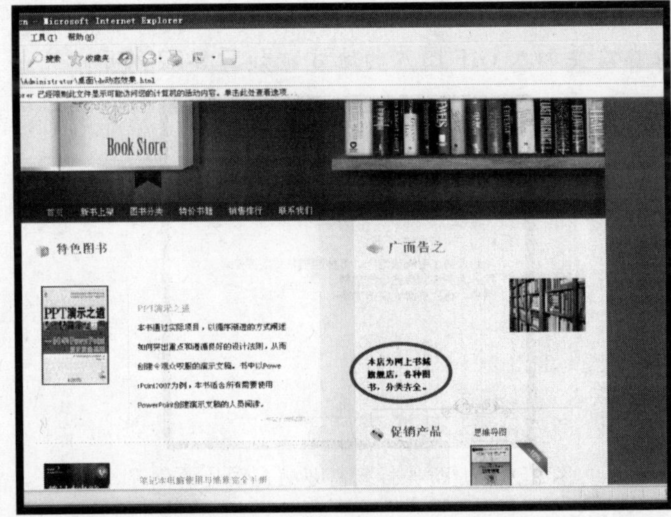

图 8-21　预览页面效果

【活动小结】

完成体验活动后，填写表 8-1～表 8-3。

表 8-1　behavior 用法

alternate	scroll	slide
内容在相反两个方向滚来滚去		内容接触到字幕边框就停止滚动

表 8-2　direction 用法

down	Left	right	up
向下运动			向上运动

表 8-3　事件属性

事件	onMouseOver	onMouseOut	动作
this.stop();	this.start();		

体验活动二：插入动画图片

【活动任务】

在页面中插入 GIF 动画图片。

【活动指导】

通过插入 GIF 动画图片实现动画效果。

【活动步骤】

1. 将光标定位在需要加入 GIF 图片的地方，如图 8-22 所示。

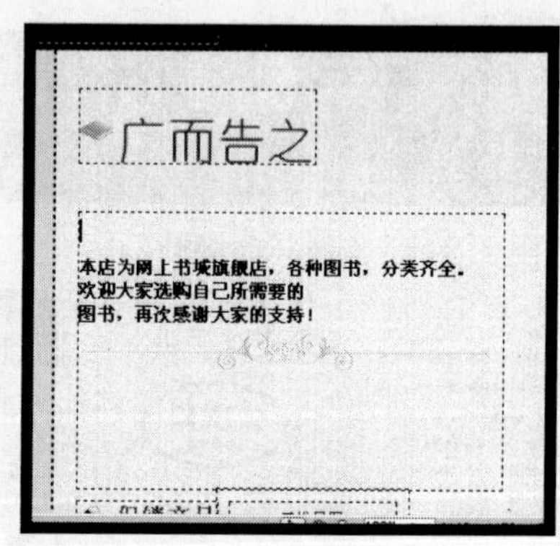

图 8-22　定位光标到需要插入图片的位置

2. 选择“插入”菜单中的“图像”命令，如图 8-23 所示。

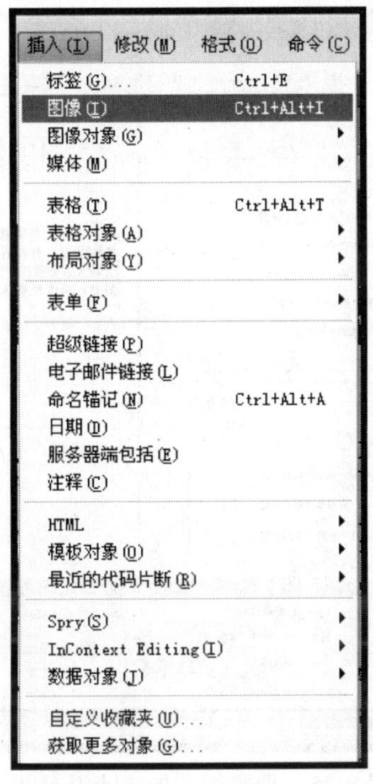

图 8-23　选择“图像”命令

3. 在“选择图像源文件”对话框中选择图片，如图 8-24 所示。

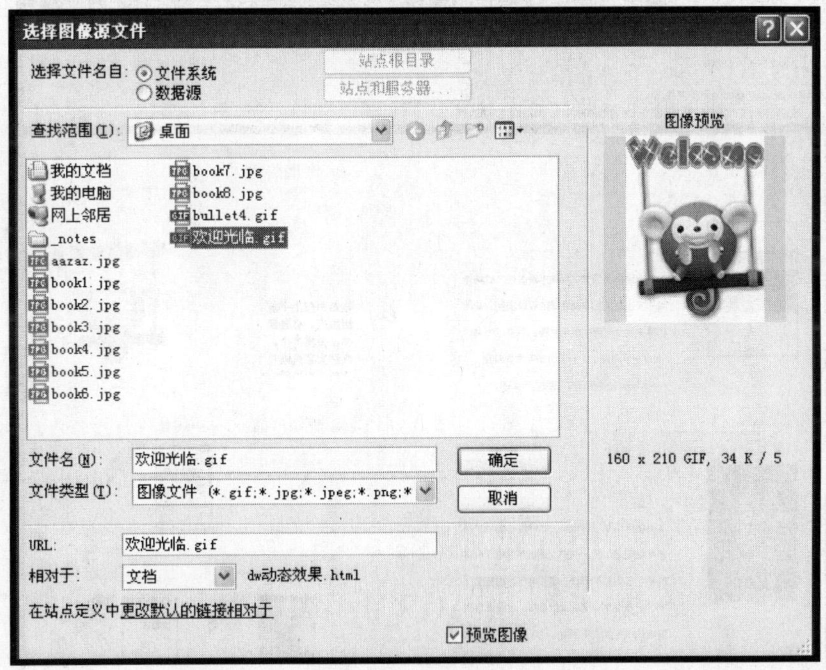

图 8-24　选择图片

4. 将图片插入到页面中，并在“属性”面板中调整其大小及位置，如图 8-25 所示。

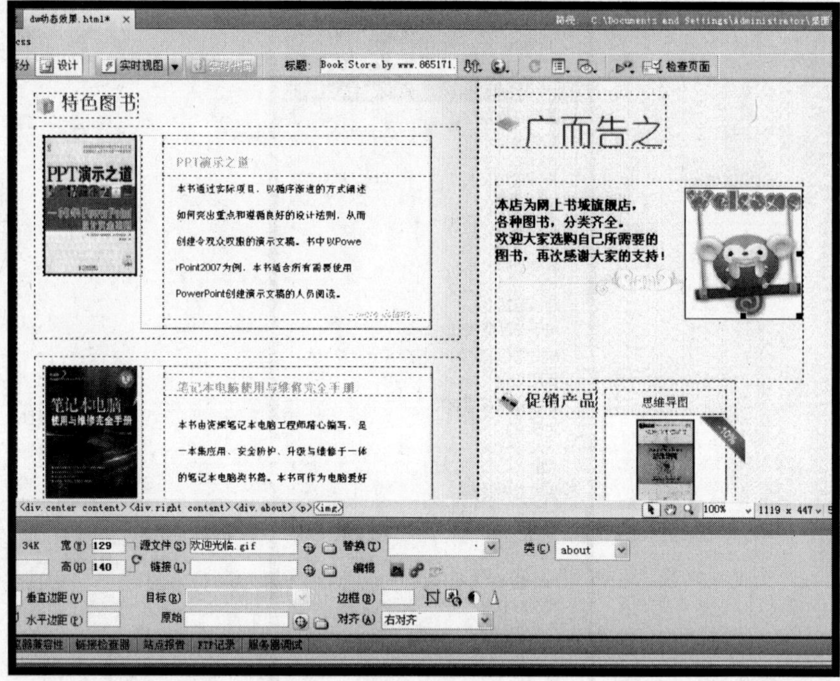

图 8-25　调整图片的大小及位置

5. 在浏览器中浏览效果，如图 8-26 所示。

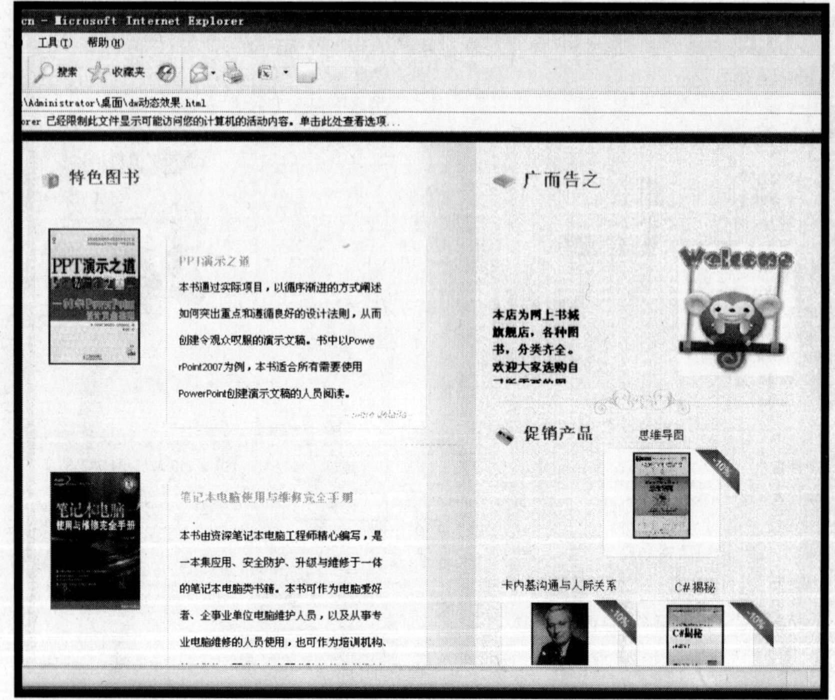

图 8-26　预览效果

➘【活动小结】

完成体验活动后，填写表 8-4。

表 8-4 插入 GIF 图片的方法

1. 定位需要插入图片的位置
2. 选择"______"菜单中的"________"命令
3. 弹出"______________"对话框
4. ______________________________
5. 在浏览器中预览

体验活动三：插入 Flash 动画

➘【活动任务】

通过菜单及"属性"面板在页面中插入 Flash 动画。

➘【活动指导】

Flash 动画是网页上最流行的动画格式。在 Dreamweaver CS4 软件中，Flash 动画也是最常用的多媒体插件之一，它将声音、图像和动画等内容加入到一个文件中，并能制作较好的动画效果，同时还使用了优化的算法将多媒体数据进行压缩，使文件变得很小。因此，Flash 动画非常适合在网上传播。

➘【活动步骤】

1. 将光标定位在需插入 Flash 动画的位置，选择"插入"→"媒体"→"SWF"命令（见图 8-27），打开"选择文件"对话框。在对话框中选择需插入的 Flash 动画，单击"确定"按钮，如图 8-28 所示。

2. 在网页文档中插入的 SWF 文件显示为一个 Flash 动画图标，可以在"属性"面板中设置 SWF 文件的大小。

3. 在网页文档中插入 Flash 动画文件后，选中 SWF 对象，在"属性"面板中设置其属性，如图 8-29 所示。

4. 在浏览器中预览，如图 8-30 所示。

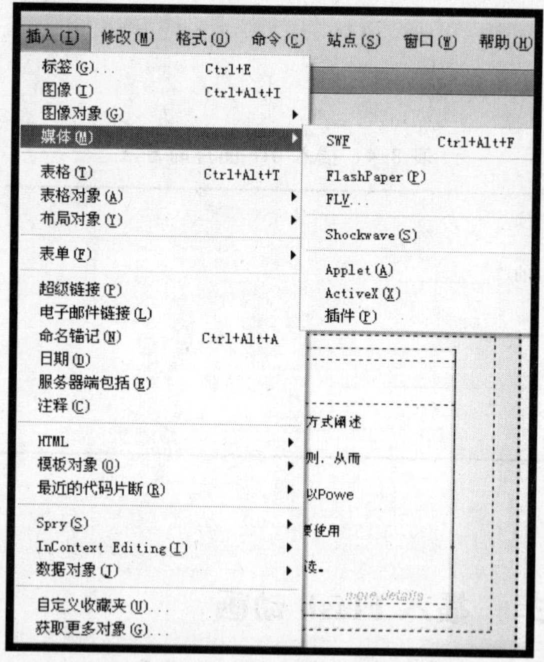

图 8-27　选择插入 SWF 动画菜单选项

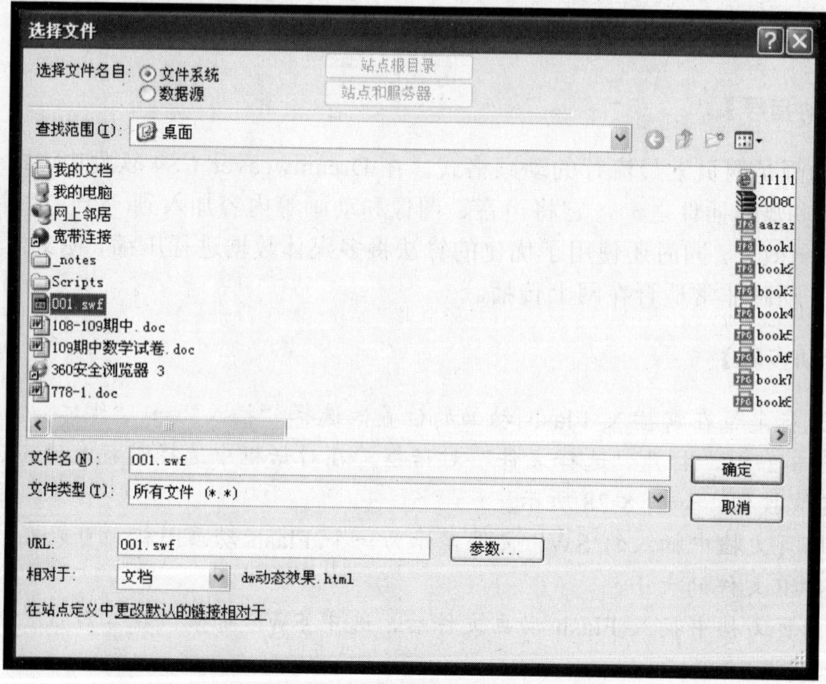

图 8-28　选择 SWF 文件

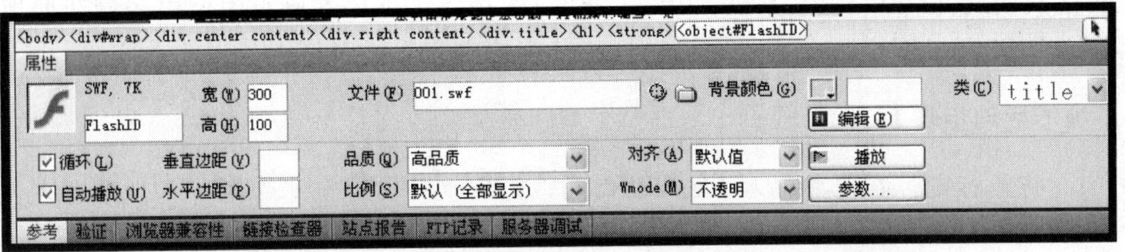

图 8-29　设置 SWF 文件属性

图 8-30　预览 Flash 动画效果

体验活动四：插入 FlashPaper 动画

【活动任务】

在页面中插入 FlashPaper 动画。

【活动指导】

FlashPaper 的功能是将通用格式转为 Flash 格式后在网页中显示。例如，将 DOC、

PDF 格式的文件转为 SWF 格式后用 FlashPaper 插入，便可在网页中像电子阅读器那样浏览这个 Flash。同样，在网页中可以打印其中的内容，或者搜索其中的内容。

➘【活动步骤】

1. 将光标定位在需要插入 Flash 的位置，选择“插入”→“媒体”→“FlashPaper”命令，打开“插入 FlashPaper”对话框，如图 8-31 所示。

图 8-31 插入 FlashPaper

2. 在“源”文本框中输入 FlashPaper 文件的路径，或者单击右侧的“浏览”按钮，在打开的对话框中选择 FlashPaper 文件；在“高度”和“宽度”文本框中设置 FlashPaper 文件的高度和宽度，如图 8-32 所示。

图 8-32 设置 FlashPaper 文件

体验活动五：插入 FLV 视频

➘【活动任务】

在页面中插入 FLV 视频。

➘【活动指导】

FLV 是 Flash 视频文件，在网页中插入的 FLV 文件是以 SWF 组件显示的。当在浏览器中查看时，该组件显示为所选的 FLV 文件以及一组播放控件。

【活动步骤】

1. 将光标定位在需要插入 FLV 文件的位置，选择“插入”→“媒体”→“FLV”命令，打开“插入 FLV”对话框，在“视频类型”下拉列表中可以选择“累进式下载视频”和“流视频”两种视频类型，如图 8-33 所示。

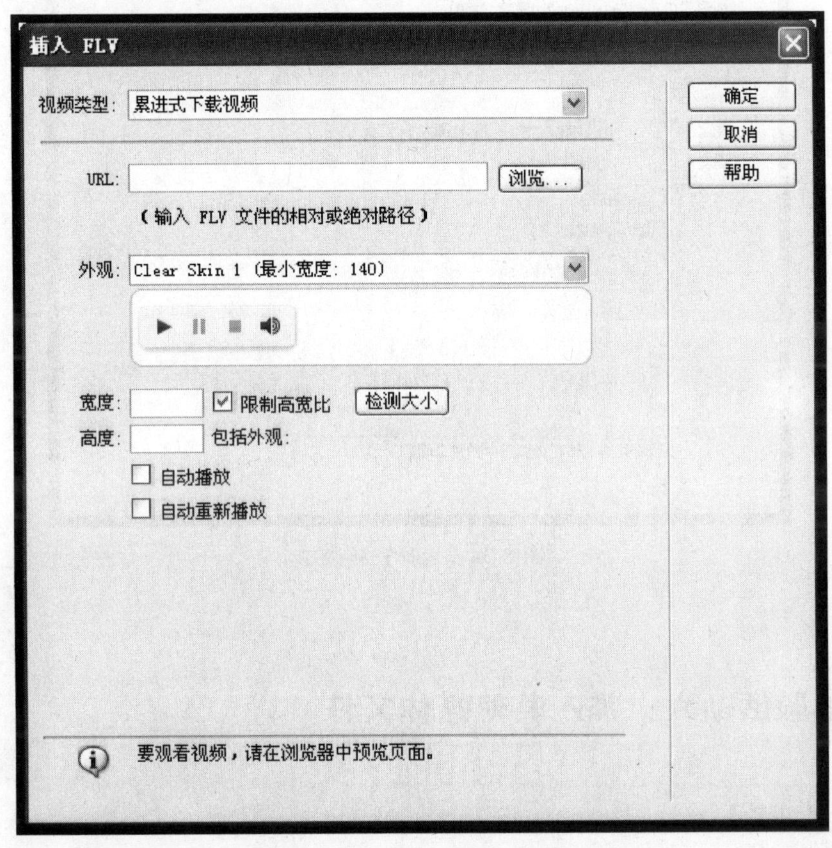

图 8-33　“插入 FLV”对话框

2. 根据实际需要选择视频类型。

1）累进式下载视频：将 FLV 文件下载到站点访问者的硬盘上，然后进行播放。该方式与传统的下载并播放视频传送方式不同，累进式下载视频允许在下载完成之前就开始播放视频文件。

2）流视频：对视频内容进行流式处理，并在一段可确保流畅播放的很短的缓冲时间后在网页上播放该内容，如图 8-34 所示。

要播放 FLV 文件，必须安装 Flash Player 8 或更高版本的播放器。如果没有安装所需的 Flash Player 版本，但安装了 Flash Player 6.0 或更低版本，则浏览器将显示 Flash Player 快速安装程序，而非替代内容。如果拒绝快速安装，则浏览器会显示替代内容。

插入 FLV

视频类型：累进式下载视频

累进式下载视频

流视频

URL： 浏览...

（输入 FLV 文件的相对或绝对路径）

外观：Clear Skin 1 (最小宽度：140)

宽度： 限制高宽比 检测大小

高度： 包括外观：

自动播放

自动重新播放

要观看视频，请在浏览器中预览页面。

确定

取消

帮助

图 8-34 选择视频类型

体验活动六：插入其他媒体文件

【活动任务】

在页面中插入其他媒体文件。

【活动指导】

除了插入 Flash 媒体文件外，还可以插入 Shockwave、Java Applet 和插件等，但这些元素并不常用，下面就简单介绍这些元素的插入方法。插入的 Shockwave 和 Java Applet 文件必须安装相应的播放器才可以播放。

【活动步骤】

1. 插入 Shockwave 影片。选择“插入”→“媒体”→“Shockwave”命令，如图 8-35 所示。打开“选择文件”对话框，选择要插入的 Shockwave 影片，单击“确定”按钮即可将 Shockwave 影片插入到网页文档中。在“属性”面板中可以设置影片的大小。

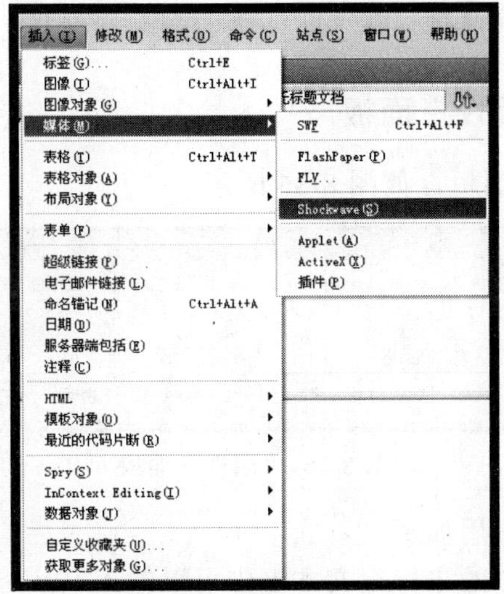

图 8-35　插入 Shockwave 影片

2. 添加 Java Applet。选择“插入”→“媒体”→“Applet”命令，打开“选择文件”对话框，选择插入的 Java Applet 文件，单击“确定”按钮即可将 Java Applet 插入到网页文档中。

选中 Java Applet 文件，打开“属性”面板，可以在“宽”和“高”文本框中输入 Java Applet 的大小；单击“参数”按钮，可以打开“参数”对话框进行参数设置。

3. 如果插入其他媒体文件，如 MPG 格式文件，可以选择“插入”→“媒体”→“插件”命令。

相关知识

一、Flash 动画类型

1）Flash 源文件（后缀名为“fla”）：使用 Flash 应用程序创建的项目的原始文件。这种类型的文件只能在 Flash 软件中打开，不能在 Dreamweaver 软件或浏览器中打开。但在 Flash 软件中打开该类型文件后会自动生成可用于浏览器的 SWF 文件或 SWT 文件。

2）Flash 电影文件（后缀名为“swf”）：Flash 电影文件是一种压缩了的 Flash 源文件，可以在浏览器中播放，也可以在 Dreamweaver 软件中预览，但不能进行编辑。当使用 Flash 按钮和文本对象时可以创建该类型文件。

3）Flash 库文件（后缀名为“swt”）：用于修改或替换 Flash 电影文件中的信息。它允许使用文本或链接来修改模板，创建自定义 SWF 文件并插入到网页文档中。

4）Flash 元素（后缀名为“swc”）：它是一种 Flash SWF 文件，将该类型文件合并到网页中，可以创建丰富的 Internet 应用程序。Flash 元素有可自定义的参数，修改这些参

数可以执行不同的应用程序功能。

二、SWF 文件的“属性”面板

SWF 文件的“属性”面板，如图 8-36 所示。

图 8-36 “属性”面板

主要参数选项的具体作用如下。

1）“Flash ID”：在左侧的未标记文本框中可以输入 SWF 文件的惟一 ID 名称。

2）“宽”和“高”：可以在文本框中输入以像素为单位的数值，指定影片的宽度和高度。

3）“文件”：指定 SWF 文件的路径。单击文件夹按钮可以浏览某一文件，也可以直接输入路径。

4）“背景颜色”：指定动画区域的背景颜色，在不播放动画时也显示此颜色。

5）“编辑”：单击该按钮，启动 Flash 软件来修改 FLA 文件。如果计算机上没有安装 Flash 软件，则会禁用此选项。

6）“类”：可对影片应用 CSS 类。

7）“循环”：选中该复选框，可以连续播放动画。如果没有选择循环，则影片将播放一次，然后停止。

8）“自动播放”：选中该复选框，在加载页面时自动播放影片。

9）“垂直边距”和“水平边距”：可以指定影片上、下、左、右空白区域大小的像素数。

10）“品质”：用来控制在影片播放期间的抗失真效果。高品质设置可改善影片的外观，但高品质设置的影片需要较快的处理器才能在屏幕上正确呈现。低品质设置会首先照顾到显示速度，然后才考虑外观。自动低品质会首先照顾到显示速度，但会在可能的情况下改善外观。自动高品质开始时会同时照顾显示速度和外观，但之后可能会根据需要牺牲外观，以确保速度。

11）“比例”：用来设置影片的尺寸，默认设置为显示整个影片。

12）“对齐”：设置影片在页面中的对齐方式。

13）“Wmode”：为 SWF 文件设置 Wmode 参数，以避免与 DHTML 元素（如 Spry 构件）相冲突。默认值是“不透明”，这样在浏览器中，DHTML 元素就可以显示在 SWF 文件的上面。如果 SWF 文件包括透明度，并且希望 DHTML 元素显示在它们的后面，可以选择“透明”项。选择“窗口”项可以从代码中删除 Wmode 参数，并允许 SWF 文件显示在其他 DHTML 元素的上面。

项目小结

本项目通过详细介绍在网页中使用行为、事件及添加 FLASH 动画等操作方法来美化丰富网页，使其更加美观、实用。

项目实训

添加各种动态效果。

【实训导航】

在设计制作网页过程中，网页设置公告栏、添加 FLASH 动画效果，可增添页面吸引力，使其更加生动形象。

要求：

1）设置滚动字幕，给出最新的购书优惠活动："全场购书满 20 包快递，满 50 可以任选 20 元以下书一本，多买多送"。

2）添加 Flash，内容为最流行的新书封面："《杜拉拉升职记》、《不生病的智慧》、《人性的弱点》"。

学习评价

序　　号	知识点和实践项目	能独立完成（优）	能合作完成（良）	能基本完成（合格）	不能完成（不合格）	备　　注
1	制作滚动字幕					
2	插入 GIF 动画图片					
3	插入 SWF 文件					
4	插入 FlashPaper 动画					
5	插入其他媒体文件					

教师评语：

拓展知识：Flash CS4 简介

Flash 软件是美国Macromedia公司设计的一种二维矢量动画软件，通常包括 Macromedia Flash（用于设计和编辑 Flash 文档）以及 Macromedia Flash Player（用于播放 Flash 文档）。Flash 是一种用于制作和编辑具有较强的交互性动画和电影的软件，用它可以制作一种扩展名为“swf”的动画文件。这种文件可以插入到 HTML 里，也可以单独成为网页。目前，Flash 代表着网页和多媒体技术发展的方向。

项目 9 利用模板和库批量制作页面

项目导学

一个网站应具有统一的风格，若对网站下包括的所有网页都重复添加相同的Logo、导航条、图像等，则效率太低。假若以前的网页都统一为红色风格的，现在要改为绿色风格，那是否需要一张张地修改网页呢？若一张张地修改，那么工作量就太大了。Dreamweaver CS4 软件中的模板功能为我们提供了方便，利用模板和库来制作网页，将布局和内容分开，在设计好布局后将其存储为模板，在布局一样的网页中可直接应用模板来创建网页。使用模板和库进行后期的修改也是非常快捷、方便的。

体验活动一：用模板来创建网页

【活动任务】

创建一个模板，然后应用模板来制作网页。

【活动指导】

模板的创建和保存与普通网页存在着差异，在制作过程中要特别注意。

【活动步骤】

1. 创建一个站点，在“新建”栏中单击“更多”按钮，如图 9-1 所示。

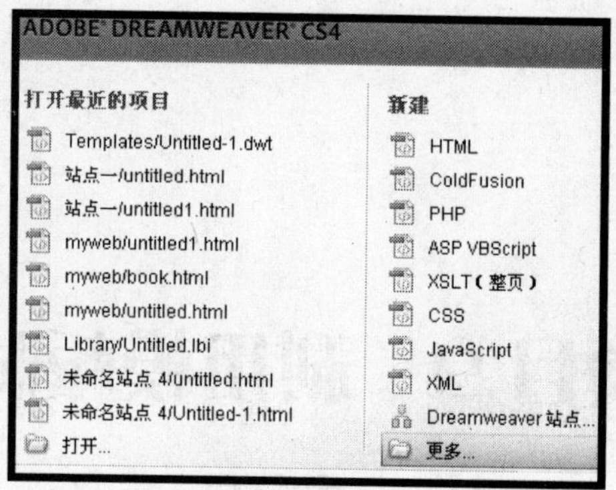

图 9-1 单击“更多”按钮

2. 选择“空模板”选项，模板类型选择“HTML 模板”，布局选择“无”，最后单击“创建”按钮，如图 9-2 所示。

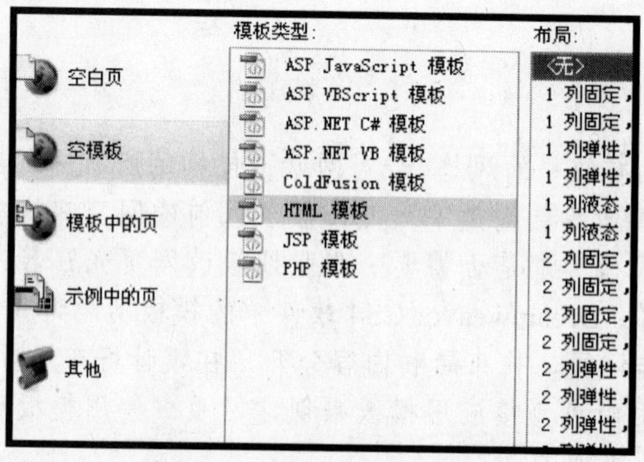

图 9-2　选择“HTML”模板

3. 这时会打开一张空白页面，这张页面就是用于编辑网页模板的，如图 9-3 所示。

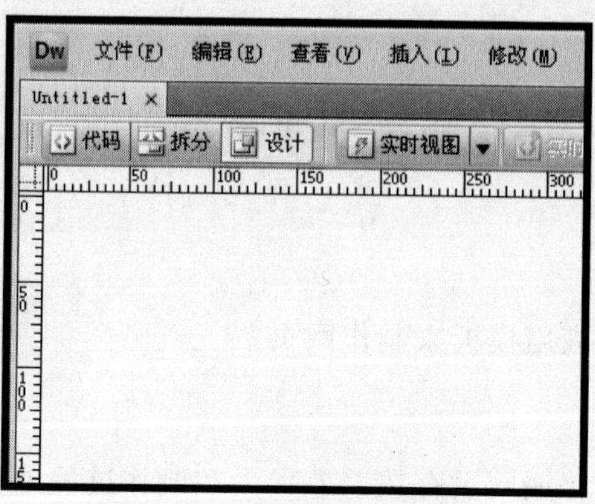

图 9-3　创建模板网页

4. 在模板中设计出网页的整体布局，网页的头部和底部先制作出来，将中间的具体内容部分空出。如图 9-4 所示。

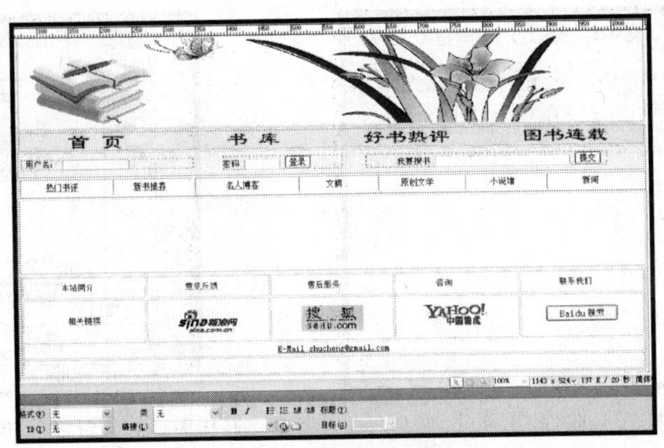

图 9-4　模板网页效果

5. 选择“文件”菜单下的“保存”命令，在弹出的对话框中单击“确定”按钮，如图 9-5 所示。

6. 在“另存模板”对话框中单击“保存”按钮，如图 9-6 所示。

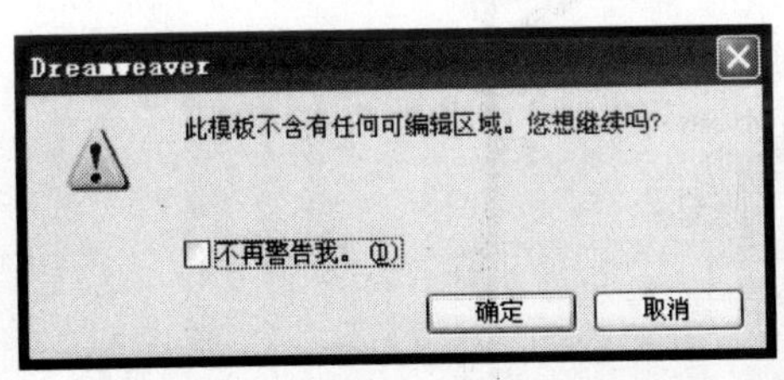

图 9-5　单击“确定”按钮

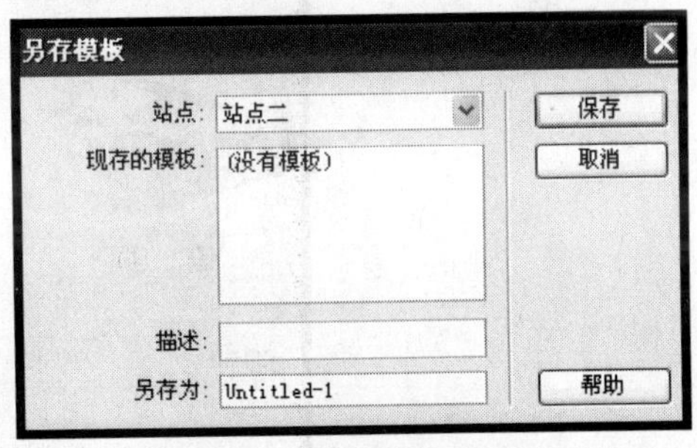

图 9-6　保存模板网页

7. 在“文件”面板中会看到一个后缀为“dwt”的网页模板文件，如图 9-7 所示。

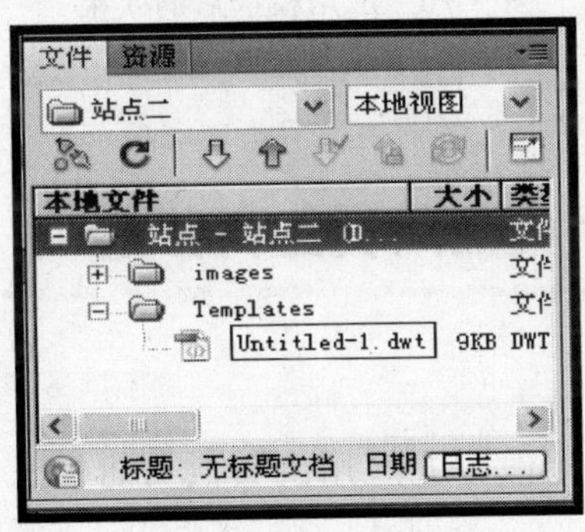

图 9-7　文件窗口

8. 打开其他网页，如“untitled.html”，如图 9-8 所示。

9. 单击“资源”面板中的▤按钮，选择刚创建好的网页模板，单击“应用”按钮，如图 9-9 所示。

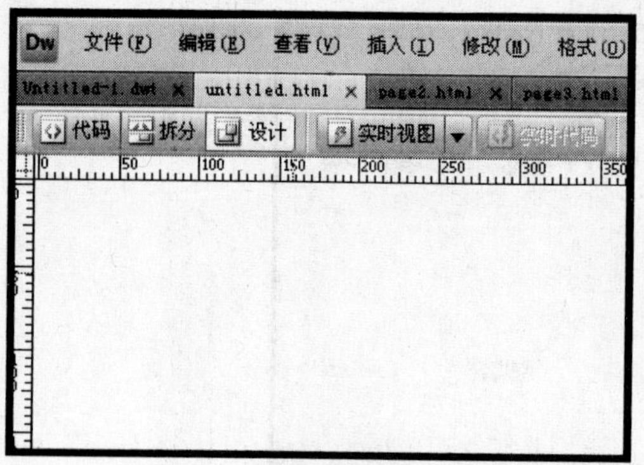

图 9-8　打开一张空白网页

图 9-9　在“资源”面板中选择网页模板

10. 应用模板后便可以在该网页中看到应用模板的效果，并将其保存，如图 9-10 所示。可以将需要应用模板的网页都进行这样的设置。

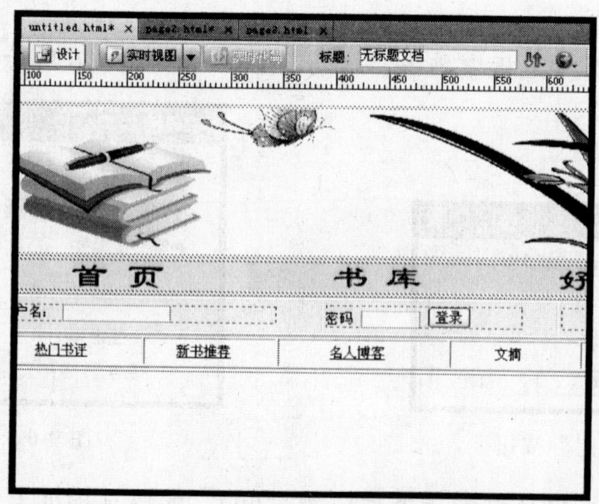

图 9-10　应用模板后的效果

体验活动二：对模板网页进行修改

【活动任务】

对模板网页中的内容进行修改，并应用到其他页面中。

【活动指导】

应用模板让我们感受到快捷、方便。但应用模板后若想修改网页中的某一部分是不是要逐一修改每张网页呢？当然不是，只需要对模板网页进行修改就可以了。

【活动步骤】

1. 打开需要修改的模板，通过“页面属性”对网页中的文本的颜色及字体进行修改，然后替换一张图像，如图 9-11 所示。

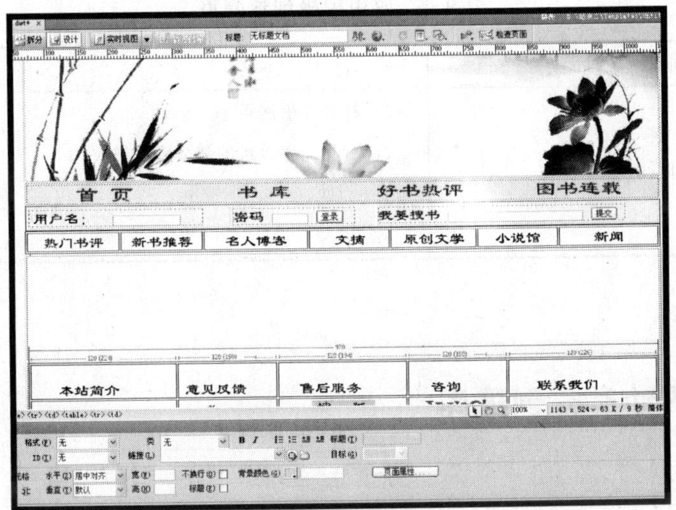

图 9-11　模板网页

2. 选择“文件”菜单下的“保存”命令，在弹出的“更新模板文件”对话框中会显示应用了模板的网页名称，单击“更新”按钮，如图 9-12 所示。

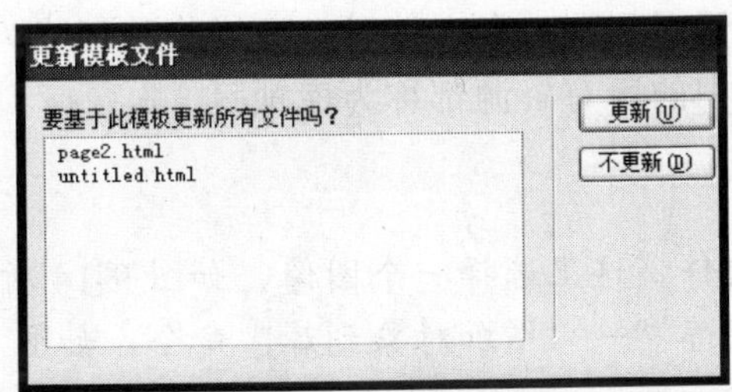

图 9-12　更新模板文件

3. 看到“更新页面”对话框显示完成时，单击“关闭”按钮。这时所有应用了模板的网页便会自动更新，如图 9-13 所示。

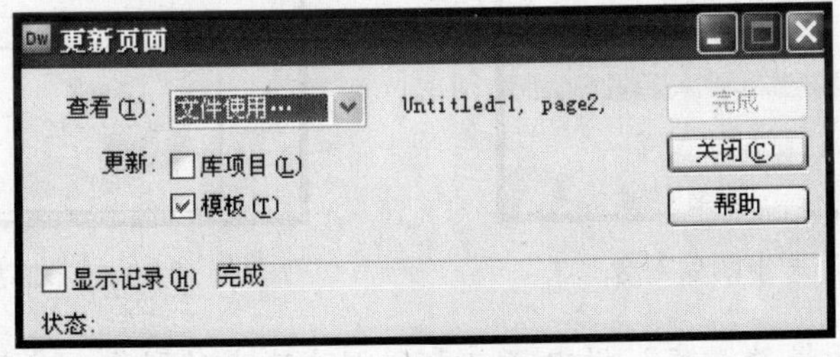

图 9-13　更新模板网页

【活动小结】

完成体验活动后，填写表 9-1。

表 9-1　应用模板创建网页

应用模板创建网页的优势	
模板网页的修改	1．打开模板网页 2．对其需要改进的部分进行修改 3． 4．

体验活动三：创建库

【活动任务】

选择一个对象来创建库。

【活动指导】

当网站中的很多网页要用到同一个文件时，可以将其创建为库，这样可以方便随时调用和批量编辑处理。库中的所有资源都称为库项目。

【活动步骤】

1．选中要创建库的文件，这里选择一个图像，如图 9-14 所示。

2．选择“修改”→“库“→“增加对象到库”命令，如图 9-15 所示。

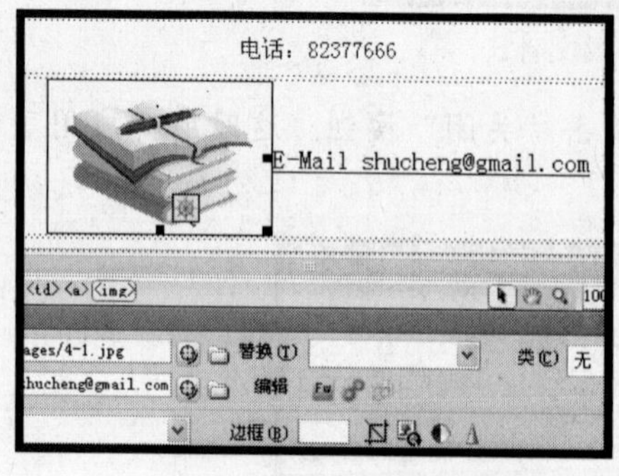

图 9-14　选中图像对象

图 9-15　增加对象到库

3．在“资源”面板的“库”栏中可以看到刚才选中的图像，库的后缀名是“lbi”。在编辑网页时需要用到库项目可点击图标，找到库项目再单击“插入”按钮即可，如图 9-16 所示。

4．网页中显示了插入的库项目，如图 9-17 所示。

图 9-16　在“资源”面板中单击“插入”按钮

图 9-17　插入到网页中的库项目

体验活动四：修改库

【活动任务】

对库项目进行修改，并应用到网页中。

【活动指导】

若想修改所有网页中的这个图像，只需要在库中进行处理，使用了该库项目的网页便会自动更新。

【活动步骤】

1. 在“资源”面板中单击图标选中要编辑的文件，单击右下角的“编辑”按钮即可，如图 9-18 所示。

2. 将图像进行裁剪，如图 9-19 所示。

图 9-18　“编辑”按钮

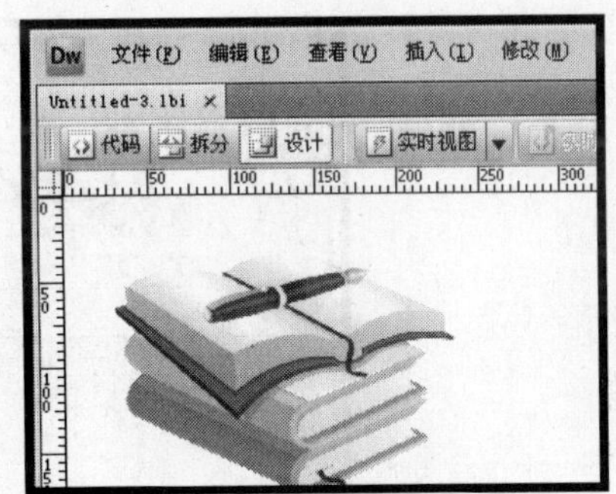

图 9-19　修改库图像

3. 修改完毕后进行保存，单击“关闭”按钮，如图 9-20 所示。这样所有应用了该库项目的网页就更新了。

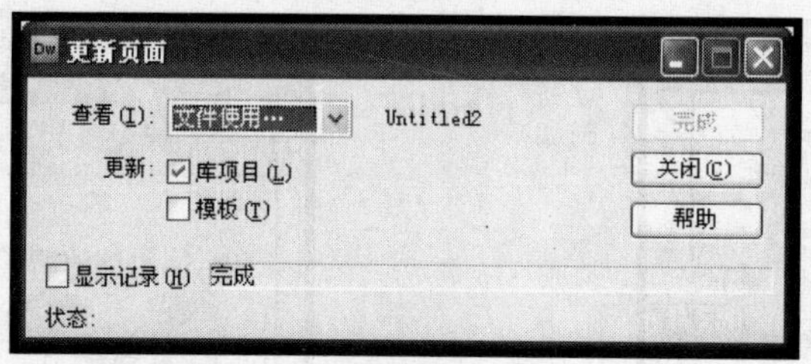

图 9-20 “更新页面”对话框

【活动小结】

完成体验活动后，填写表 9-2。

表 9-2 库的创建

创建库的操作步骤	1. 选中要创建库的文件 2. 选择“修改”→“库”→“增加对象到库”命令 3. 4.

相关知识

模板的运用

在体验活动中，可以看到应用了模板的网页是无法编辑的，这是因为设计模板时没有设置可编辑区域。如果想设定一个可编辑区域，该如何操作呢？

1. 打开模板，将光标定位在需要设定为可编辑区域的位置，如图 9-21 所示。

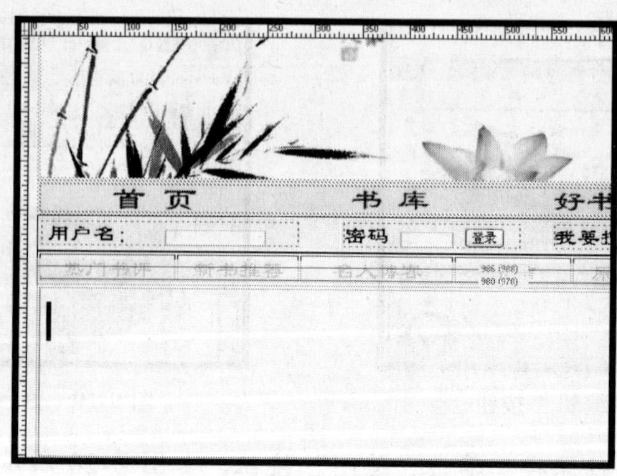

图 9-21 光标定位在模板网页中

2．选择“插入”→“模板对象”→“可编辑区域”命令，单击“确定”按钮，如图 9-22 所示。

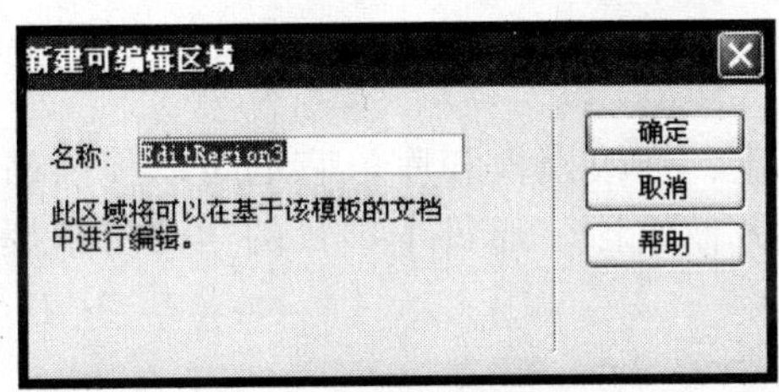

图 9-22　新建可编辑区域

3．创建可编辑区域后便会显示在指定位置，“EditRegion3”表示可编辑区域，它的大小会随着编辑内容的增加而变化。最后对模板进行保存，如图 9-23 所示。

4．打开应用了模板的网页，当鼠标点击可编辑区域时会看到光标，未设定的区域是不能编辑的。不同页面的可编辑区域可根据不同要求来设计相关的具体内容，这里添加一幅图像，如图 9-24 所示。

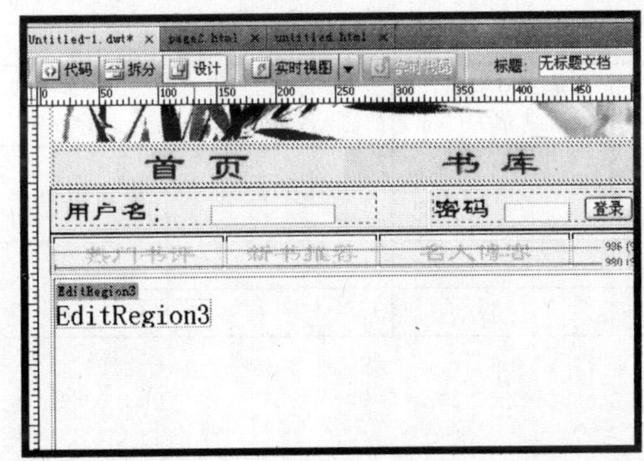

图 9-23　模板网页中显示可编辑区域“EditRegion3”

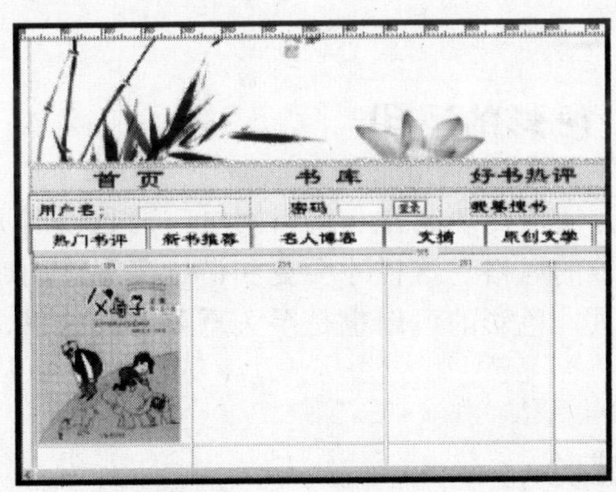

图 9-24　添加图像后的效果

项目小结

本项目介绍了如何创建、修改模板和库，它们可以使网站中的网页风格达到一致，使后期编辑维护工作更加方便快捷。通过本项目的学习将掌握的方法运用到网页设计制作过程中，以提高工作效率。

项目实训

利用掌握的模板创建方法，快捷地制作网页。

学习评价

序　号	知识点和实践项目	能独立完成（优）	能合作完成（良）	能基本完成（合格）	不能完成（不合格）	备　注
1	创建模板					
2	模板的修改					
3	创建库					
4	修改库					

教师评语：

拓展知识：色彩的运用

运用模板不仅可以方便快捷地制作和编辑网页，而且使网页风格得到统一。同一个网站中的网页要保持一致的风格，这样才会更和谐、美观，同时给浏览者留下深刻的印象。要设计出美观的网页，色彩的运用也是至关重要的。这里，需要进一步学习一些色彩的知识。

一、色彩的心理感觉

不同的色彩会给浏览者不同的心理感受。

暖色调，即红色、橙色和黄色等色彩的搭配。这种色调的运用，可使网页呈现温馨、

和煦、热情的氛围。

冷色调，即青色、绿色和紫色等色彩的搭配。这种色调的运用，可使网页呈现宁静、清凉、高雅的氛围。

对比色调，即把色性完全相反的色彩搭配在同一个空间里，如红与绿、黄与紫、橙与蓝等。这种色彩搭配可以产生强烈的视觉效果，给人亮丽、鲜艳、喜庆的感觉。当然，对比色调如果用得不好，会适得其反，产生俗气、刺眼的不良效果。这就要求把握“大调和、小对比”这一个重要原则，即总体的色调应该是统一和谐的，局部的色调可以有一些小的强烈对比。

1）红色是一种激奋的色彩。

2）绿色介于冷暖两种色彩之间，显得宁静、健康。它和金黄、白色搭配，可以产生优雅、舒适的感觉。

3）橙色也是一种激奋的色彩，具有轻快、欢欣、热烈、温馨、时尚的效果。

4）黄色具有快乐、希望、智慧和轻快的感觉，它的明度最高。

5）蓝色是最具凉爽、清新、专业的色彩。它和白色搭配，能体现柔顺、淡雅。

6）白色具有洁白、明快、纯真、清洁的感受。

7）黑色具有深沉、神秘、寂静、悲哀、压抑的感受。

每种色彩在饱和度、透明度上略微变化就会产生不同的感觉。以绿色为例，黄绿色有青春、旺盛的视觉意境，而蓝绿色则显得阴暗。

二、网页色彩搭配的原理

1）色彩的独特性：要有与众不同的色彩，使浏览者对网页的印象深刻。

2）色彩的合适性：色彩要和表达的内容、气氛相适合，如用粉色体现女性站点的柔性。

3）色彩的鲜明性：网页的色彩要鲜艳，引人注目。

4）色彩的联想性：不同的色彩会产生不同的联想，蓝色易联想到天空，黑色易联想到黑夜，红色易联想到喜事等，选择色彩要和网页的内涵相关联。

项目 10 制作动态网页

项目导学

随着网络技术的发展，人们将网页分为了静态网页和动态网页。前面项目中所讲的都是静态网页的制作，那么什么是动态网页呢？细心的同学们会发现：现在许多网页的文件扩展名不再是“html”，而是“asp”、“php”、“jsp”等，这些都是采用动态网页技术制作出来的。无论是动态网页还是静态网页，都可以展示基本的文字和图片信息，但从网站开发、管理、维护的角度来看就有很大的差别了。

本项目从认识动态网页入手，介绍了动态网页的特点、功能以及动态网页的制作方法。

体验活动一：体验用户注册和登录

【活动任务】

进行用户注册，了解网上注册的流程，并使用注册账号进行登录。

【活动指导】

动态网站是时下很流行的网站类型，我们平时所接触到的哪些网站是动态网站呢？让我们体验一下最熟悉的淘宝网，在淘宝网上进行用户注册，然后换一台机器进行用户登录，会看到什么呢？

【活动步骤】

1. 打开 IE 浏览器，进入淘宝网(http://www.taobao.com)，如图 10-1 所示。
2. 用户注册：进入邮箱注册页面如图 10-2 所示。

图 10-1　进入淘宝网

图 10-2　进入邮箱注册页面

3. 填写注册信息：在注册页面上填写相关信息，如图 10-3 所示。
4. 确认邮件：通过邮箱激活账户，如图 10-4 所示。

图 10-3　按要求填写注册信息

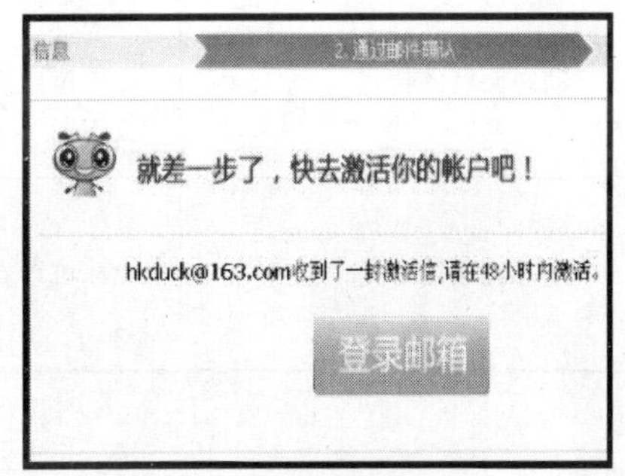

图 10-4　通过邮箱激活账户

5. 登录邮箱，单击链接网页，如图 10-5 所示。

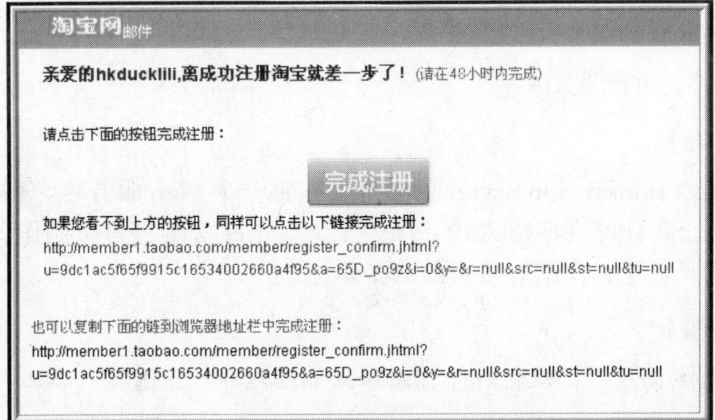

图 10-5　单击链接网页

6. 完成注册，记住淘宝账户名和支付宝账户名，如图 10-6 所示。
7. 换一台机器，使用刚注册的用户名进行登录，如图 10-7 所示。

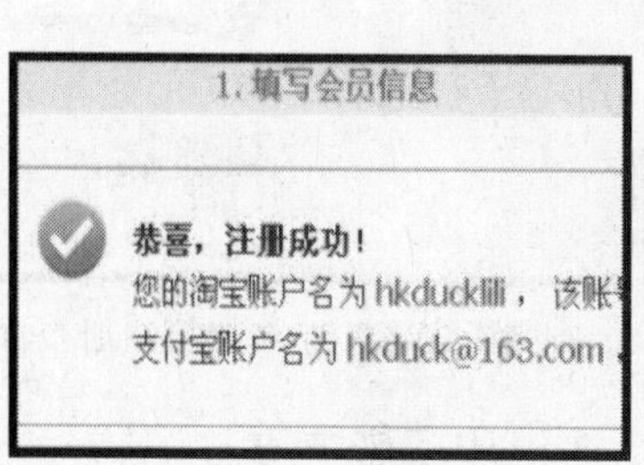

图 10-6　完成注册

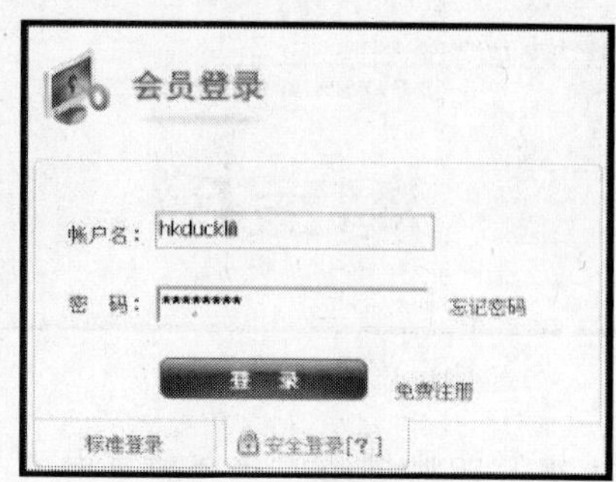

图 10-7　用户登录

【活动小结】

完成体验活动后，填写表 10-1。

表 10-1　动态网页的特点

动态网站的特点	1. 2. 可以实现信息验证 3.
动态网站的好处	1. 2. 可以在任意一台机器上登录 3.

体验活动二：安装、设置 IIS

【活动任务】

安装 IIS 组件，并配置 IIS。

【活动指导】

IIS 是 Internet Information Server 的缩写，它是一个 Web 服务器。有了 IIS，就意味着你能发布网页，并且可以使用 ASP、JAVA、VBscript 等编程语言制作页面，同时具有了一些扩展功能，它是制作动态网页的必备程序之一。

【活动步骤】

1. 进入“控制面板”，双击打开“添加或删除程序”，选择“添加、删除 Windows 组件”，如图 10-8 所示。

图 10-8　选择“添加或删除程序”

2. 在打开的组件中勾选“Internet 信息服务（IIS）”，然后插入 Windows XP 操作系统的安装光盘（不能是 Ghost 盘），如图 10-9 所示。

3. 单击“下一步”按钮进行安装，直到完成，如图 10-10 所示。

图 10-9　IIS 选项

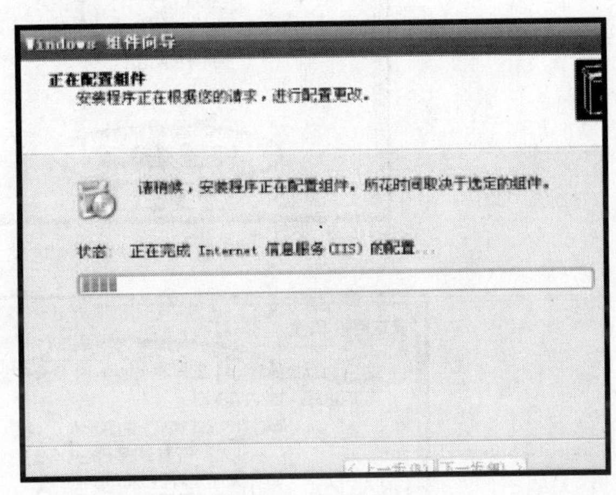

图 10-10　安装 IIS

4. 在“控制面板”下的“管理工具”中，双击打开“Internet 信息服务”，如图 10-11 所示。

5. 连续单击左侧树形图标的“+”，直到打开“默认网站”，选中“默认网站”，单击鼠标右键，选择“属性”，如图 10-12 所示。

6. 在打开的“默认网站 属性”对话框中，选择“主目录”选项卡，将本地路径和权限设置为如图 10-13 所示。

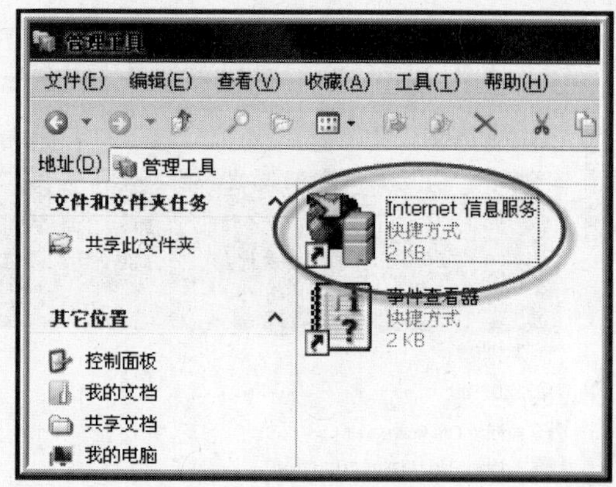

图 10-11 安装完成后的 IIS

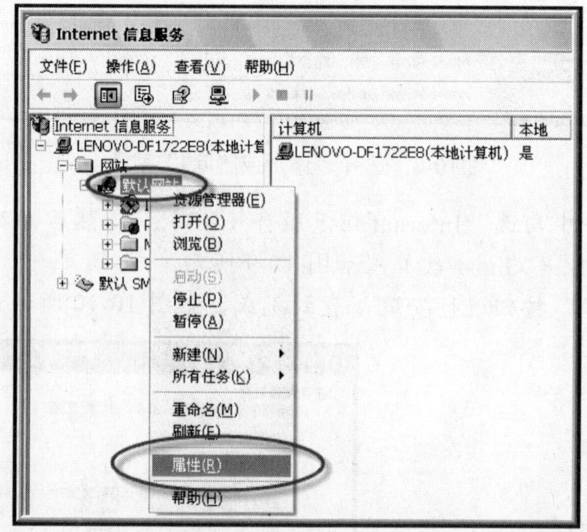

图 10-12 “默认网站”属性

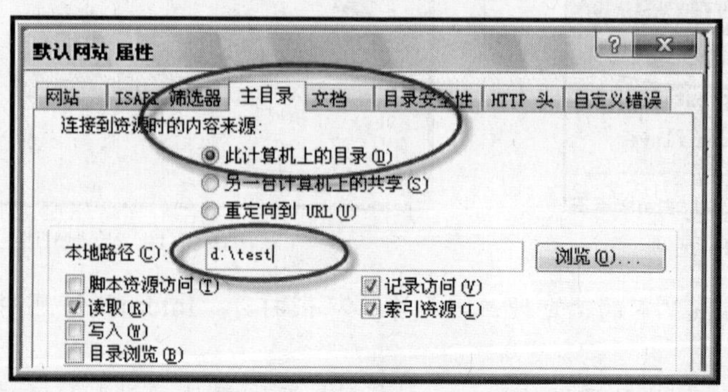

图 10-13 设置“主目录”属性

7. 选择“文档”选项卡，单击“添加”按钮，然后在文本框中输入“index.asp”，单击“确定”按钮将默认网页设置为新添加的 index.asp，如图 10-14 所示。

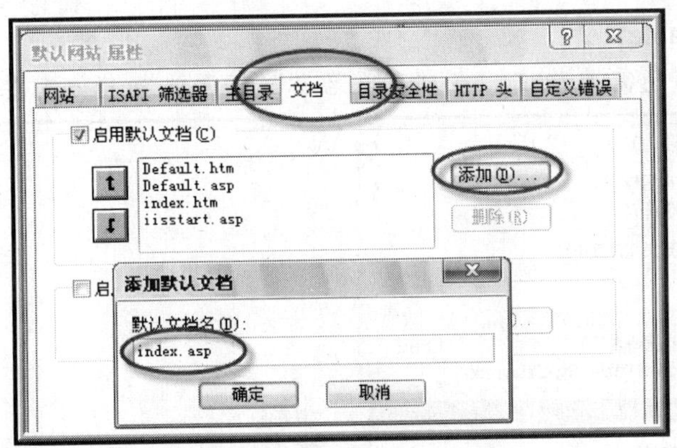

图 10-14　设置“文档”属性

8. 在浏览器中输入“http://localhost/”查看显示页面，如图 10-15 所示。

图 10-15　访问站点

体验活动三：创建数据库

【活动任务】

创建数据库文件，添加数据内容，并创建数据库连接。

【活动指导】

制作动态网页，数据库是必不可少的。这里以 Microsoft office Access 2007 为例，讲解如何创建数据库和建立数据库连接。

【活动步骤】

1. 在 D 盘 Test 文件夹下，单击鼠标右键选择“新建”→“Microsoft Office Access 2007 数据库”，将文件名改为“Test.mdb”（若是 Microsoft Office Access 2003，则直接命名为“Test”），如图 10-16 所示。

2. 双击打开 Test.mdb，选择“创建”菜单中的“表设计”命令，如图 10-17 所示。

3. 设计数据库：将“字段名称”和“数据类型”按照图 10-18 所示进行创建，并设置“username”字段为主键；前三个字段大小改为 20，“email”字段大小设为 30；将“必填字段”都改为“是”，“允许空字符串”都改为“否”；保存数据库，将“表名

称”设置为“UserTable”。

如果有更多的信息需要验证，在“字段名称”下面添加其他需要的名称即可。

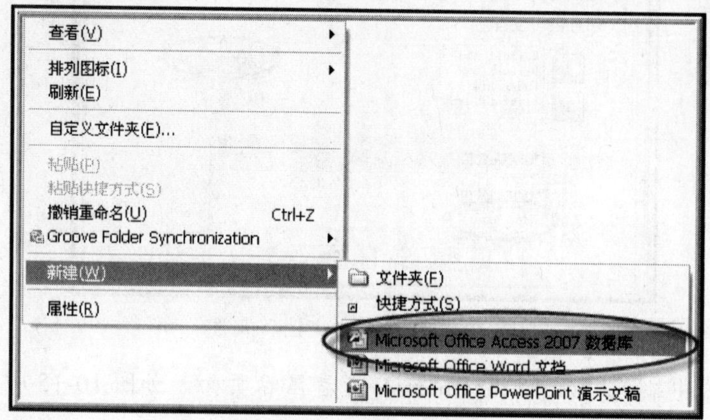

图 10-16 创建数据库

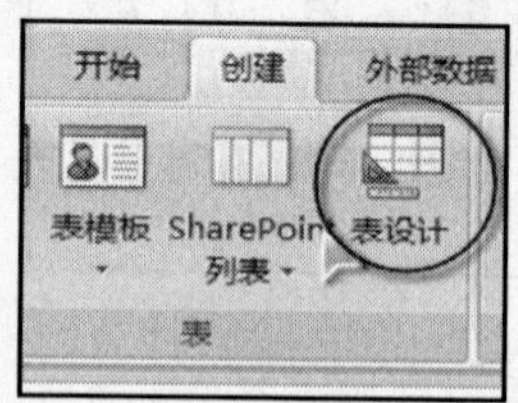

图 10-17 选择“表设计”命令

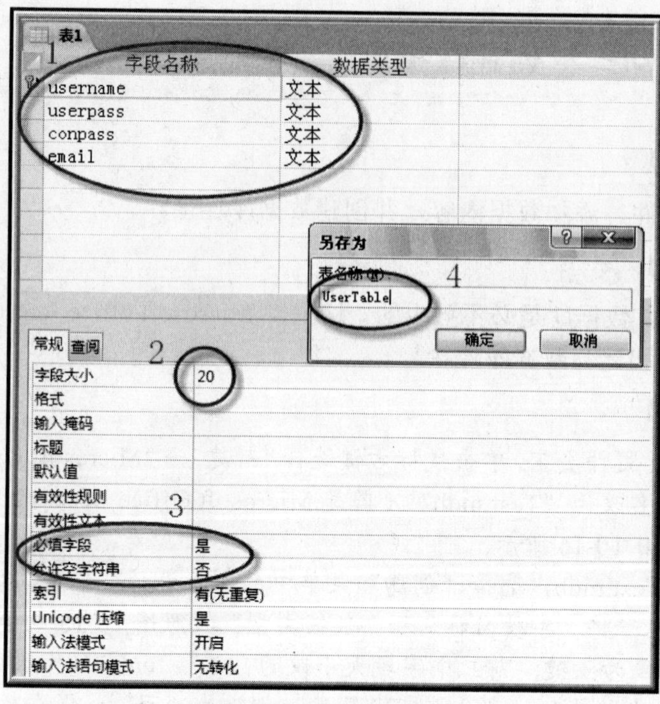

图 10-18 设计数据库

4．添加数据：右击表名“UserTable”，选择“数据表视图”命令，切换到数据编辑模式下。在 4 列中分别输入数据，“username”字段中输入“user”，“userpass”字段中输入“123”，“conpass”字段中输入“123”，“email”字段中输入“123@163.com”，如图 10-19 所示。

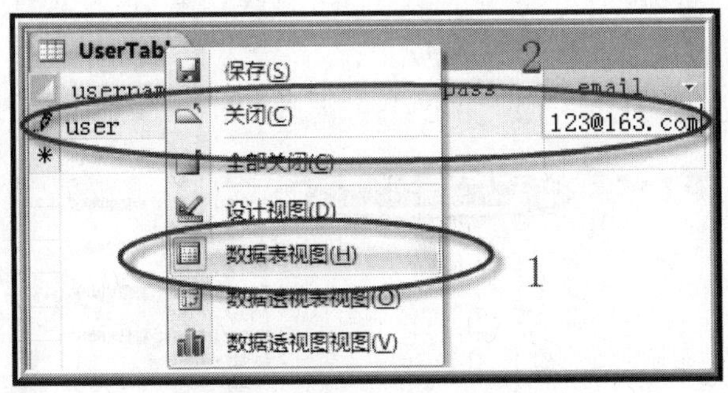

图 10-19　添加数据

体验活动四：制作登录页面

【活动任务】

创建站点，新建登录页面。

【活动指导】

运用 Dreamweaver 软件，和前面所学的知识制作登录页面。

【活动步骤】

1．创建站点，站点名称为“Test”，如图 10-20 所示。

2．选择服务器技术为“ASP VBScript”，如图 10-21 所示。连续单击“下一步”按钮，直到完成。

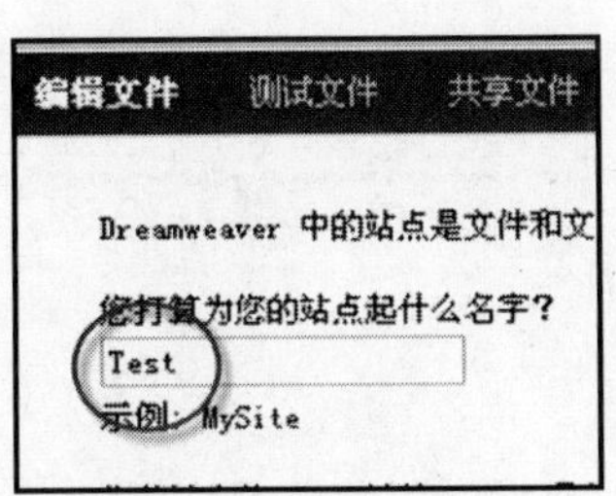

图 10-20　创建站点

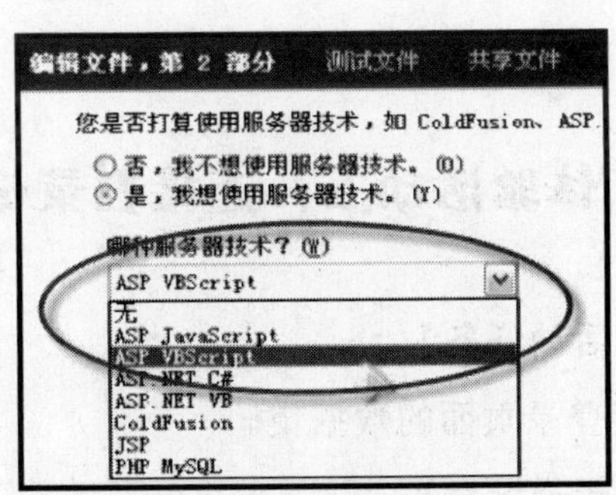

图 10-21　设置服务器技术

3．创建 ASP 登录页面，在“新建文档”对话框的空白页中选择“ASP VBScript”，

如图 10-22 所示。

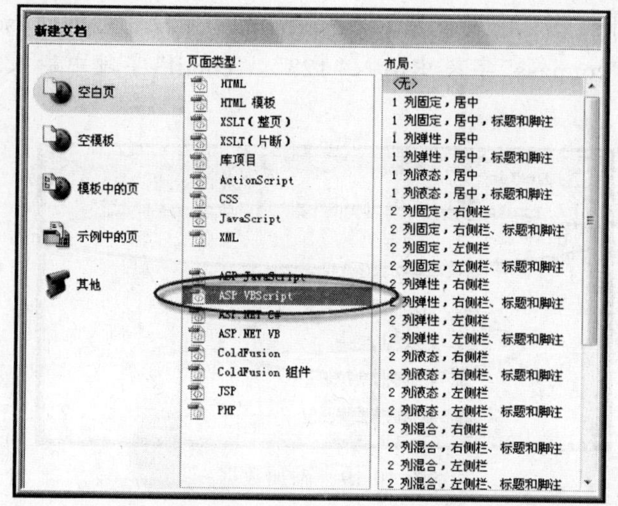

图 10-22　创建 ASP 页面

4. 编辑登录页面，运用前面所学的知识制作如图 10-23 所示的登录页面（HTML 代码在本项目“相关知识”中已给出）。

5. 保存编辑好的页面，并命名为“index.asp”。

6. 创建一个登录成功的跳转页面和一个登录失败的跳转页面，分别命名为“success.asp”和“error.asp”，如图 10-24 所示。

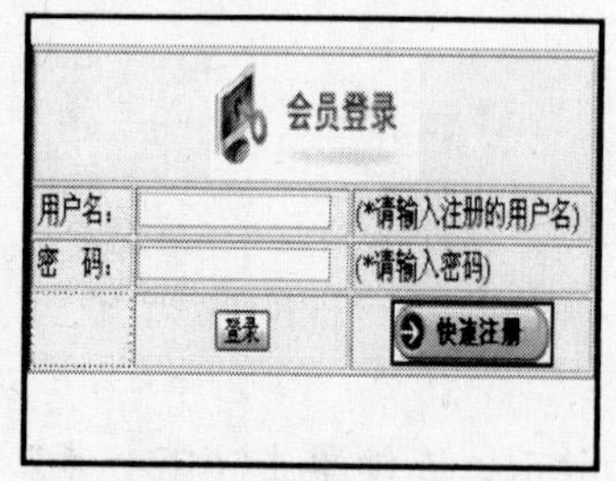

图 10-23　编辑登录页面

图 10-24　两个跳转页面

体验活动五：连接登录记录集

【活动任务】

连接登录页面的数据集。

【活动指导】

编辑好页面后，下一步就是要连接页面和数据集，只有连接了数据库，才能算是真正的动态网页。

【活动步骤】

1. 添加数据库：在“窗口”菜单中选择“数据库”命令，如图 10-25 所示。

2. 在打开的“数据库”选项卡侧边栏中单击“+”，选择“自定义连接字符串”命令，如图 10-26 所示。

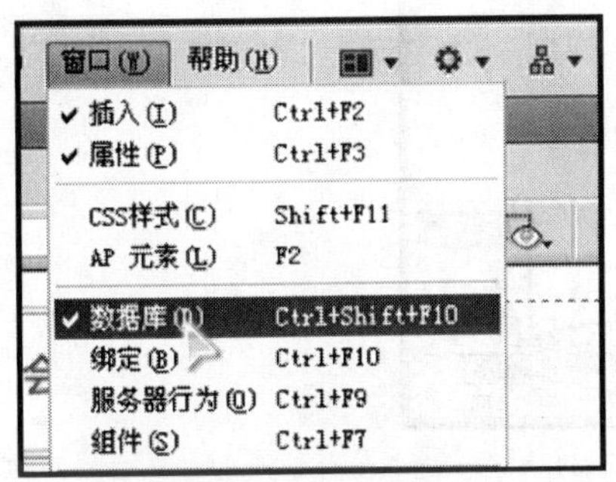

图 10-25 添加数据库

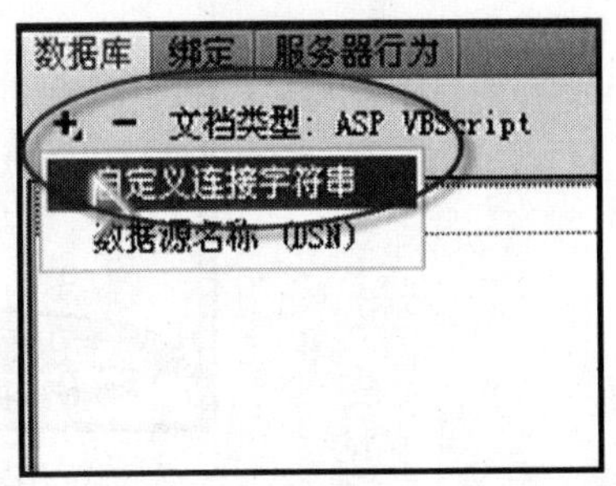

图 10-26 创建连接字符串

3. 在“连接名称”文本框中填入“conn”，在“连接字符串”文本框中填入“Driver={Microsoft Access Driver (*.mdb)}; DBQ=D:\Test\Test.mdb”（DBQ 可按照自己创建的数据库的路径填写），如图 10-27 所示。

图 10-27 “自定义连接字符串”对话框

4. 填好后单击“测试”按钮，在弹出来的“成功创建连接脚本”对话框中单击“确定”按钮，完成数据库连接，如图 10-28 所示。

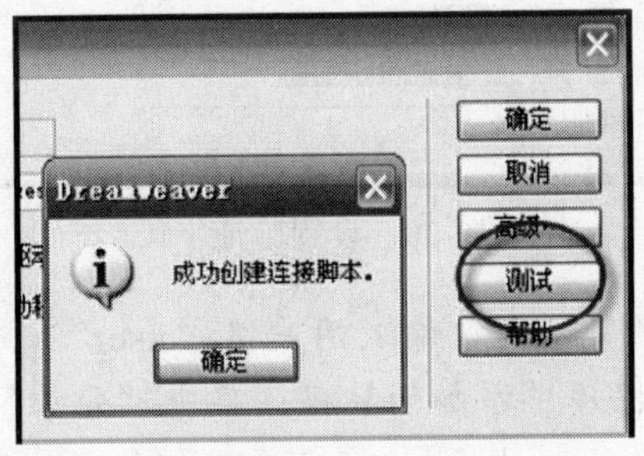

图 10-28 测试数据库

5. 验证登录：在“服务器行为”选项卡侧边栏中单击“+”，选择“用户身份验

证”→“登录用户”命令，如图 10-29 所示。

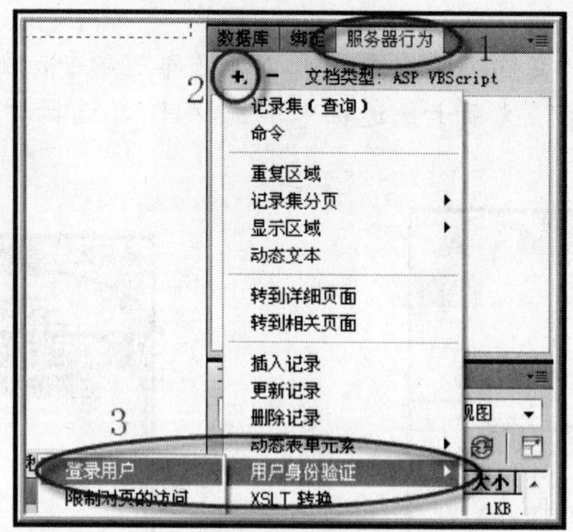

图 10-29　添加“服务器行为”

6. 设置验证字段：“用户名字段”设置为“username”，“密码字段”设置为“userpass”，“如果登录成功，转到”设置为“success.asp”，“如果登录失败，转到”设置为“error.asp”。完成页面设置后，单击“确定”按钮即创建好登录验证，如图 10-30 所示。

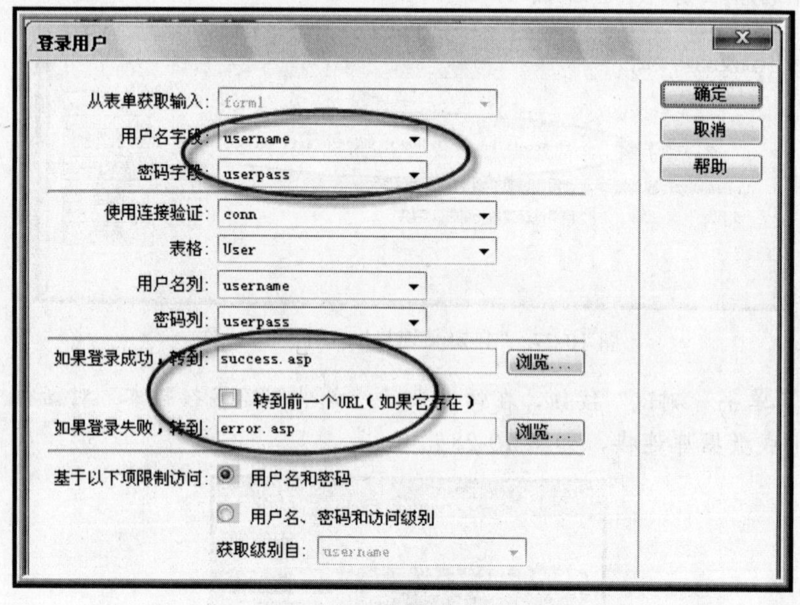

图 10-30　设置验证字段

7. 测试：启动浏览器预览页面，输入用户名“user”，密码“123”，如图 10-31 所示。用户名和密码为在数据库中添加的数据。单击“登录”按钮，若登录成功，则跳转到 success.asp。

图 10-31　测试登录

体验活动六：注册用户

【活动任务】

制作注册页面，进行数据验证。

【活动指导】

当数据库中没有用户信息时，需要用户自己进行注册，这时需要进入注册页面。通过下面的体验活动可以实现登录页面的制作和数据库的验证操作。

【活动步骤】

1. 制作注册页面（HTML 代码在本项目“相关知识”中已给出），如图 10-32 所示。按照设计要求，制作注册窗口：

4 个文本框，分别是“用户名”、“密码”、“确认密码”和“电子邮件地址”；2 个按钮，分别是“提交”、“重填”。

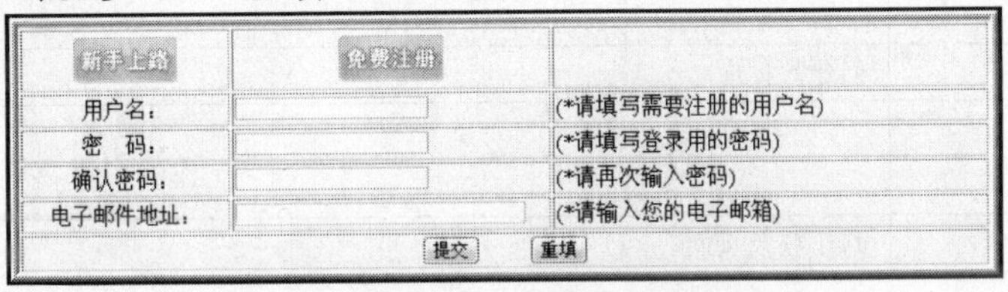

新手上路	免费注册	
用户名：		(*请填写需要注册的用户名)
密　码：		(*请填写登录用的密码)
确认密码：		(*请再次输入密码)
电子邮件地址：		(*请输入您的电子邮箱)
	提交　重填	

图 10-32　注册页面

2. 设置服务器行为：在“服务器行为”选项卡侧边栏中单击“+”，选择“插入记录”命令，如图 10-33 所示。

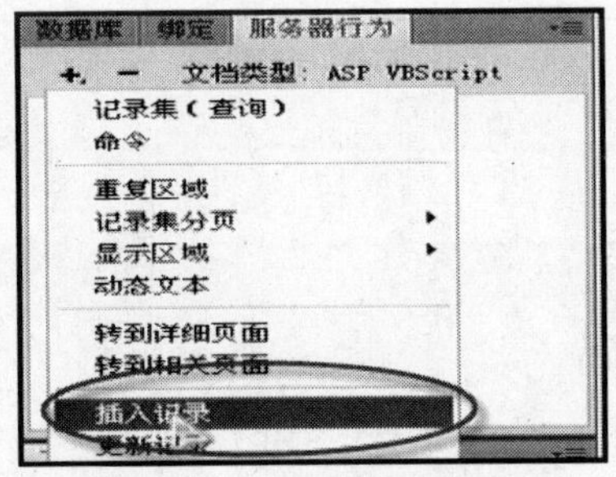

图 10-33　设置服务器行为

3. 编辑验证内容："连接"设置为"conn"，"插入后，转到"设置为"success.asp"，设置表单元素"conuserpass"的验证列为"conpass"，单击"确定"按钮完成设置，如图 10-34 所示。

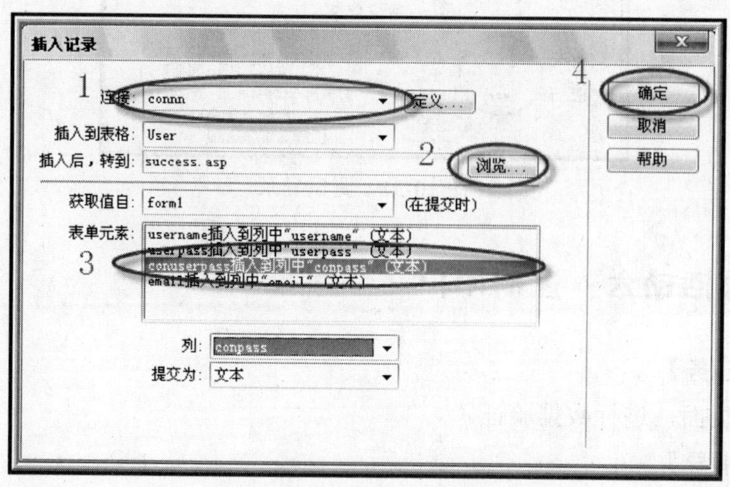

图 10-34　编辑验证内容

【活动小结】

完成体验活动后，填写表 10-2。

表 10-2　登录页面的制作过程

步　骤	制作动态网页的登录页面
第一步	安装 IIS
第二步	
第三步	创建数据库
第四步	
第五步	
第六步	制作登录页面
第七步	
第八步	连接登录页面的数据集
第九步	
第十步	

相关知识

一、体验活动四的代码

```
<html>
<head>
```

```
<meta http-equiv="Content-Type" content="text/html; charset=utf-8" />
<title>用户登录</title>
//页面名称
</head>
<body>
<form ACTION="" id="form1" name="form1" method="POST">
  <table border="1" width="410" align="center">
    <tr>
      <td  colspan="3"  align="center"><img  src="image/title_login_2.gif"  width="150"
height="57" /></td>
    </tr>
    <tr>
      <td width="70" align="center" valign="middle">用户名：</td>
      <td width="153">
      <input type="text" size="20" name="username"/></td>
      //用户名文本框，命名为“username”
      <td width="173">(*请输入注册的用户名)</td>
    </tr>
    <tr>
      <td width="70" align="center" valign="middle">密    码：
</td>
      <td> <input type="password" size="20" name="userpass"/></td>
      //密码文本框，类型为“password”（输入不可见），命名为“userpass”
      <td width="173">(*请输入密码)</td>
    </tr>
    <tr>
      <td ></td>
      <td align="center"><input type="submit" name="submit" value="登录" /></td>
       //登录按钮，类型为“submit”，命名为“submit”
      <td     align="center"><a     href="Register.asp"><img     src="image/regquick.jpg"
width="114" height="27" /></a></td>
    </tr>
  </table>
</form>
</body>
</html>
```

二、体验活动六的代码

```
<html >
<head>
<meta http-equiv="Content-Type" content="text/html; charset=utf-8" />
<title>用户注册</title>
</head>
<body>
<form id="form1" name="form1" method="POST" action="">
  <table width="70%" align="center" border="1">
  <tr>
    <td width="22%" align="center"><img src="image/right_daohang5.jpg" width="76" height="39" /></td>
    <td width="33%" align="center"><img src="image/right_daohang1.jpg" width="76" height="40" /></td>
    <td width="45%"> </td>
  </tr>
  <tr>
    <td align="center">用户名：</td>
    <td align="left"><input type="text" size="20" name="username"/></td>
    //用户名文本框，类型为“text”，命名为“username”
    <td>(*请填写需要注册的用户名)</td>
  </tr>
  <tr>
    <td align="center">密    码：</td>
    <td align="left"><input type="password" size="20" name="userpass"/></td>
    //密码文本框，类型为“password”，命名为“userpass”
    <td>(*请填写登录用的密码)</td>
  </tr>
  <tr>
    <td align="center">确认密码：</td>
    <td align="left"><input type="password" size="20" name="conuserpass"/></td>
    //确认密码文本框，类型为“password”，命名为“conuserpass”
    <td>(*请再次输入密码)</td>
  </tr>
  <tr>
    <td align="center">电子邮件地址：</td>
    <td align="left"><input type="text" size="30" name="email"/></td>
```

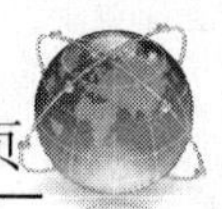

```
    //电子邮件文本框，类型为“text”，命名为“email”
    <td>(*请输入您的电子邮箱)</td>
  </tr>
   <tr>
    <td colspan="3" align="center"><input type="submit" name="submit" value="提交"
/>        
    <input type="reset" name="reset" value="重填" />
    </td>
  </tr>
</table>
</form>
</body>
</html>
```

项目小结

本项目重点介绍了采用 Dreamweaver CS4 软件进行动态网页的制作方法。

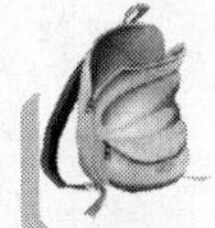

项目实训

在动态网页的制作过程中，根据实际需要有多种数据需要进行验证。下面请大家自己动手来丰富注册页面的内容吧！

【实训导航】

在静态网页中，页面上的内容是不能进入到数据库中的，所有操作都只能在页面上进行，这样会使得页面不容易维护。现在大多数的网站都是动态网站，在动态网站中，数据可以随时与数据库进行交互，从而大大减轻了对页面的操作，也使页面“活”了起来。

要求：

1）在注册页面上添加一行“用户性别”，用一组单选按钮来实现。

2）在注册页面上添加一行“验证 Email”，类型为“文本框”。

3）在数据库文件中添加一个属性值，字段为“sex”，类型为“文本”，长度为“2”。

4）在数据库文件中添加一个属性值，字段为“conemail”，类型为“文本”，长度为“50”。

5）在数据库行为中，将“用户性别”和“验证 Email”的值插入到数据库中。

学习评价

序　号	知识点和实践项目	能准确阐述或能独立完成（优）	能阐述或能合作完成（良）	能大致阐述或能基本完成（合格）	不能阐述或不能完成（不合格）	备　注
1	安装 IIS					
2	创建数据库					
3	制作登录页面					
4	连接记录集					
5	验证登录字段					
6	注册用户					

教师评语：

拓展知识：ASP 简介

ASP(Active Server Page)是一套微软开发的服务器端脚本环境，内含于 IIS 3.0 和 4.0 中。利用 ASP 技术可以结合 HTML 网页、ASP 指令和 ActiveX 元件建立动态、交互且高效的 Web 服务器应用程序。有了 ASP 就不必担心客户端浏览器是否能运行程序员编写的代码，因为所有的程序都将在服务器端执行，包括所有嵌在普通 HTML 页面中的脚本程序。当程序执行完毕后，服务器仅将执行的结果返回给客户端浏览器，这样也就减轻了客户端浏览器的负担，大大提高了交互的速度。

下面是一个典型的在 ASP 文件中使用两种脚本语言的例子：

```
< HTML>
< BODY>
< TABLE>
< % Call Callme %>
< /TABLE>
< % Call ViewDate %>
< /BODY>
< /HTML>
```

```
< SCRIPT LANGUAGE=VBScript RUNAT=Server>
Sub Callme
Response.Write "< TR>< TD>Call< /TD>< TD>Me< /TD>< /TR>"
End Sub
< /SCRIPT>
< SCRIPT LANGUAGE=JScript RUNAT=Server>
function ViewDate()
{
var x
x = new Date()
Response.Write(x.toString())
}
< /SCRIPT>
```

这是一个真正的 ASP 程序，千万不要被“<% %>”符号搞糊涂了，这其实是标准的 ASP 定界符，而“<SCRIPT></SCRIPT>”之间的就是脚本语言。ASP 不同于脚本语言，它有自己特定的语法，所有的 ASP 指令都必须包含在“<%”和“%>”之内，如“<% test="English" %>”，ASP 通过包含在“<%”和“%>”中的表达式将执行结果输出到客户端浏览器。例如，“<%=test %>”就是将前面赋给变量 test 的值“English”发送到客户端浏览器中，而当变量 test 的值为“Mathematics”时，以下程序：

```
This weekend we will test < % =test %>.
```

在客户端浏览器中则显示为：

This weekend we will test Mathematics.

建立一个 ASP 页面，你所需要做的只是打开一个文本编辑器，如 Notepad，然后开始动手编写第一个 ASP 程序。下面将建立一个自动监测浏览时间，并根据不同时段动态显示不同页面内容的 ASP 程序，请将以下代码输入到文本编辑器中，并存为“test1.asp”：

```
< html>
< body>
< FONT COLOR="Green">
< % If Time < #12:00:00# And Time >= #00:00:00# Then %>
早上好，今天天气不赖啊！
< % Else If Time < #19:00:00# And Time >= #12:00:00# Then %>
下午好！
< % Else %>
哈喽！今晚你有没有去 QQ 聊天！
< % End If %>
< /body>
< /html>
```

将“test1.asp”保存在 Web 服务器的虚拟目录（如“aspsamp/”）下，并在浏览器中以 HTTP 方式进行浏览，如“http://yourcomputername/aspsamp/test1.asp”，你将会新奇地发现，你的页面真的“活”起来了。虽然，这只是一个非常简单的实例，而且这一功能完全可以通过 JavaScript 完成，但是不难发现使用 ASP 要比 JavaScript 简洁、迅速得多，而且运用此法，你完全可以轻而易举地令你的网页在不同的时段展示不同的风格。此例中的“Time”实际上是一个 VBScript 内置的显示系统当前时间的函数，由于系统默认的脚本语言是 VBScript，因此当你在 ASP 命令中调用该函数时，脚本引擎会自动将其转换成当前的系统时间。接下来给“test1.asp”添加一点色彩，在<body>标识中添加“bgcolor="<%=bgc%>"”，即变为<body bgcolor="<%=bgc%>">，并在<body>标记前添加如下语句：

```
< % If Time < #12:00:00# And Time >= #00:00:00# Then
bgc="silver"
Else If Time < #19:00:00# And Time >= #12:00:00# Then
bgc="navy"
Else
bgc="red"
End If
%>
```


如此一来，当用户在不同的时段访问你的页面时，他们将会看到不同的页面背景色。我们可以做的事情还有很多，譬如你想知道在凌晨零点至十二点之间浏览你页面的用户的姓名，并向他或她问好，那么下面的这段程序将能助你达成心愿。首先你需要在页面中设置表单，将以下 HTML 代码剪贴到“< % If Time < #12:00:00# And Time >= #00:00:00# Then %>”之后：

```
欢迎光临我的主页，请填写以下信息：<FORM METHOD="POST" ACTION="test1.asp">
<P>
First Name: < INPUT NAME="fname" SIZE="48">
<P>
Last Name: < INPUT NAME="lname" SIZE="48">
<P>
Title: < INPUT NAME="title" TYPE=RADIO VALUE="mr">Mr.
< INPUT NAME="title" TYPE=RADIO VALUE="ms">Ms.
< P>
< INPUT TYPE=SUBMIT>
< INPUT TYPE=RESET>
< /FORM>
```

然后在以上 HTML 代码后面添加如下 ASP 命令：

```
< %
title=request.form("title")
```

```
if title="mr" then
%>
欢迎您  Mr. < % else if title="ms" then %>
欢迎您  Ms.< % =request.form("fname") %>。
< % else %>
<B><font  color=blue>欢迎您<%=request.form("fname")&"  "&request.form("lname") %>。< /font>< /B>
< % end if %>
```

保存文件“test1.asp”，并在浏览器中以 HTTP 方式进行浏览，如果此时的系统时间在凌晨 0:00:00 和中午 12:00:00 之间的话，浏览器将显示如图 10-35 所示。

欢迎光临我的主页，请填写以下信息 ：

First Name:

Last Name:

Title: Mr. Ms.

Submit Reset

图 10-35　页面内容

这其实是一个在 Internet 和 Intranet（企业内部网）上常见的功能，即当用户在浏览器端填写完表单后，通过调用一个通用网关程序将用户数据传送到服务器，由服务器进行处理后再将结果返回给客户端浏览器。过去为了实现这样的功能必须编写一个独立于 HTML 之外的 CGI 程序，并通过 HTML 进行调用，撇开 CGI 编写复杂等缺点不谈，CGI 程序的执行效率也是一个大问题，每一个表单均需执行一个可执行文档，当多人同时上线使用时，多个文档同时执行，将大大降低 Web 服务器的执行速度。如今 ASP 提供了与 HTML 完全相融的编程环境，显然要比使用 CGI 便捷得多。

ASP 还有很多优点，有兴趣的话，可以学习 ASP 方面的专业书籍。

项目 11　创建一个完整的电子商务网站

这是本书中最全面的一个实例，主要目的是使用 Dreamweaver CS4 软件来制作一个完整的电子商务网站，这个网站的首页效果，如图 11-1 所示。

图 11-1　网站首页效果

该网站应用了表格、框架和 DIV 布局，也应用了大量的 CSS 和 JavaScript 脚本对网页进行美化，同时还使用 Fireworks 和 Flash 软件制作了网站中使用到的图片和 Flash 广告。为了使整个网站的风格趋于统一，应用了 Dreamweaver CS4 软件中的模板和库功能，加快了网站的建设速度。那么下面就来一步步去创建这个网站吧！

一、建立站点

1．首先在电脑的某一个盘符下新建一个文件夹，将它命名为“ebook”，并在该文件夹下再创建 2 个子文件夹，分别命名为“style”和“images”，这两个子文件夹分别用来存放站点中的 CSS 样式文件和图像文件，如图 11-2 所示。

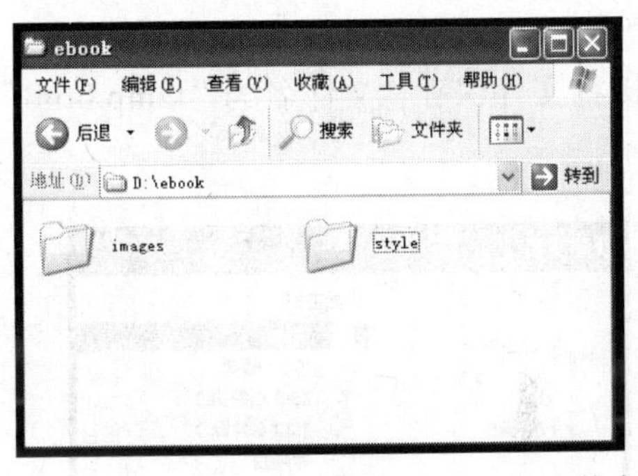

图 11-2　创建“style”和“images”文件夹

在这里提醒一下：站点尽量不要创建在 C 盘中，因为 C 盘一般为系统盘，主要是用来存放系统文件的，如果电脑出现了问题无法进入系统，那么在重装系统的时候就会把 C 盘中的内容全部清除掉，为了避免出现这种情况，不要将站点创建在 C 盘中，同时也不要将站点放置在“我的文档”或“桌面”上，这些都是不专业和不规范的做法。

2．打开 Dreamweaver CS4 软件，选择“站点”菜单下的“创建站点”命令，在弹出的“创建”对话框中选择“高级”选项卡，然后在“本地信息”中对站点的名称、站点根目录和默认图像文件夹进行设置，如图 11-3 所示。

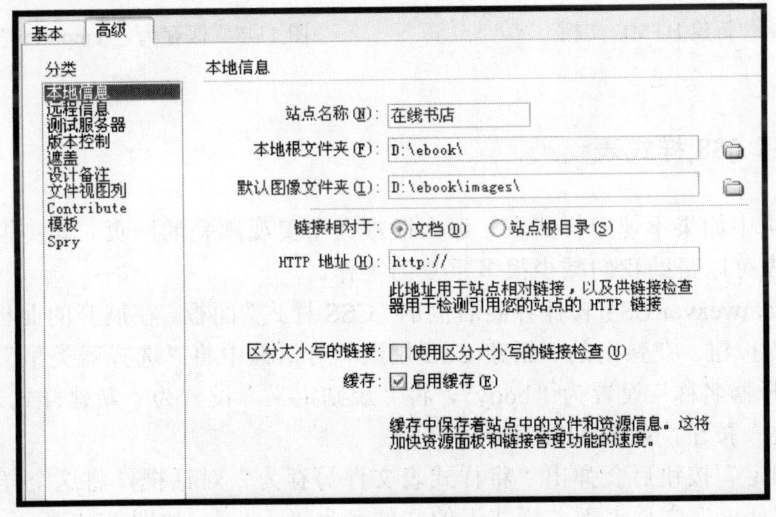

图 11-3　设置“本地信息”

这些参数全部设置完成后，单击“确定”按钮，完成站点的建立，这时在 Dreamweaver CS4 软件界面右侧的“文件”管理窗口中就可以看到已创建好的站点。

二、创建模板

1．站点创建完成之后，在“文件”菜单中选择“新建”命令，然后会弹出“新建文档”对话框，选择“空白页”中的“HTML”创建页面，如图 11-4 所示。

2．新页面创建好之后，在“标题”文本框中输入文本内容“在线书店-首页”，然后直接将文件保存，文件名为“temp.html”，保存的位置默认为站点的根目录下，如图 11-5 所示。

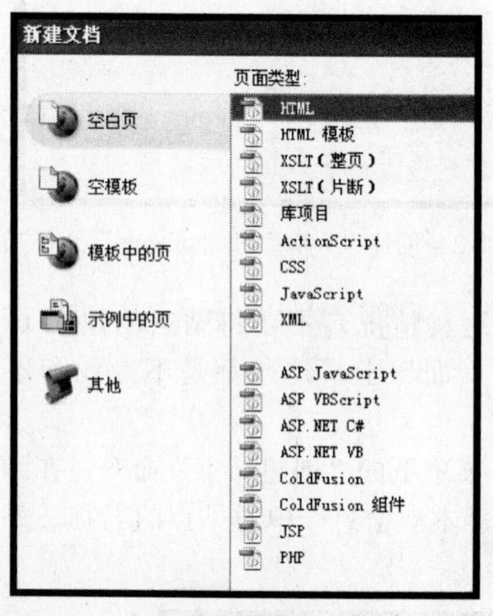

图 11-4　新建 HTML 文档

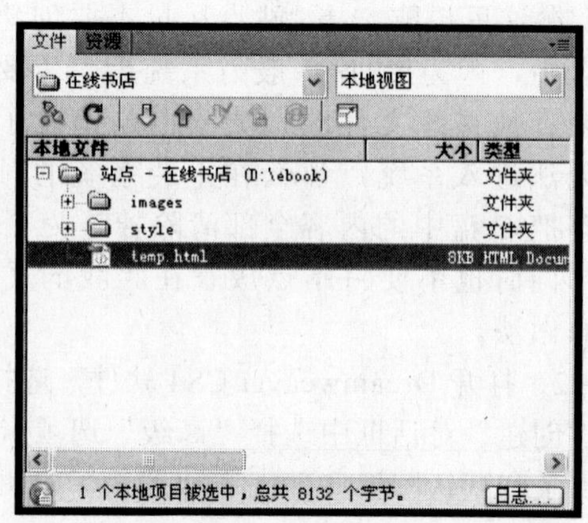

图 11-5　保存为“temp.html”页面

三、创建 CSS 样式表

1．在网页中如果不使用样式表，那么很难做出美观漂亮的网页。其实很多时候，使用 CSS 样式表可以帮助我们减少很多重复的工作。

单击 Dreamweaver CS4 软件界面右侧的“CSS 样式”面板，在展开的面板中单击“新建 CSS 规则”按钮。在弹出的“新建 CSS 规则”对话框中将“选择器类型”设置为“标签”，将“选择器名称”设置为“body”，将“规则定义”设置为“新建样式表文件”，然后单击“确定”按钮，如图 11-6 所示。

单击“确定”按钮后会弹出“将样式表文件另存为”对话框，将这个样式表文件保存在站点的“style”文件夹下，样式表的文件名为“style”，如图 11-7 所示。

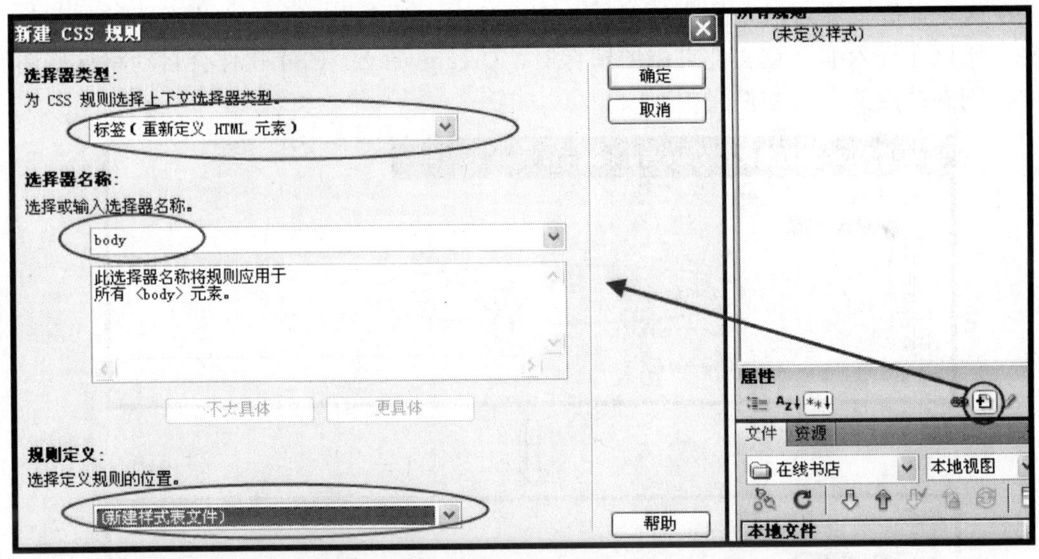

图 11-6 “新建 CSS 规则”对话框

图 11-7 将样式表文件保存在站点的“style”文件夹下

2．保存样式表文件后会弹出一个新的窗口，这个窗口就是 CSS 的规则定义窗口。首先设置网站中的字体大小，这里将字体大小设置为“12px”；然后切换到“背景”分类，单击设置背景图像旁边的“浏览”按钮，在弹出的对话框中选择素材文件夹（见教学资源包）中的“body_bg.gif”文件；最后切换到“方框”分类，将边界中所有值都设置为“0px”，如图 11-8 所示。

在这里提醒一下：插入的背景图像并不在站点文件夹中，但因为设置了默认图像文件夹，所以在插入非站点文件夹中的图像时，Dreamweaver CS4 软件会自动将这些图像文件复制到站点的默认文件夹中。

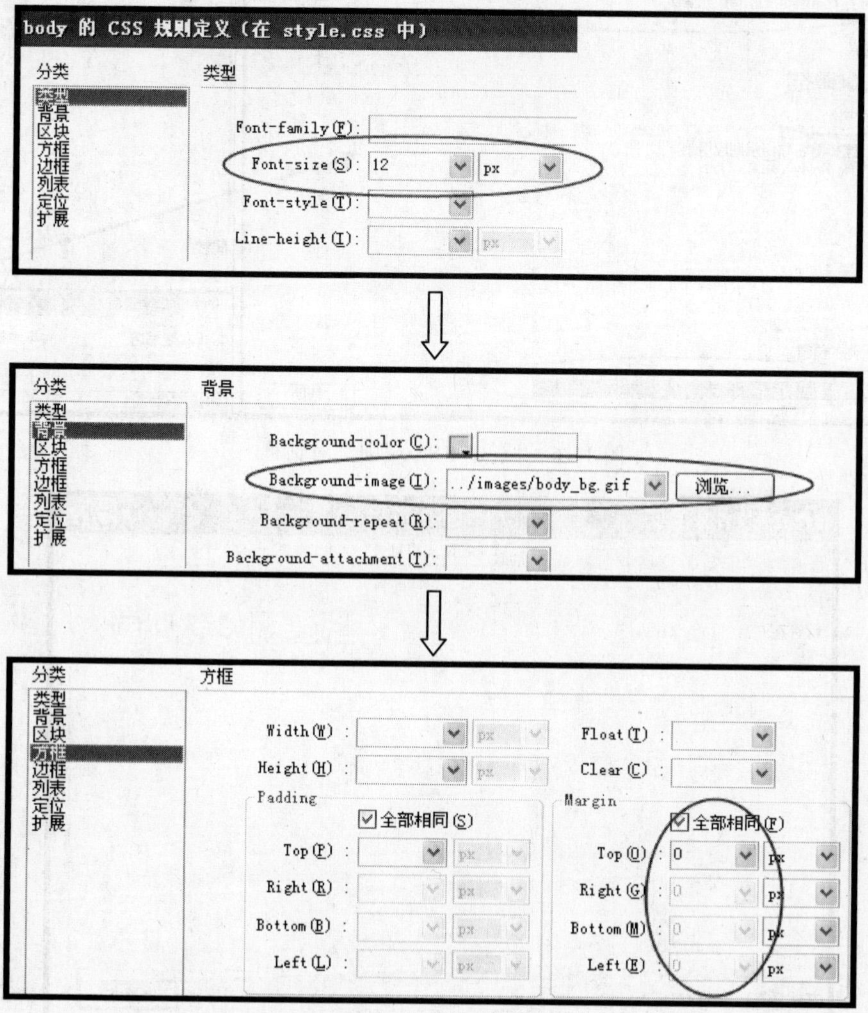

body 的 CSS 规则定义（在 style.css 中）
分类：类型 背景 区块 方框 边框 列表 定位 扩展
类型
Font-family(F):
Font-size(S): 12 px
Font-style(T):
Line-height(I): px

分类：类型 背景 区块 方框 边框 列表 定位 扩展
背景
Background-color(C):
Background-image(I): ../images/body_bg.gif 浏览...
Background-repeat(R):
Background-attachment(T):

分类：类型 背景 区块 方框 边框 列表 定位 扩展
方框
Width(W): px Float(T):
Height(H): px Clear(C):
Padding ☑全部相同(S) Top(P): px Right(R): px Bottom(B): px Left(L): px
Margin ☑全部相同(F) Top(O): 0 px Right(G): 0 px Bottom(M): 0 px Left(E): 0 px

图 11-8　设置字体大小、背景及页面边界

3. body 样式设置完成后，单击“确定”按钮，此时 index 页面的背景就会变换为刚刚设置的背景图像，字体也设置成 12 像素大小，并且光标的位置也定位在页面的左上角了。在 Dreamweaver CS4 软件中打开一个新的“style.css”样式文件，在该样式文件中显示了刚刚设置的 CSS 规则语句。

四、使用表格布局

1. 单击“插入”工具栏中的“表格”按钮，在弹出的对话框中设置插入表格的相关参数。这里设置为一个 3 行 2 列、900 像素宽度的表格，将“边框粗细”、“单元格边距”

及“单元格间距”全部设置为 0 像素，如图 11-9 所示。

表格大小
行数：3　列：2
表格宽度：900　像素
边框粗细：0　像素
单元格边距：0
单元格间距：0

图 11-9　插入一个 3 行 2 列的表格

2. 表格插入到页面后，在“属性”面板中首先将表格的对齐方式设置为“居中对齐”，将第 1 行第 1 列的单元格高度设置为 94 像素，第 2 行的单元格高度设置为 38 像素；然后将第 1 行第 1 列的单元格宽度设置为 195 像素，第 2 行的两个单元格进行“合并”操作，第 3 行的单元格不做任何操作，如图 11-10 所示。

图 11-10　设置表格的参数

3. 选择这个表格的第 1 行第 2 列单元格，在这个单元格中再嵌入一个新的表格，表格参数为 2 行 15 列，宽度为 590 像素，其他参数都设置为 0 像素，如图 11-11 所示。

表格大小
行数：2　列：15
表格宽度：590　像素
边框粗细：0　像素
单元格边距：0
单元格间距：0

图 11-11　嵌入一个 2 行 15 列的新表格

在这里提醒一下：在表格的单元格中再插入表格，称之为“单元格内嵌入表格”。使用这种方法可以制作出非常复杂的网页，但也有一定的弊端，即表格嵌入得越多，打开网页的速度就越慢，而且后期的网页维护工作也越困难。

4. 表格插入完成后，将这个表格的第 1 行所有单元格进行“合并”操作，然后将合并后的第 1 行单元格高度设置为 59 像素，第 2 行第 1 列的单元格高度设置为 35 像素，如图 11-12 所示。

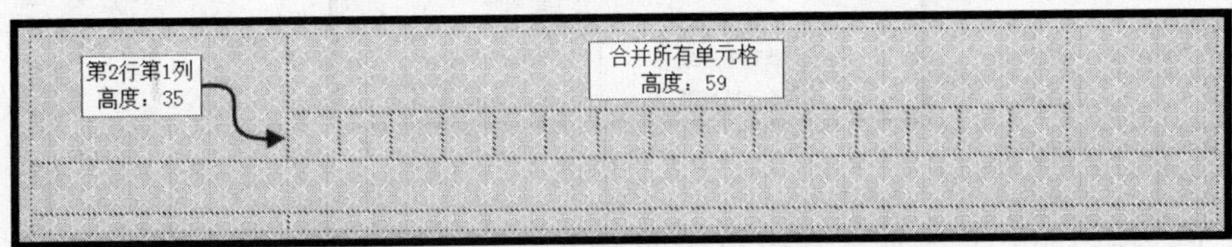

图 11-12　设置表格第 1 行的参数

5．分别将这个表格第 2 行的第 1 列、第 3 列、第 5 列、第 7 列、第 9 列、第 11 列、第 13 列和第 15 列单元格的宽度设置为 70 像素，如图 11-13 所示。

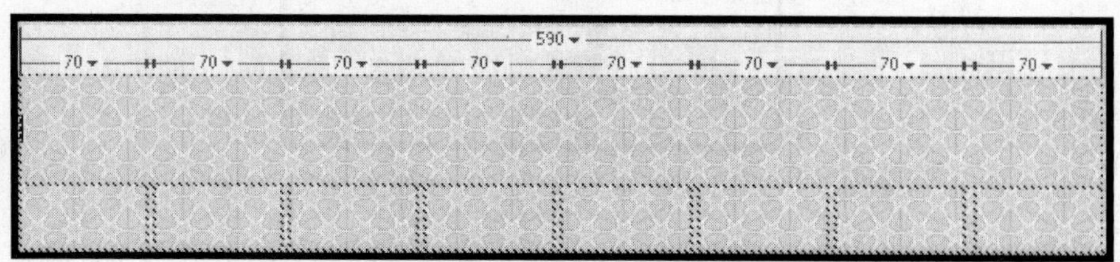

图 11-13　设置表格第 2 行的单元格宽度

6．选中这个表格，在“属性”面板中单击“将表格宽度转换为像素”按钮，这样一来，第 2 行中间那些很窄的单元格也会自动生成宽度，如图 11-14 所示。

图 11-14　利用“将表格宽度转换为像素”按钮转换表格的宽度

在这里提醒一下：这个 2 行 15 列的表格常用于制作网站中的导航。为什么要单击“将表格宽度转换为像素”按钮呢？如果没有这么做的话，那么这个表格第 2 行的第 2 列、第 4 列、第 6 列、第 8 列、第 10 列和第 12 列的单元格中就没有宽度数值，后面浏览页面的时候就有可能出现显示的宽度错误。

7．这个内嵌表格设置好之后，再选择这个宽度为 900 像素的大表格的第 3 行的第 1 列单元格，在这个单元格中插入一个表单，如图 11-15 所示。

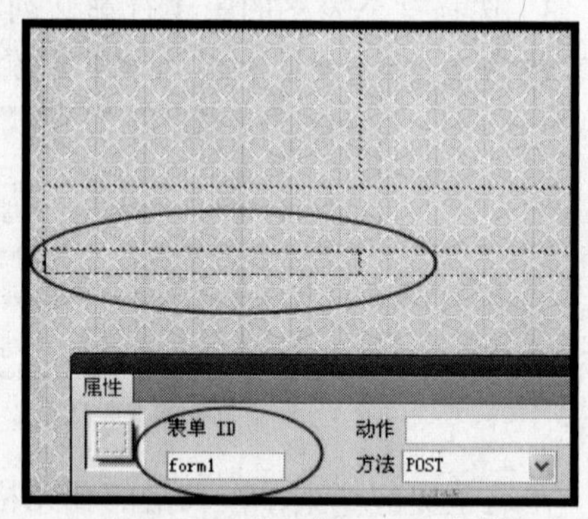

图 11-15　单元格内插入表单

8．将光标定位在这个表单内，再嵌入一个 5 行 1 列的表格，宽度设置为 100%，其他参数设置为 0，如图 11-16 所示。

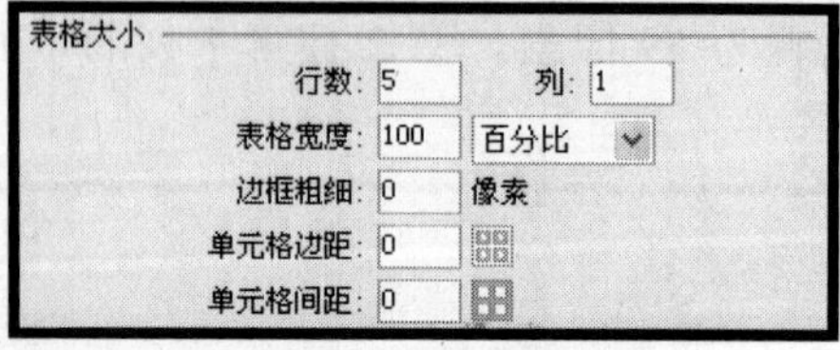

图 11-16　在表单内嵌入一个表格

在这里提醒一下：这个嵌入在表单中的表格是用来制作“会员登录”模块的，嵌入在表单内方便在后面的制作中插入“文本字段”和“按钮”等表单元素，在使用 ASP 开

发网站时也可以方便提交给服务器。

9．切换到“拆分”视图，将光标置于“</form>”代码的后面，然后插入一个 2 行 1 列、宽度为 100%的表格，其他参数设置为“0”（见图 11-17），最后将这个表格的第 1 行和第 2 行的两个单元格宽度也设置为“195 像素”。

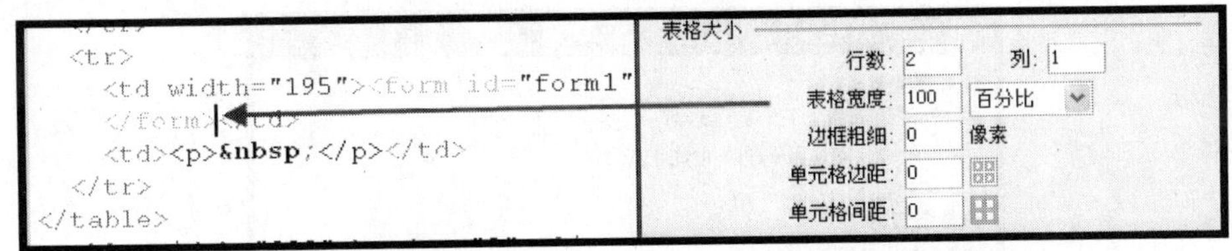

图 11-17　在表单外插入一个用于制作图书分类的表格

在这里提醒一下：这个在表单外部的表格是用来制作“图书分类”模块的。

10．切换到“设计”视图，将光标置于宽度为 900 像素的表格的外部，然后再插入一个 2 行 1 列的表格，表格的宽度也设置为 900 像素，其他参数设置为 0，表格插入之后将对齐方式设置为“水平居中”，如图 11-18 所示。

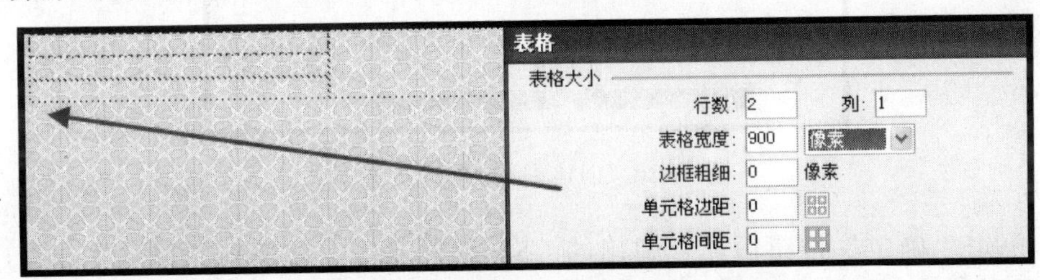

图 11-18　插入用于放置版权的表格

在这里提醒一下：这个表格是用来放置网站最底部的版权及相关信息的，因为表格嵌入得越多，网页打开的速度越慢，所以这个模块单独使用一个表格。

五、使用样式表布局外观

1．在 Dreamweaver CS4 软件版本中，已不支持设置表格或单元格背景图像的功能了，所以在“属性”面板中无法对表格或单元格设置背景图像，这也是为了提倡所有网页设计师尽量使用 CSS 去美化网页，遵守网页设计的一些标准。

首先，选择 3 行 2 列表格的第 1 行所有单元格，然后在“属性”面板中切换到“CSS”选项，如图 11-19 所示。

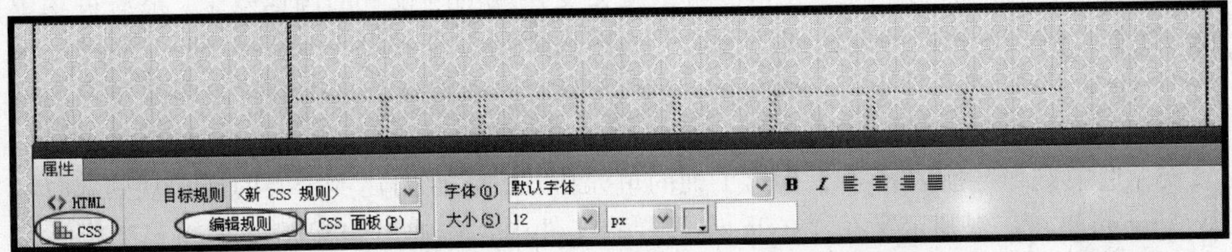

图 11-19　选择 3 行 2 列表格的第 1 行所有单元格

2．将“目标规则”设置为“新 CSS 规则”，然后单击“编辑规则”按钮。在弹出的“新建 CSS 规则”对话框中选择器默认为“类”，在“选择器名称”文本框中输入“.top_bg”，在“规则定义”列表中选择“style.css”，如图 11-20 所示。

新建 CSS 规则
选择器类型：
为 CSS 规则选择上下文选择器类型。
类（可应用于任何 HTML 元素）
选择器名称：
选择或输入选择器名称。
.top_bg
此选择器名称将规则应用于
所有具有类“top_bg”的 HTML 元素。
不太具体　更具体
规则定义：
选择定义规则的位置。
style.css

图 11-20　创建“.top_bg”类样式

3．单击“确定”按钮后，在弹出的 CSS 设置窗口中切换到“背景”分类，然后设置背景图片为提供的素材文件夹下的“top_bg.gif”文件，然后单击“确定”按钮，如图 11-21 所示。

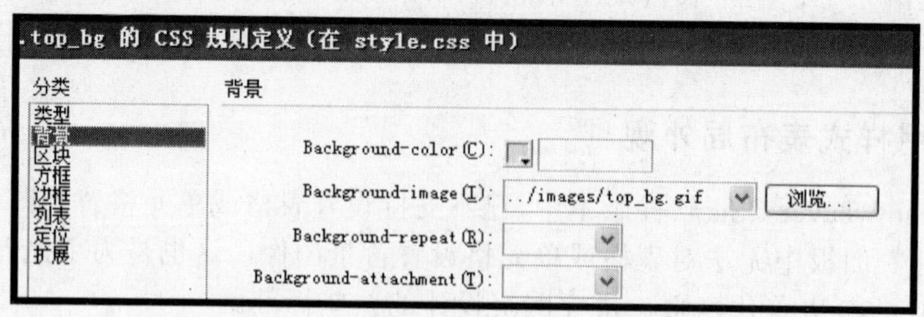

图 11-21　设置该样式背景图片

4．此时，选中的第一行单元格的背景就会变换成刚刚设置的图像效果，然后再选中第二行单元格，使相同的方法创建一个类的样式规则，命名为“.search_bg”，规则定义在“style.css”样式文件中，在弹出的 CSS 设置窗口中将这个规则的背景图像设置为素材文件夹中的“search_bg.gif”文件，最终的效果如图 11-22 所示。

5．选中制作导航表格第 2 行第 1 列的单元格，给它也创建一个类的样式规则，命名为“.menu_bg”，规则定义在“style.css”样式文件中，在弹出的 CSS 设置窗口中将这个规则的背景图像设置为素材文件夹中的“menu_bg.gif”文件，然后再切换到“区块”分

类中，将文本对齐方式设置为“居中”，最终的效果如图 11-23 所示。

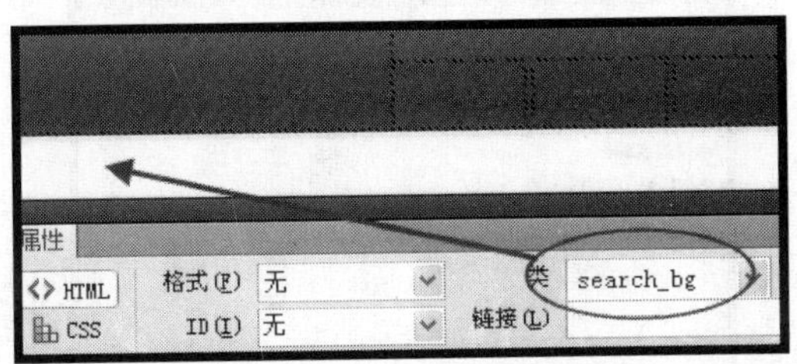

图 11-22　设置 3 行 2 列表格第 2 行的 CSS 规则

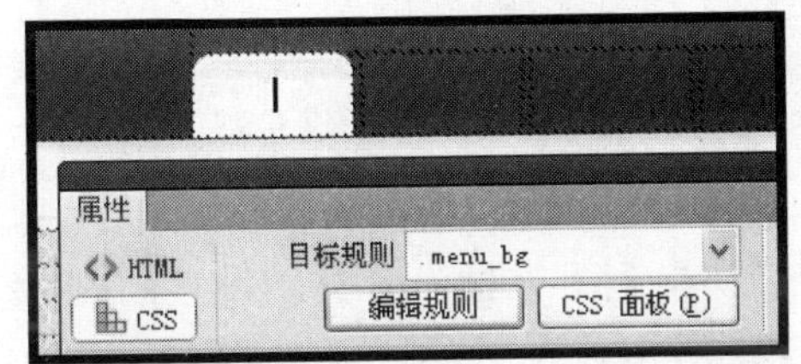

图 11-23　设置导航表格中单元格的背景图像

6. 选中导航表格第 2 行中其他所有宽度为 70 像素的单元格，在“属性”面板中切换到“html”项，在“类”列表中选择“menu_bg”样式，则这些单元格的背景就全部一样了，如图 11-24 所示。

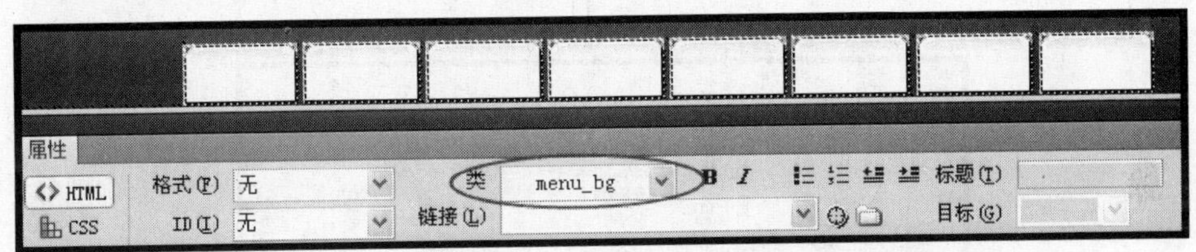

图 11-24　对其他宽度为 70 像素的单元格应用 CSS 规则

在这里提醒一下：当要选择多个但不连续的单元格时，可以按住“Ctrl”键进行选择。

7. 在每个单元格内输入相关的文本内容，如图 11-25 所示。

图 11-25　在单元格内输入相关文本

8. 选择大表格的表单，在 Dreamweaver CS4 软件的右侧面板中展开“CSS”面板，创建一个新的 CSS 规则（见图 11-26），“选择器类型”设置为“ID”，“选择器名称”设置为“#form1”，定义在“style.css”中。

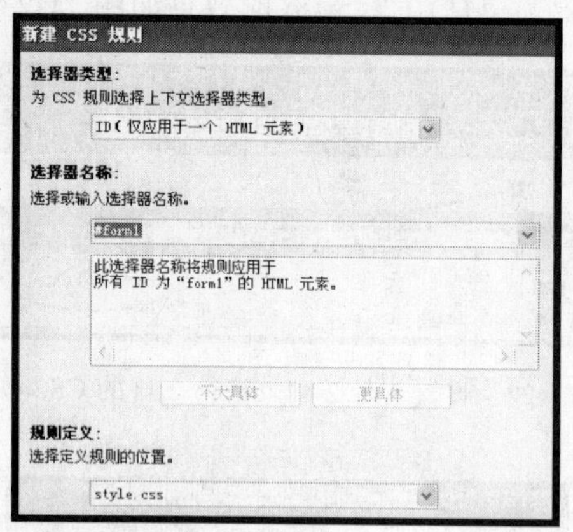

图 11-26　为表单创建 CSS 规则

9. 单击“确定”后，在弹出的 CSS 规则定义面板中设置背景图像为素材文件夹中的“loginbar_bg.gif”文件，切换到“方框”分类，设置高度为“196px”，将它的边界全部设置为“0px”，如图 11-27 所示。

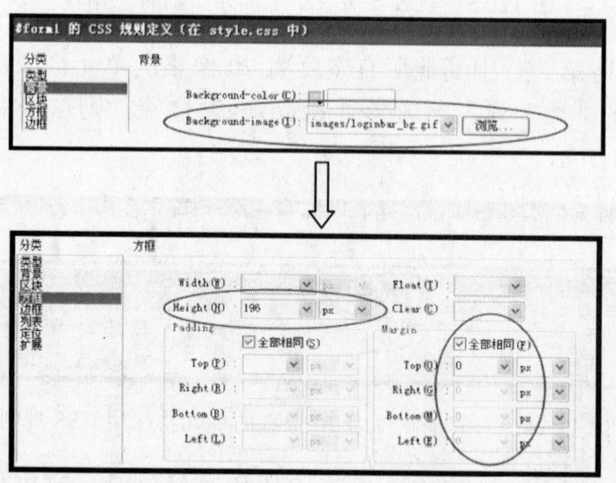

图 11-27　设置表单的样式规则

在这里提醒一下：为什么要设置边界呢？因为如果没有设置边界的话，在浏览页面时表单的上下左右会空出一些区域，在排版时无法和其他元素紧贴对齐。

10. 选中用来制作版权的表格，在“属性”面板中给这个表格命名为“foot”，然后在 Dreamweaver CS4 软件右侧的“CSS”面板中创建一个 CSS 规则，如图 11-28 所示。

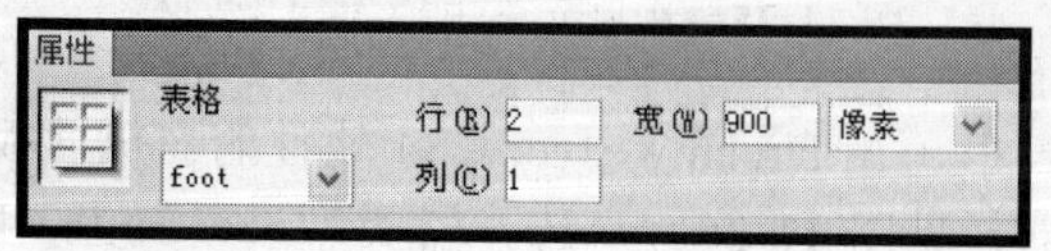

图 11-28　给底部表格命名

11. 在弹出的对话框中将“选择器类型”设置为“ID”，名称默认已设置为“#foot”，定义在“style.css”中。在 CSS 规则定义面板的“背景”分类中将背景图像设置为素材文件夹中的“foot_bg.jpg”文件，在“区块”分类中将文本对齐方式设置为“居中”，在“方框”分类中将高度设置为“113px”，如图 11-29 所示。

12. 样式设置完成后，这个表格的背景就变换成设置好的图像了，并且光标会自动水平居中，然后将这个表格的第 1 行单元格高度设置为“33px”，并在第 1 行和第 2 行单元格中输入相关的文本内容，如图 11-30 所示。

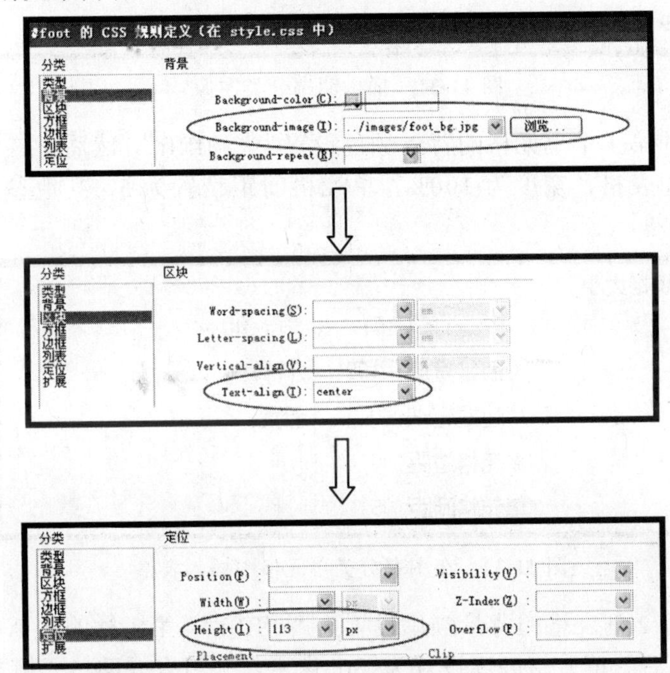

图 11-29　设置底部表格相关的 CSS 规则

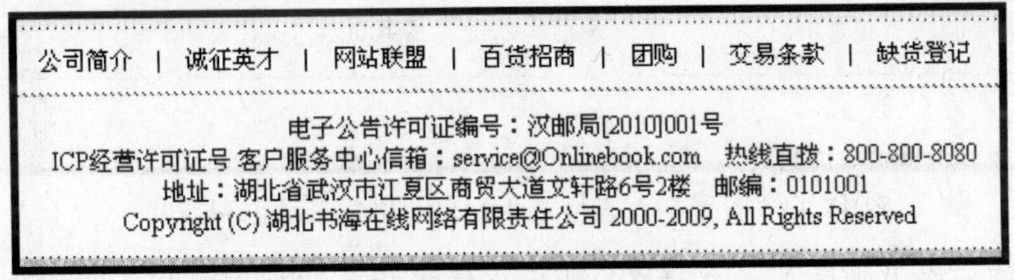

图 11-30　在底部表格中输入相关文本

六、制作图书分类栏目

1. 将光标置于图书分类表格的第 1 行第 1 列单元格中，然后在该单元格内插入图片，选择素材文件夹下的“book-class.gif”文件，如图 11-31 所示。

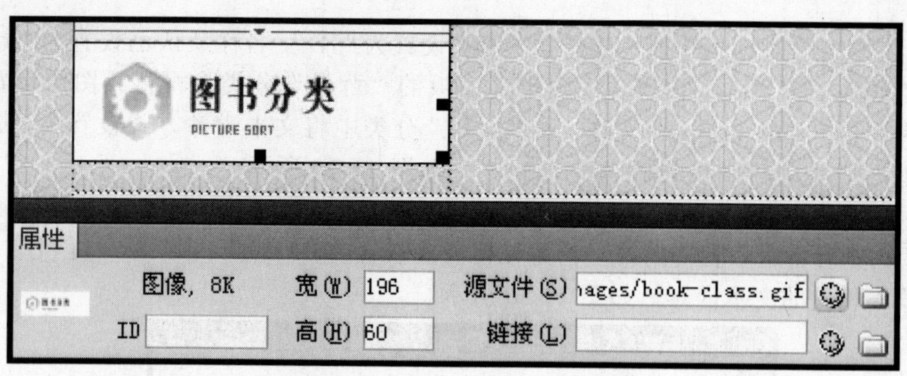

图 11-31　插入图书分类图像

2．将第 2 行的第 1 个单元格的背景颜色设置为“#ffffff”，然后在这个单元格内再嵌入一个 5 行 2 列的表格，宽度为 100%，单元格间距设置为 5，其他参数设置为 0，如图 11-32 所示。

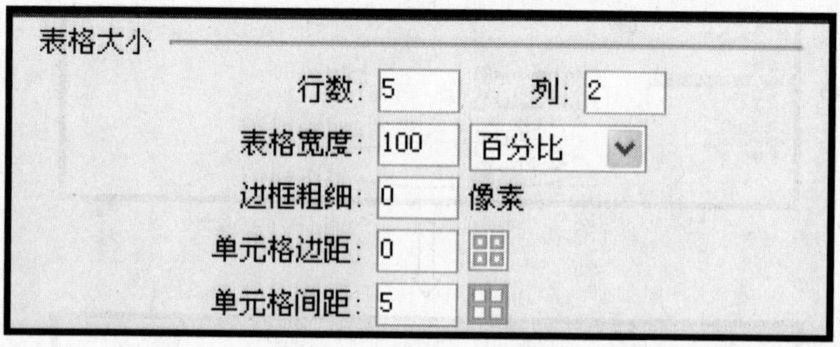

表格大小
行数：5　列：2
表格宽度：100　百分比
边框粗细：0　像素
单元格边距：0
单元格间距：5

图 11-32　在图书分类单元格中插入表格

3．将这个 5 行 2 列表格的背景颜色设置为“#ffffff”，第 1 行的 2 个单元格进行“合并”操作，将合并后的单元格高度设置为 30 像素，并将合并的单元格背景颜色设置为“#f4f4f4”，如图 11-33 所示。

图 11-33　设置插入表格第 1 行单元格背景颜色和高度

4．在该单元格内先插入一个空格，然后再输入相关的文本内容，并将输入的文本加粗，最后将第 2 行至第 5 行的所有单元格设置为水平居中，并输入相关的文本内容，效果如图 11-34 所示。

5．将“中外文学”这个表格选中并进行复制，然后直接进行粘贴操作，则在这个表格的下方重新复制一个新的表格出来（见图 11-35），最后将新复制的表格中的文本内容进行修改。

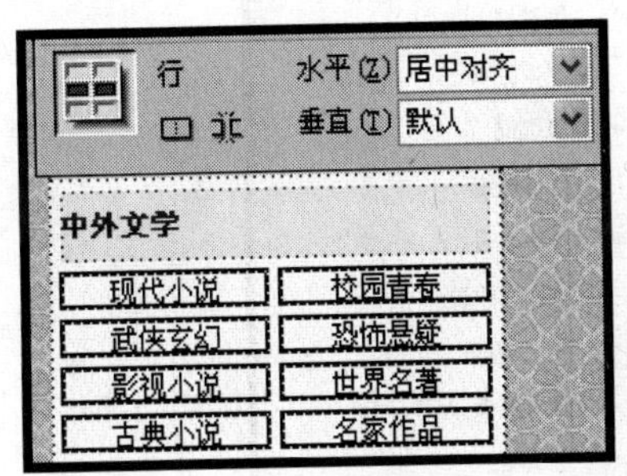

图 11-34　在其他单元格内输入文本

图 11-35　复制表格并修改

6．以此类推，将图片分类中其他几个分类表格制作出来，最后的效果如图 11-36 所示。

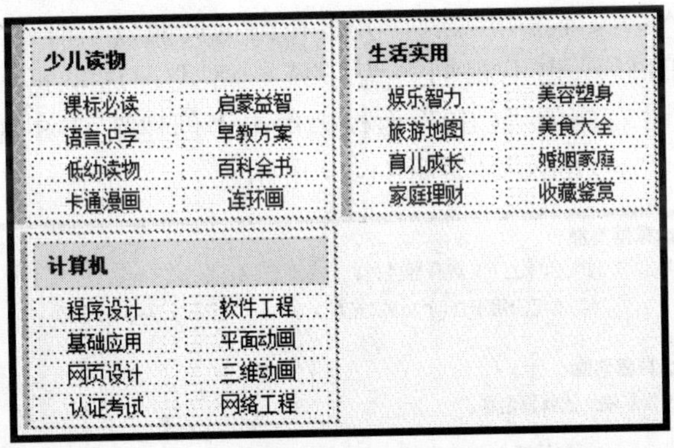

图 11-36　使用复制操作制作出其他分类表格

七、制作会员登录栏目

图 11-37　会员登录文本内容

1．将光标置于表单中，在这个表单内嵌入一个 5 行 1 列的表格，宽度为 100%，其他参数都设置为 0，然后将插入的表格的所有单元格全部设置为“水平居中”对齐，将第 1 行第 1 列的单元格高度设置为“45px”，最后在其他单元格内输入相关的文本内容，如图 11-37 所示。

2．在 Dreamweaver CS4 软件右侧的“插入”工具栏中，切换到“表单”项，在文本“会员账号”和“会员密码”后面分别插入“文本字段”表单元素，其中将“会员密码”单元格内的文本字段类型设置为“密码”，然后在该表格的第 4 行单元格内插入两个“按钮”元素，将其中一个按钮元素的动作设置为“重设表单”，如图 11-38 所示。

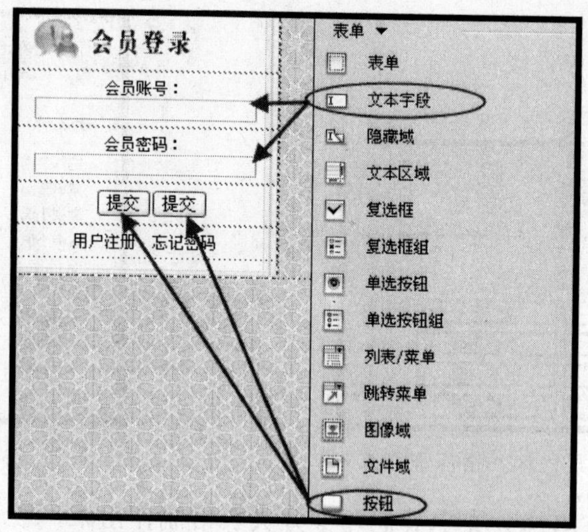

图 11-38　在会员登录表格中插入表单元素

3. 可以看出插入的文本字段太长，并且在浏览页面效果时，“会员账号”和“会员密码”这两个字段的显示也不相同，为了统一格式，这里再一次用到了 CSS。在 Dreamweaver CS4 软件右侧的“CSS”面板中单击“创建新 CSS 规则”按钮，创建一个类样式规则，命名为“.textbox”，如图 11-39 所示。

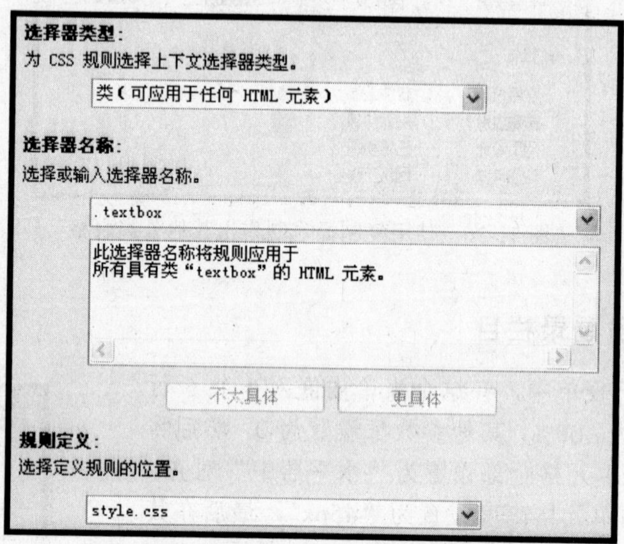

图 11-39　创建一个表现文本字段的样式

4. 在这个规则编辑窗口中切换到“方框”分类，将高度设置为“80px”，宽度设置为“15px”，如图 11-40 所示。

5. 该样式设置完成后，选择会员账号单元格内的文本字段，在“属性”面板的“类”下拉列表中选择“textbox”样式，此时文本字段的高度和宽度会马上产生变化，同时也给会员密码单元格内的文本字段应用相同的样式，如图 11-41 所示。

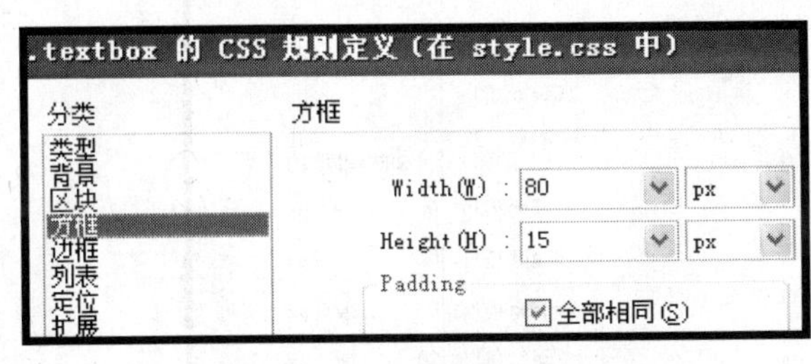

图 11-40　设置规则参数

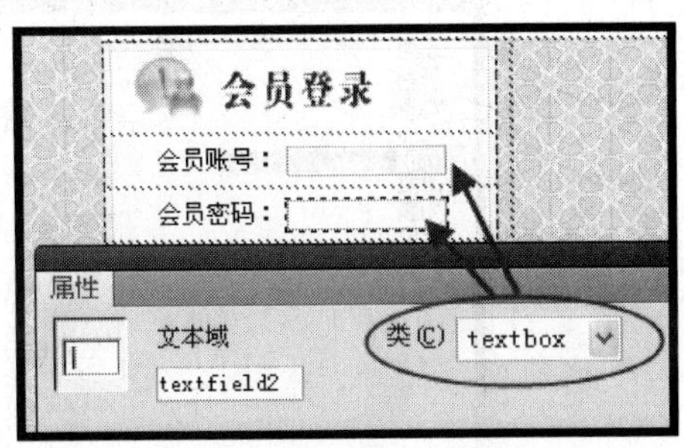

图 11-41　给这两个文本字段应用样式

八、制作搜索模块

1．将光标置于大表格第 2 行的单元格内，然后在这个单元格内嵌入一个 1 行 2 列的表格，宽度为 100%，其他参数设置为 0，最后在这个新表格的第 1 行第 1 列的单元格中插入一个表单，在第 1 行第 2 列的单元格中输入相关的文本内容，如图 11-42 所示。

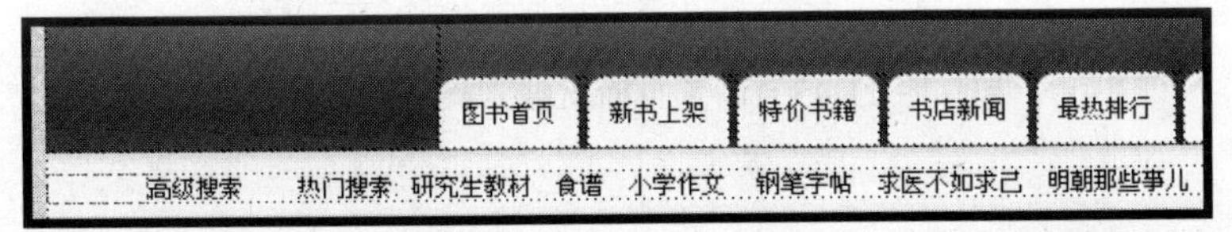

图 11-42　制作搜索模块

2．将光标置于第 1 行第 1 列单元格的表单中，然后再插入一个“文本字段”表单元素。在“属性”面板这个“文本字段”的“始初值”中输入“请输入要查找的内容”，在这个“文本字段”后面再插入一个“列表”表单元素，并在这个“列表”元素的列表值中添加“图书名”、“作者名”、“出版社”三个默认值。最后在这个“列表”元素的后面插入一个“按钮”表单元素，如图 11-43 所示。

图 11-43　在表单中插入相关元素

在这里提醒一下：在浏览页面效果时会发现这个表单的高度会超出很多，为了正常显示，必须使用样式表去控制它的显示方式。

3．打开“CSS”面板，新建一个样式规则，“选择器类型”设置为“ID”，名称设置为“#form2”，定义在“style.css”中。在规则编辑窗口中切换到“方框”分类，将边界的“Left”设置为“20px”，其他三个方向设置为“0px”，效果如图 11-44 所示。

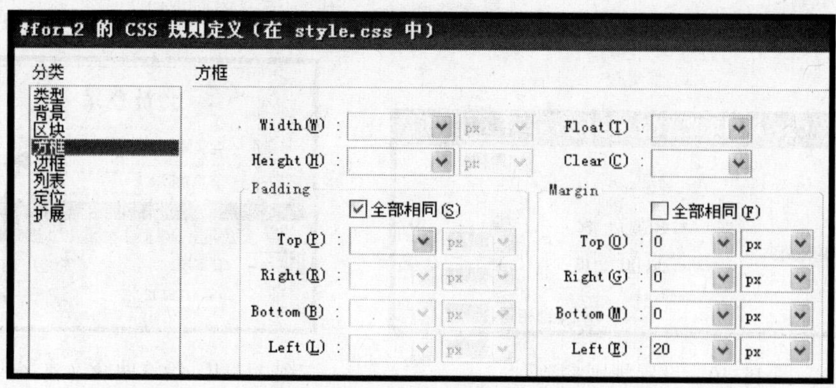

图 11-44　设置搜索表单的样式规则

4．样式设置完成后再去浏览页面就没有表单超出高度的问题了。这是页面的第 2 个表单，所以 Dreamweaver CS4 软件会自动给它命名为“form2”。将它的左边界设置为 20 像素，是为了让这个表单的左侧能多空出一些区域，不至于左边显得太过紧凑，如图 11-45 所示。

图 11-45　浏览页面时搜索模块的效果

九、保存为模板和库项目

1．temp 页面中基本所有元素都制作完成了，然后选择“文件”菜单下的“另存为模板”命令，在弹出的对话框中将该模板另存在“在线书店”的站点中，模板名为“book_templet”，如图 11-46 所示。

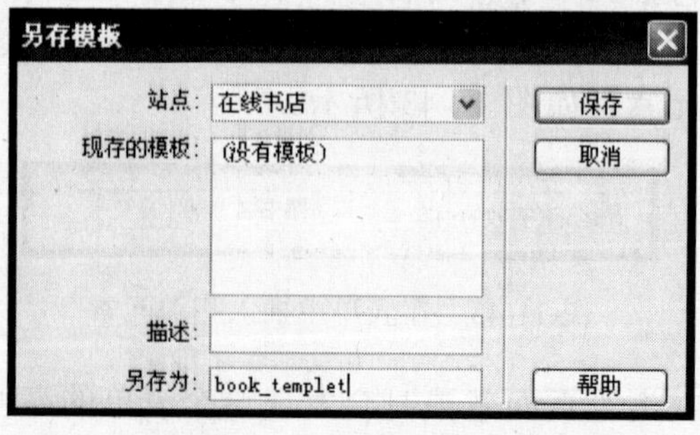

图 11-46　将 temp 页面保存为模板

2．选择“会员登录”表单，然后打开 Dreamweaver CS4 软件右侧的“资源”面板，切换到“资源”面板最下面的“库”选项，单击“新建库项目”按钮，将“会员登录”添加到“库”面板中，并命名为“loginbar”，如图 11-47 所示。

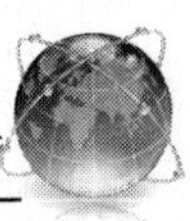

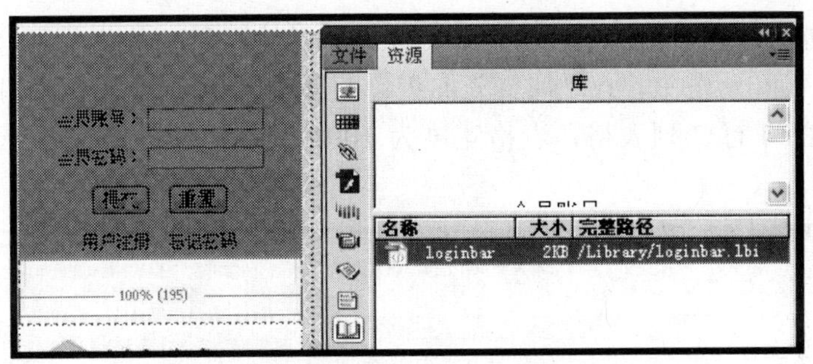

图 11-47　将“会员登录”创建为库项目

3．将“图片分类”表格添加到库项目中，并命名为“bookclass”，如图 11-48 所示。

图 11-48　将“图片分类”表格创建为库项目

4．选中 3 行 2 列、宽度为 900 像素的大表格的第 3 行，在“属性”面板中将这一行的背景颜色设置为“#ffffff”，然后单击鼠标右键，在弹出的快捷菜单中选择“模板”→“新建可编辑区域”命令。在弹出的设置窗口中，将其命名为“edit”，并将这一行创建为可编辑区域。

十、制作首页 Flash 及广告部分

1．关闭“book_templet.dw”模板页面，在菜单“文件”中选择“新建”命令。在弹出的新建窗口中选择“模板中的页”分类，然后在“在线书店”站点中选择“book_templet”模板，单击“创建”按钮，即完成利用模板创建页面的操作，如图 11-49 所示。

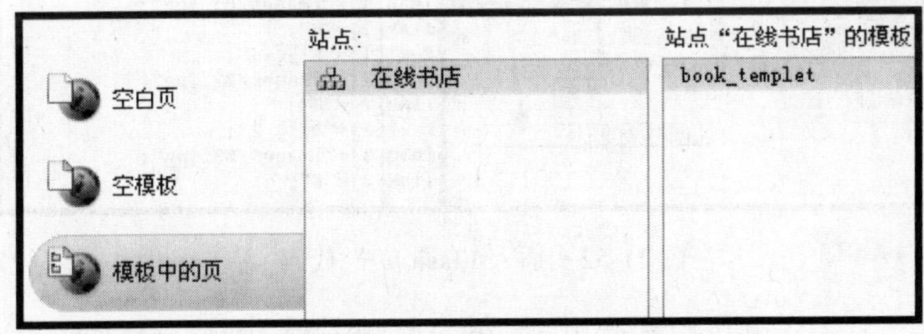

图 11-49　利用模板创建页面

2．将这个创建好的页面保存为“index.html”文件，然后将光标置于页面这个大表格的第 3 行第 2 列单元格中，在“属性”面板中将垂直对齐设置为“顶端”，再在此单元格内嵌入一个新的 4 行 2 列表格，表格宽度为 100%，其他参数设置为 0，如图 11-50 所示。

图 11-50　在大表格的第 3 行第 2 列单元格中插入表格

3．将这个表格的第 2 列的所有单元格进行“合并”操作，如图 11-51 所示。

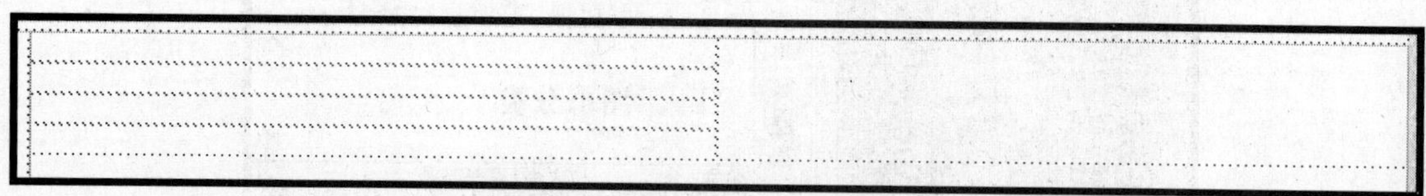

图 11-51　合并第 2 列所有单元格

4．选择第 1 行第 1 列的单元格，切换到“代码”视图；然后打开素材文件夹中的“flash 滚动广告.txt”文件，将这里面的代码复制到第 1 行第 1 列的单元格中，如图 11-52 所示；最后不要忘记将素材文件夹下名为“flash 广告图片”中的图片素材复制到站点的“images”文件夹中，不然在浏览效果时是看不到图片的。

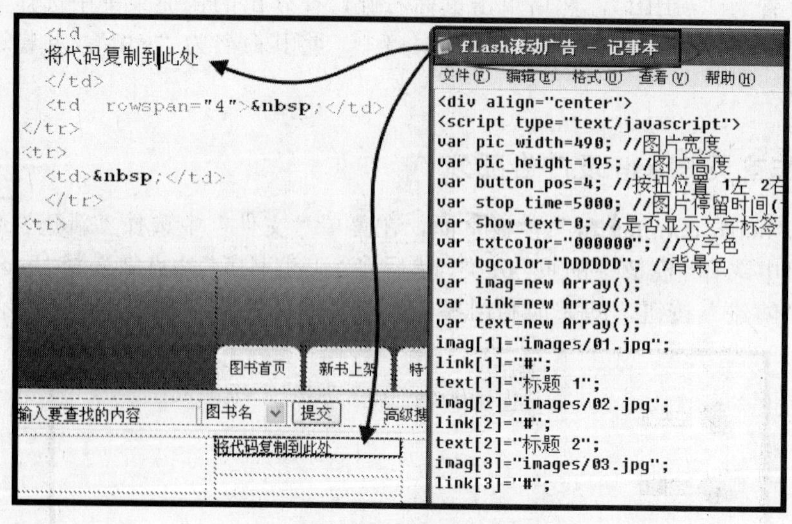

图 11-52　插入 Flash 广告代码

在这里提醒一下：这串代码是应用 JavaScript 脚本配合 Flash 读取图片的广告代码，在代码中可以根据需要设置广告图片的宽度和高度，还可以设置读取图片的位置、图片

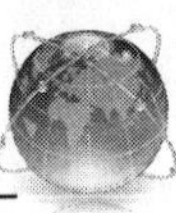

名称和图片超链接。

5．选择第 1 行第 2 列单元格，插入素材文件夹下的“banner.gif”图片，如图 11-53 所示。

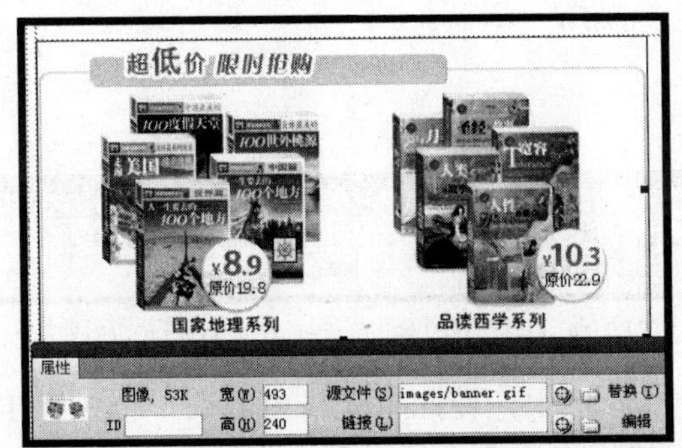

图 11-53　在第 1 行第 2 列单元格中插入促销广告图片

十一、制作主编推荐模块

1．创建一个新的 CSS 类样式规则，名称为“.recommend”，定义在“style.css”样式文件中，如图 11-54 所示。

图 11-54　创建主编推荐模块的类样式

2．在弹出的样式编辑窗口中，切换到“背景”分类，设置背景图像为素材文件下的“recommend_bg.gif”文件，再切换到“方框”分类，设置高度为“300px”，单击“确定”按钮，如图 11-55 所示。

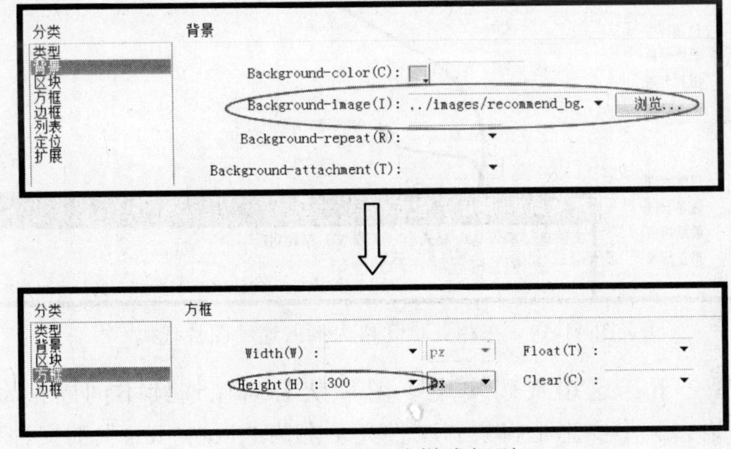

图 11-55　设置该样式规则

3．选择广告图片下面的第 3 行单元格，在“属性”面板中的“类”列表中应用“recommend”样式，此时单元格的高度和背景就会产生变化，如图 11-56 所示。

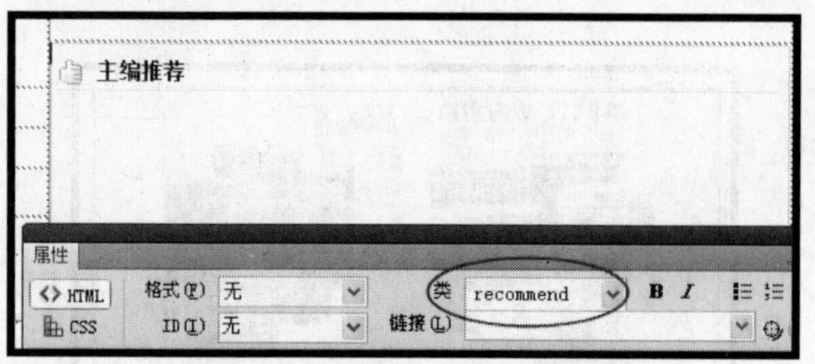

图 11-56　应用该样式到第 3 行的单元格

4．将光标置于这个单元格中，在此单元格内嵌入一个 3 行 1 列、宽度为 100%的表格，其他参数设置为 0，然后将这个 3 行 1 列表格的第 1 行单元格高度设置为“33px”，如图 11-57 所示。

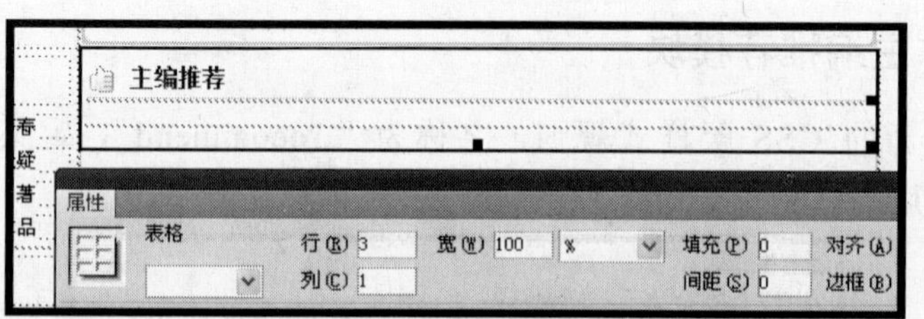

图 11-57　在“主编推荐”单元格内插入表格

5．将光标置于第 2 行的单元格内，在“属性”面板中将此单元格的高度设置为“177px”，对齐方式设置为“水平对齐”，然后切换到“拆分”视图，打开素材文件夹下的“连续滚动图片.txt”文本，将文本的代码复制到光标所在的位置，如图 11-58 所示。

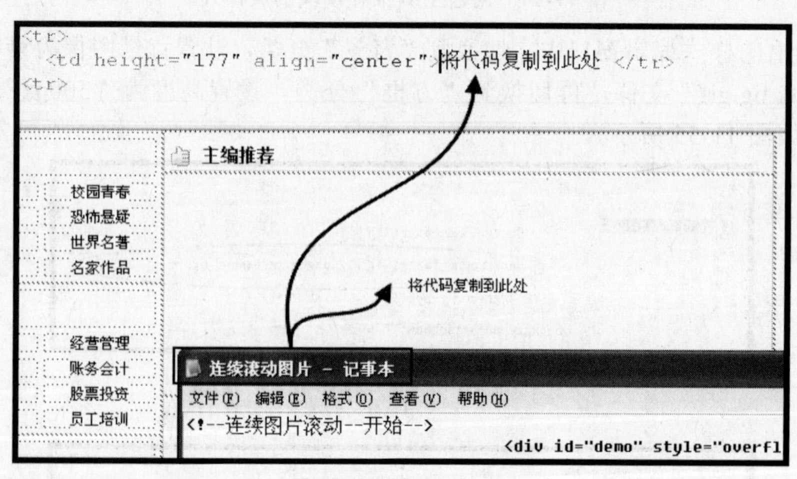

图 11-58　在相关单元格内插入连续图片代码

在这里提醒一下：这串代码实现了图片从右向左连续不间断滚动，使用到了 JavaScript 脚本语言。不要忘记将素材文件夹下名为“book_img”的文件夹复制到站点

根目录下，否则在浏览页面时图片会无法显示。

6．选择第 3 行的单元格，在此单元格内嵌入一个 3 行 3 列、宽度为 100%、边框粗细为 0、单元格填充为 4、单元格间距为 5 的表格，如图 11-59 所示。

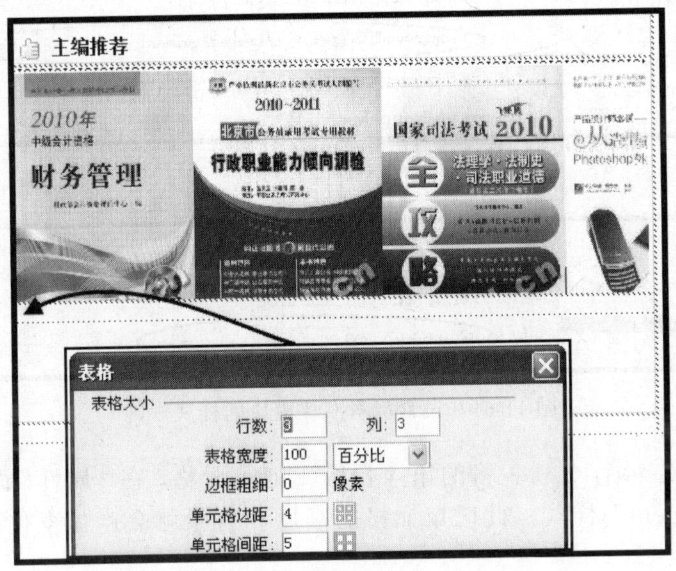

图 11-59　单元格内再嵌入一个表格

7．将这个 3 行 3 列表格的单元格全部设置为“水平居中”，并在每个单元格中输入相关的文本内容，如图 11-60 所示。

图 11-60　主编推荐模块制作完成

十二、制作精彩书评模块

1．创建一个新的 CSS 类样式规则，命名为“.comment”，定义在“style.css”样式文件中。在样式编辑窗口的“背景”分类中，设置背景图像为素材文件夹下的“comment_bg.gif”文件，切换到“方框”分类，设置高度为“300px”，如图 11-61 所示。

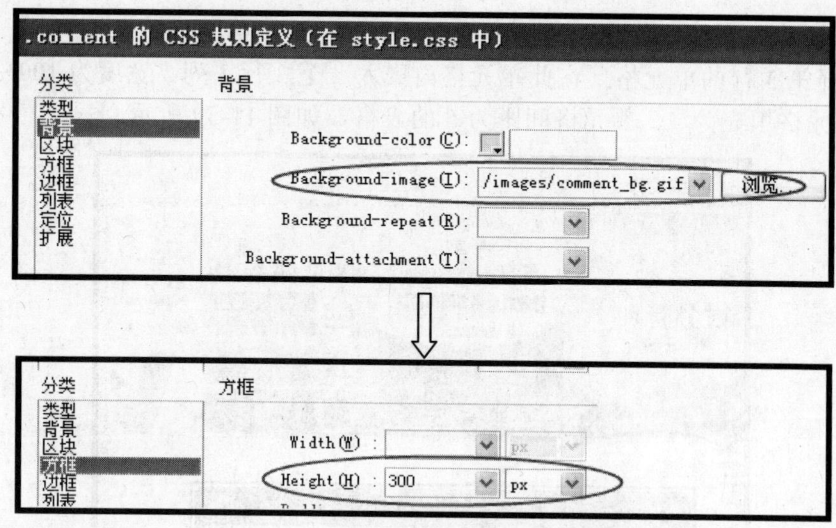

图 11-61　设置精彩书评模块的样式规则

2. 选中上一层 4 行 2 列表格的第 4 行第 1 列单元格，在“属性”面板中选择“类”列表下的“comment”样式，此时单元格的高度和背景就会产生变化，如图 11-62 所示。

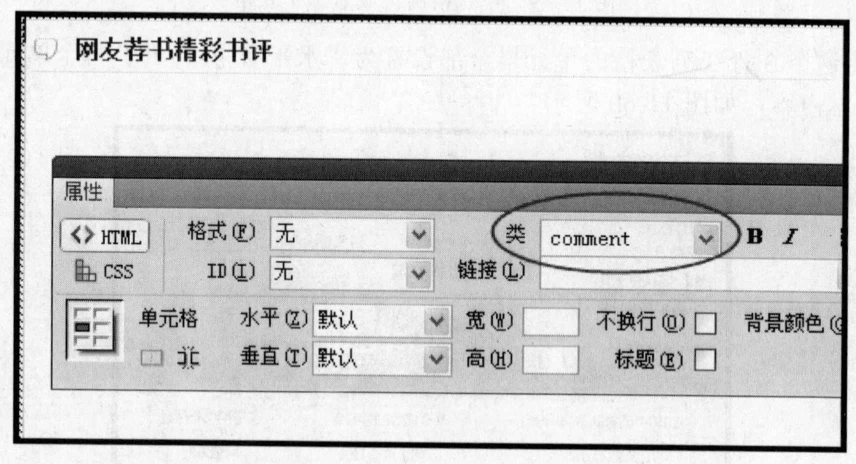

图 11-62　在相关单元格应用样式

3. 光标置于此单元格内，然后在单元格内嵌入一个 2 行 1 列、宽度为 100%、其他参数为 0 的表格，将第 1 行的单元格高度设置“33px”。将光标置于第 2 行单元格内，设置水平对齐为“居中”，然后再切换到“代码”视图，在“代码”视图中输入以下代码：“<iframe src=“comment.html” name=“comment” width=“488” height= “260” scrolling=“yes” frameborder=“0” ></iframe>”。

代码输入完毕后，切换到“设计”视图，可以看到第 2 行的单元格变成一个灰色的方块区域，如图 11-63 所示。

图 11-63　在精彩书评模块中插入浮动框架

在这里提醒一下：浮动框架在网页设计中是会经常使用到的元素。在上面的代码中，“src”代表要载入的框架页，这个页面暂时还没有创建；“name”代表这个浮动框架的名字；“width”和“height”代表浮动框架的宽度和高度；“scrolling”用来设置框架的滚动条，这里设置为自动；“frameborder”用来设置框架的边框，设置为“0”代表没有边框。

4.“文件”菜单下的“新建”命令，新建一个 html 页，保存为“comment.html”文件，然后单击“CSS”面板上的“附加样式表”按钮，在弹出的窗口中选择“链接”，浏览文件为“style/style.css”文件，单击“确定”按钮，这个“comment.html”文件就可以调用“style.css”样式文件了，如图 11-64 所示。

图 11-64　在框架页中附加样式表

在这里提醒一下：附加方式如果为“链接”，那么这个网页与样式表产生链接关系，如果样式表中增加或减少了样式规则，这个网页文件都可以表现出来；如果附加方式为“导入”，那么只将当前样式表中的所有规则导入到这个网页中，样式表如果再产生变化，对这个网页文件不会产生任何影响，一般都会选择“链接”方式。

5．在“comment.html”文件中插入一个 1 行 1 列、宽度为 470 像素、所有其他参数为 0 的表格，并将这个表格单元格的背景颜色设置为“#ffffff”，如图 11-65 所示。

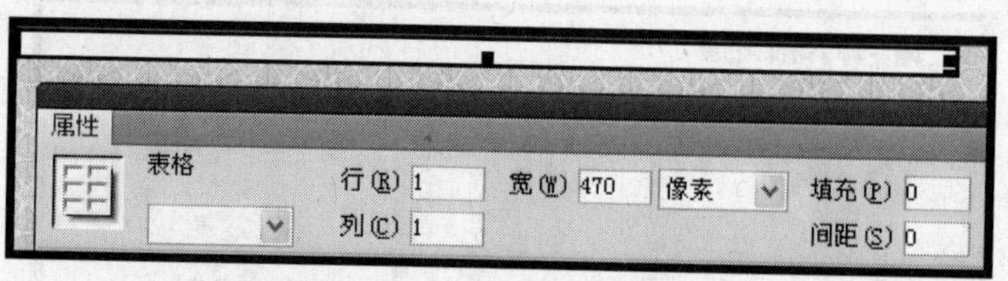

图 11-65　在框架文件中插入表格

在这里提醒一下：将框架内的内容放置在这个表格中是为了防止超出框架的宽度。那么为什么要将宽度设置为 470 像素，而不是浮动框架中所设置的 488 像素呢？因为这个浮动框架是有滚动条的，滚动条本身也会占据一些宽度，所以不能将这个表格设置为 488 像素。

6. 将光标置于该表格的单元格中，在此单元格内嵌入一个 4 行 1 列、宽度为 100%、单元格间距为 4、其他参数为 0 的表格，如图 11-66 所示。

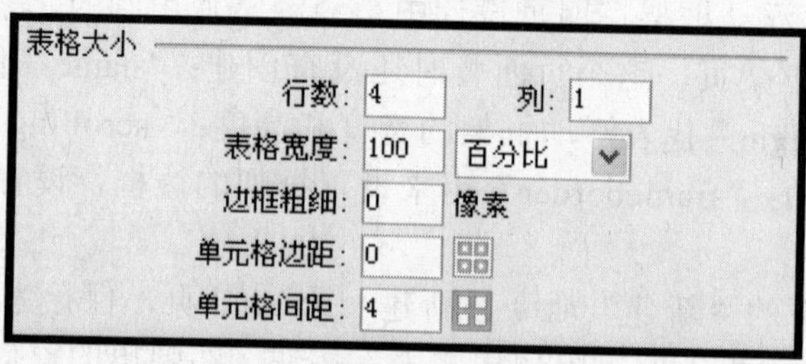

图 11-66　在框架页中使用表格布局

7. 在这个 4 行 1 列表格的第 1 行中输入文本，将第 2 行的单元格高度设置为 40 像素，并设置单元格背景颜色为“#f6f6f6”，然后输入文本内容，在第 3 行的单元格内也输入相关的文本内容，如图 11-67 所示。

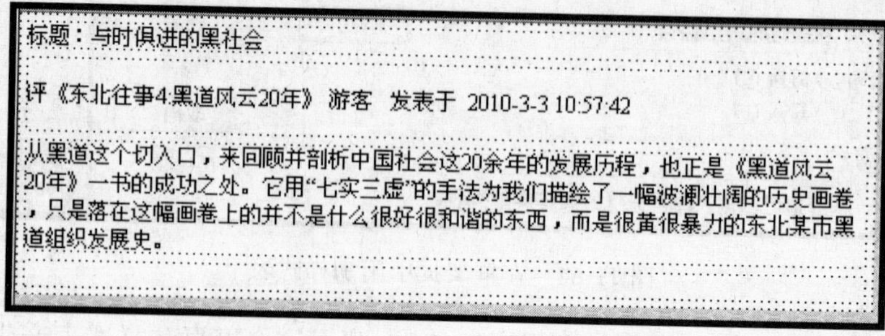

图 11-67　在插入的表格内输入文本内容

8. 将光标置于第 4 行的单元格中，创建一个 CSS 的类样式，选择器的名称为“.separator”，定义在“style.css”样式文件中。在编辑窗口的“背景”分类中，设置背景图像为素材文件夹下的“line.gif”文件，切换到“方框”分类，设置高度为“7px”，如图 11-68 所示。

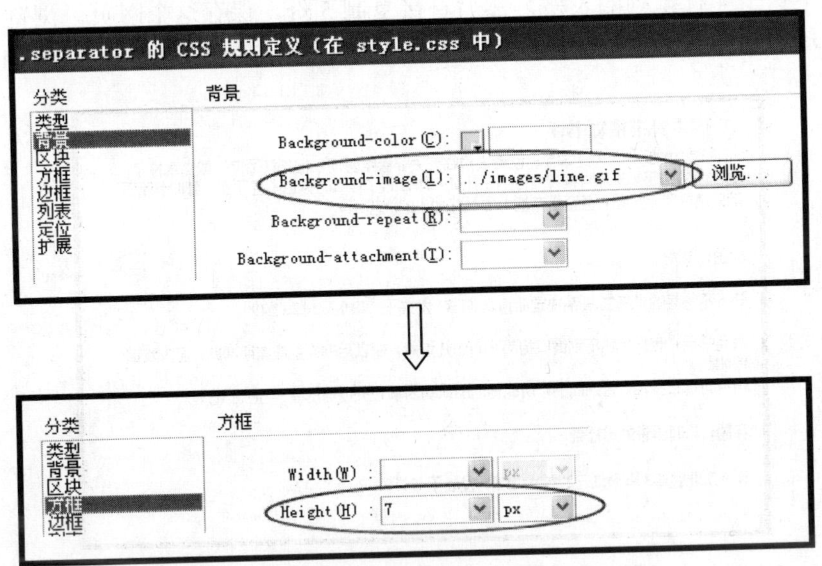

图 11-68　设置精彩书评模块的 CSS 样式规则

9．样式定义完成后，在“属性”面板中为这个第 4 行的单元格应用“separator”类样式。这时会发现单元格的背景产生了变化。但高度却没有变化。切换到“代码”视图，将这个单元格代码中的“ ”代码删除掉，马上这个单元格的高度就缩小了，如图 11-69 所示。

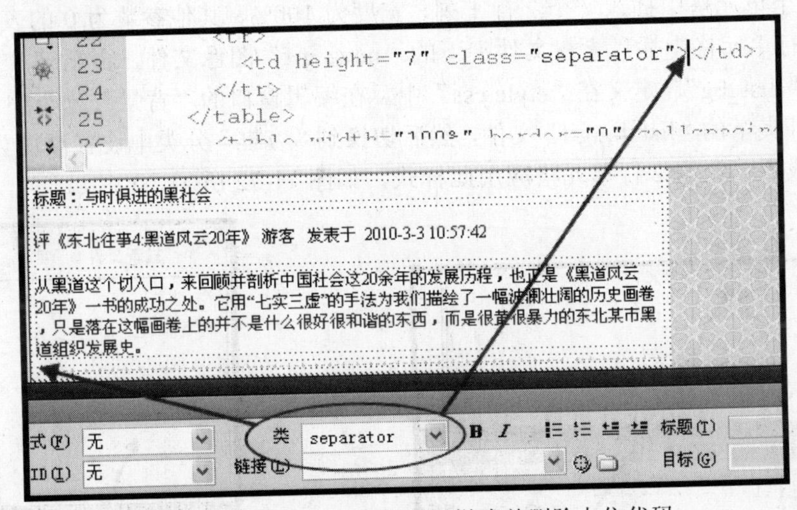

图 11-69　对当前单元格应用样式并删除占位代码

在这里提醒一下：“ ”代码是一个空格符号，它如果在单元格中就是一个占位符号。单元格是有默认高度的，如果设置的高度低于默认高度，单元格是不会产生变化的，如果将这个符号删除掉，那么单元格的高度就会变为所设置的高度，如果没有设置高度，这个单元格的高度就会变为 1 像素。

10．选中这个4行1列的表格，然后直接复制5份，保存这个网页。浏览 index 页面就会发现浮动框架可以正常显示了，并且在框架的右侧出现了滚动条，如图 11-70 所示。

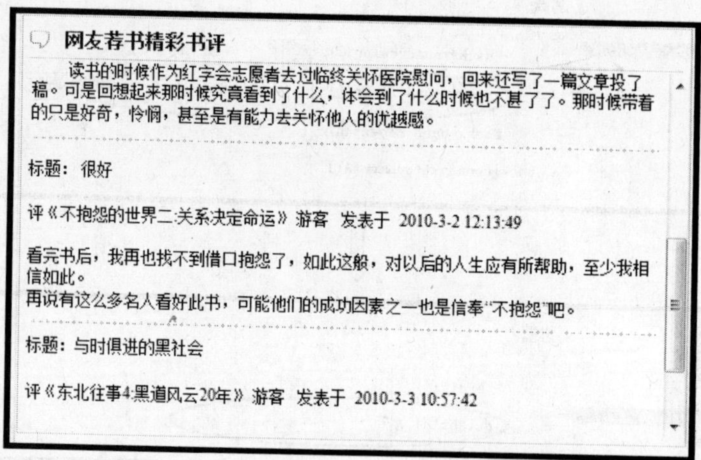

图 11-70　浏览精彩书评模块的页面效果

十三、制作页面右侧部分

1．将光标置于上层4行2列表格的第2列单元格内，在“属性”面板中将这个单元格的宽度设置为“210”，背景颜色设置为“#f1f1f1”，如图 11-71 所示。

2．在这个单元格中插入一个2行1列、宽度为100%、其他参数为0的表格。在这个表格的第1行单元格中插入素材文件夹下的“news.gif”图像文件，再新建一个类样式规则，命名为“.list_bg”，定义在“style.css”中。在编辑窗口的“背景”分类中设置背景图像为素材文件夹下的“list_bg.gif”文件，然后切换到“方框”分类中设置高度为“200px”。样式定义完成后，让第2行单元格应用此样式，如图 11-72 所示。

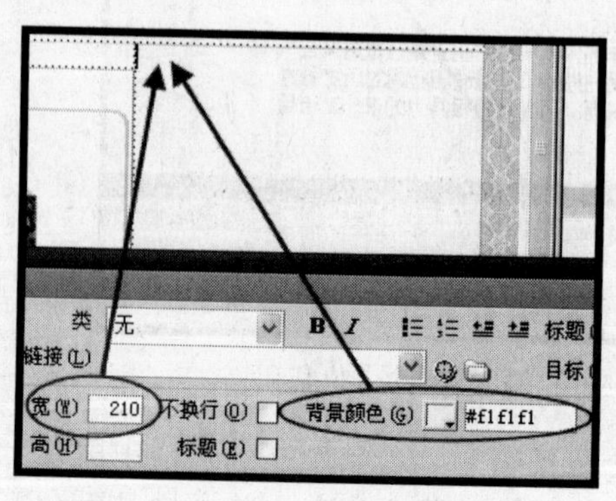

图 11-71　设置页面右侧的宽度和背景颜色

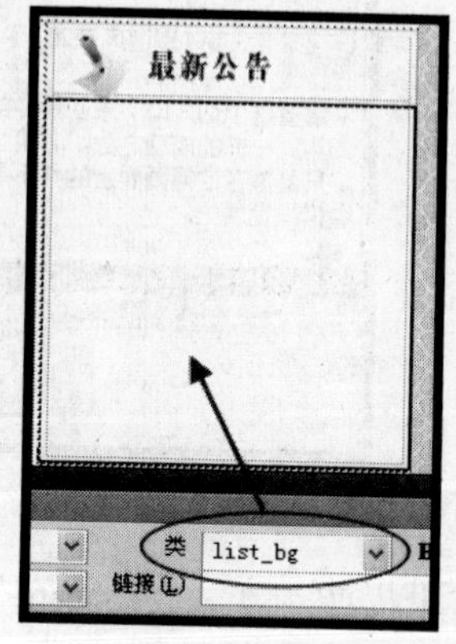

图 11-72　制作最新公告的样式规则

3．在该单元格内再嵌入一个10行2列、宽度为100%、单元格间距为4、其他参数为

0 的表格，然后选中第 1 列的所有单元格，设置水平对齐方式为“右对齐”。将第 1 行第 1 列的单元格宽度设置为“20px”，在第 1 列的所有单元格中插入素材文件夹中的“icon01.gif”图像文件，在第 2 列的所有单元格中输入相关文本，如图 11-73 所示。

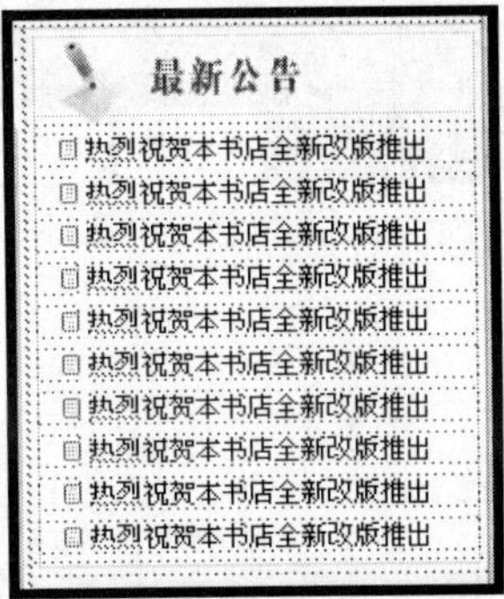

图 11-73　制作公告内容

4. 依次类推，将“最新公告”表格向下复制 3 份，然后分别进行修改，如图 11-74 所示。

5. 至此，“在线书店”的首页部分就算完成了，将页面需要输入文字的地方输入完文字，最后保存所有文件，浏览页面效果看看是否和图 11-1 一样。

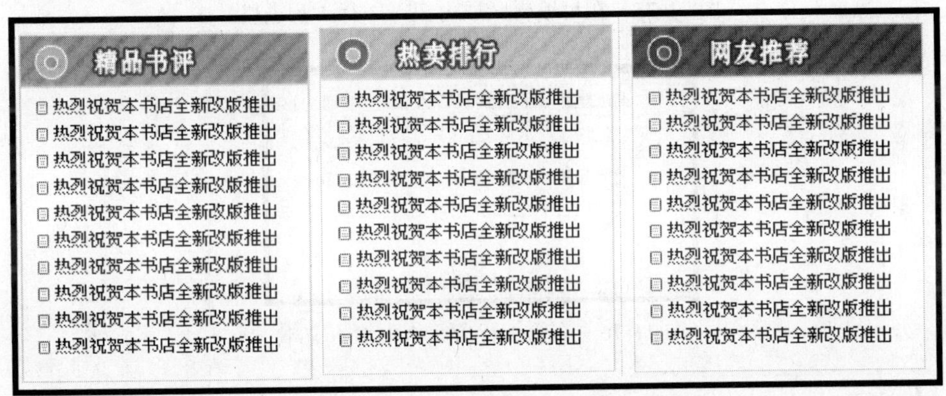

图 11-74　复制表格制作出其他几个栏目

十四、制作注册页面

1. 首先使用站点的模板页新建一个页面，保存文件为“register.html”，然后将可编辑区域的两列单元格进行“合并”操作，再将“会员登录”和“图书分类”两个库项目删除掉，此时整个可编辑区域是一片空白。

在这个空白区域内插入一个 3 行 1 列的表格，表格宽度为 100%，其他参数都设置为 0，将该表格第 1 行和第 3 行的单元格高度分别设置为 50 像素和 30 像素，如图 11-75 所示。

2. 将光标放在这个 3 行 1 列表格的第 1 行单元格内，将“水平”和“垂直”都设置为“居中”，然后在此单元格内输入相关的文本内容，如图 11-76 所示。

3. 将光标置于第 2 行的单元格内，同样将“水平”对齐设置为“居中”。在这个单元格中插入一个“表单”，然后在这个表单内嵌入一个 4 行 1 列的表格，将表格的宽度设置为 600 像素，其他参数都设置为 0。在这个 4 行 1 列表格的第 1 行单元格内输入文本，然后将第 2 行、第 3 行和第 4 行单元格都设置为水平居中对齐。选中第 3 行单元格，将该单元格高度设置为 30 像素，同时输入文本内容，将第 4 行单元格高度也设置为 30 像素，并插入一个表单按钮，如图 11-77 所示。

图 11-75 在可编辑区域内插入 3 行 1 列表格

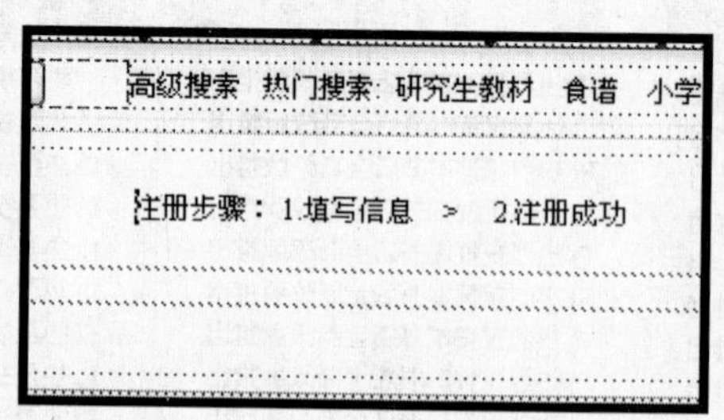

图 11-76 在第 1 行单元格内输入文本

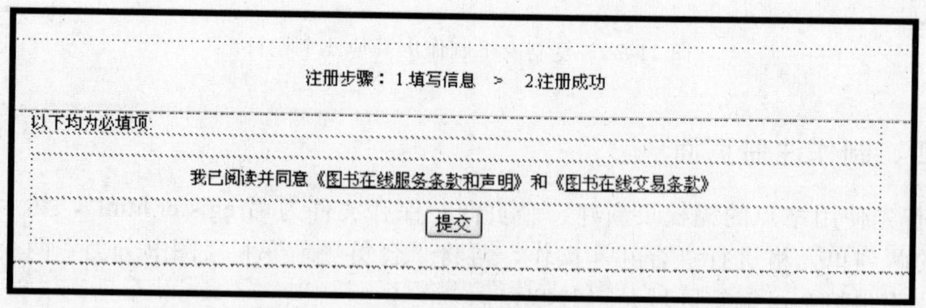

图 11-77 再次插入一个表单和表格用于制作会员注册模块

在这里提醒一下：当插入表单的时候，表单可能会变成“会员登录”的那种样式，这是因为表单的名字刚好和首页中“会员登录”的表单同名，只需要将这个表单的名字修改一下就可以了。

4．选择这个 4 行 1 列表格的第 2 行单元格，在这个单元格内再次嵌入一个 6 行 2 列的表格，表格宽度为 100%，其他参数都设置为 0。将第 1 列的所有单元格宽度设置为 160 像素，并将水平对齐设置为右对齐，将单元格的背景颜色设置为“#FFF0F7”；将第 2 列的所有单元格都设置为水平左对齐，并在第 1 列的所有单元格中输入相关的文本，在第 2 列的单元格中插入相关的表单元素，如图 11-78 所示。

注册步骤：1.填写信息　>　2.注册成功

以下均为必填项

请填写您的用户名：

请选择您的性别：○ 男 ○ 女

设置密码：

再次输入您设置的密码：

请填写您的Email地址：

请再次验证Email地址：

我已阅读并同意《图书在线服务条款和声明》和《图书在线交易条款》

提交

图 11-78　制作注册会员的表格

小提示：制作会员注册表格的时候，可能会有很多同学在这里犯晕，因为表格嵌套了很多层。制作这个页面的时候，一定要先有个清醒的认识，然后再一步步地向下制作。如果不清楚的话，可以先在纸上画出一个草图，然后照着草图制作，这样就不会犯晕了。

5．首先创建类的样式规则，命名为“.font_size14”，定义这个规则在“style.css”文件中。然后在样式编辑窗口的“类型”分类中设置字体大小为“14px”。这个样式就是定义字体为 14 像素的规则。最后选中这个最上层的 3 行 1 列表格，应用该样式，如图 11-79 所示。

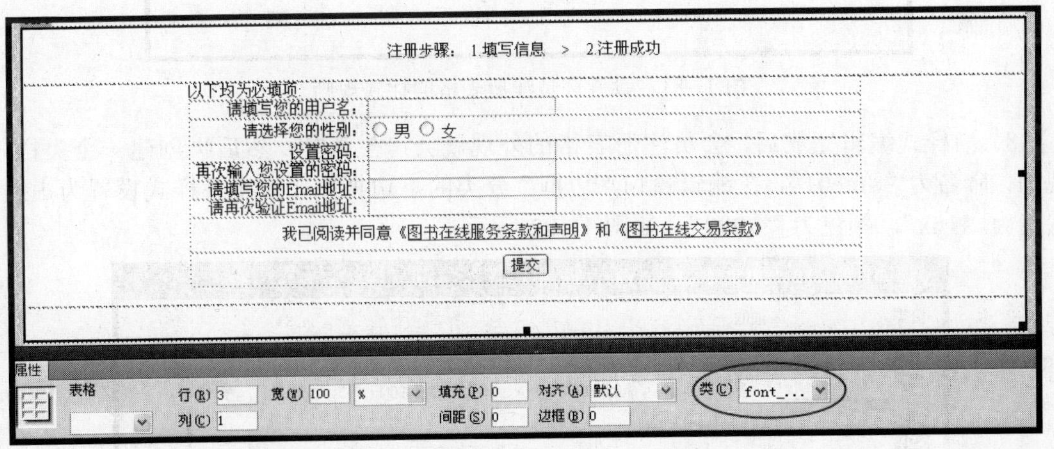

图 11-79　对可编辑区域中的大表格应用样式

6．选中 6 行 2 列的表格（见图 11-80），在“属性”面板中为这个表格命名“reg01”。

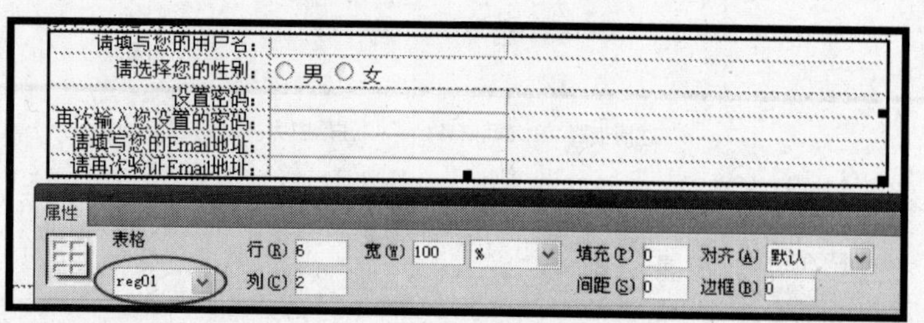

图 11-80　为会员注册表格命名

7. 创建一个“ID”样式规则，ID 名为“#reg01”。在样式编辑窗口的“方框”分类中设置高度为“250px”，切换到“边框”分类，设置所有边框样式为“实线”，宽度为“2px”，边框颜色为“#F00”，如图 11-81 所示。

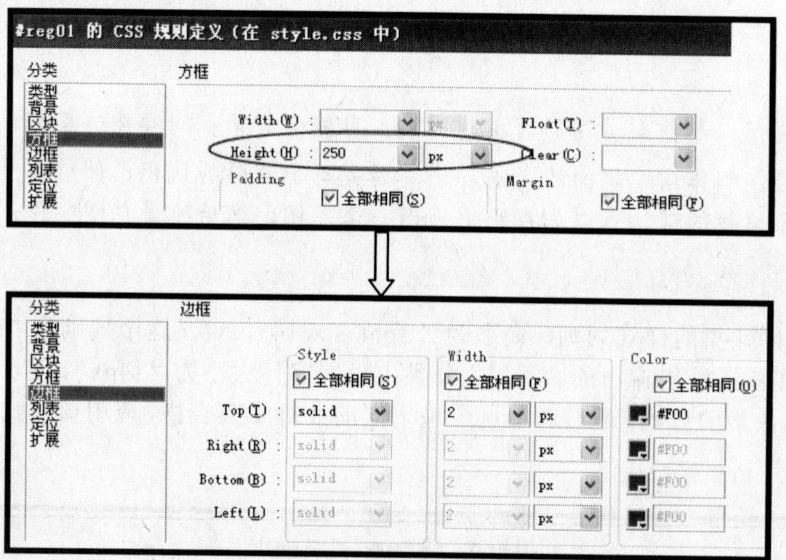

图 11-81　设置会员注册表格的样式规则

8. 当样式编辑完成后，会员注册表格的外观就会产生变化。然后再创建一个类样式规则，命名为“.line01”，在编辑窗口“边框”分类的下边框中，将线条样式设置为虚线，宽度为“1px”，颜色为“#999”，如图 11-82 所示。

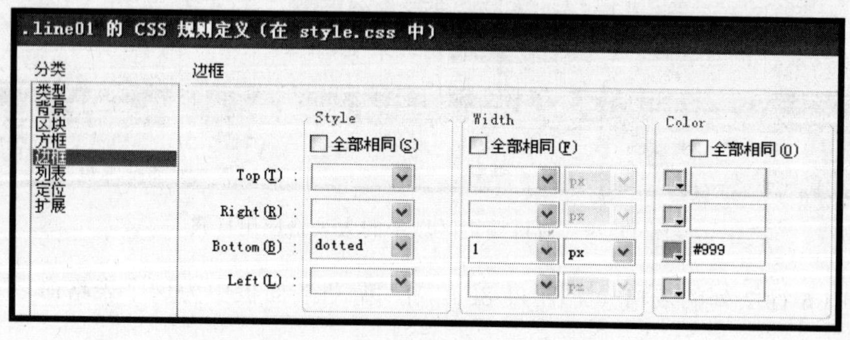

图 11-82　设置下边框为虚线的类样式

9. 将会员注册表格的前 5 行选中，然后在“属性”面板中应用虚线样式，如图 11-83 所示。

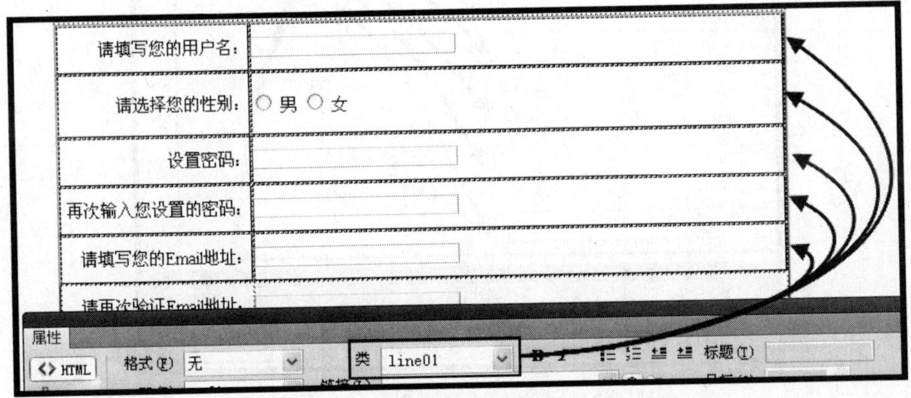

图 11-83　对会员注册表格的前 5 行应用虚线样式

10. 创建一个类样式规则，命名为“.red_ pane”。在样式编辑窗口中将“方框”分类的宽度设置为“200px”，高度为“20px”，左边界为“5px”；切换到“边框”分类，设置四个边框样式为实线，宽度为“1px”，颜色为“#F00”，如图 11-84 所示。

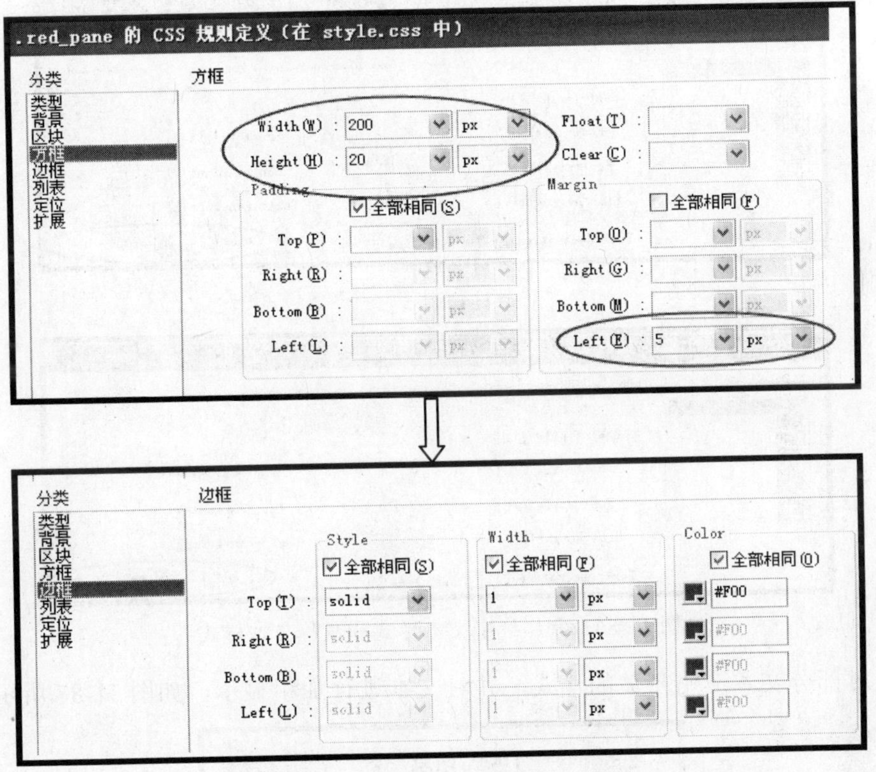

图 11-84　创建红色方框的样式规则

11. 将会员注册表格中所有文本字段应用该样式，如图 11-85 所示。

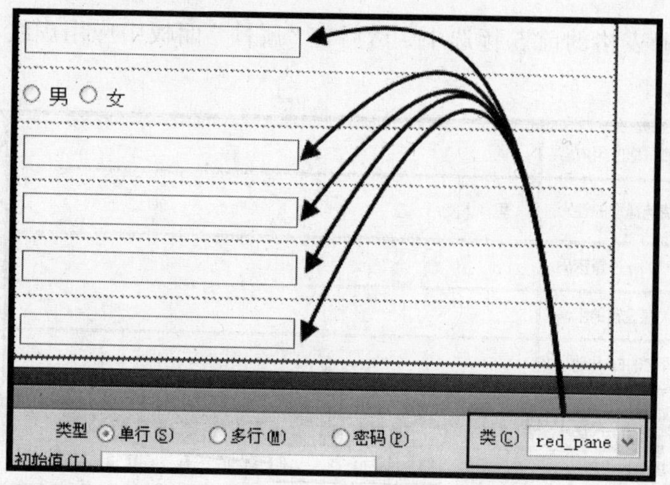

图 11-85　对文本字段应用红色方框样式

12．创建两个类样式规则，一个命名为“.red_font”，另一个命名为“.gray_font”。每个样式只设置“类型”分类中的字体颜色，其中“.red_font”样式中设置字体颜色为“#F00”，“.gray_font”样式中设置字体颜色为“#999”，如图 11-86 所示。

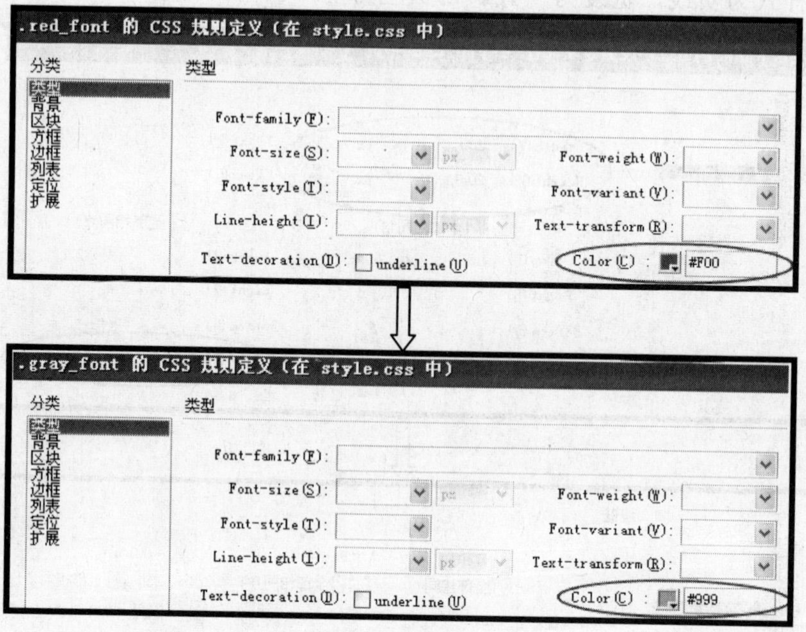

.red_font 的 CSS 规则定义（在 style.css 中）

分类：类型　背景　区块　方框　边框　列表　定位　扩展

类型

Font-family(F):　Font-size(S): px　Font-weight(W):　Font-style(T):　Font-variant(V):　Line-height(I): px　Text-transform(R):　Text-decoration(D): underline(U)　Color(C): #F00

.gray_font 的 CSS 规则定义（在 style.css 中）

分类：类型　背景　区块　方框　边框　列表　定位　扩展

类型

Font-family(F):　Font-size(S): px　Font-weight(W):　Font-style(T):　Font-variant(V):　Line-height(I): px　Text-transform(R):　Text-decoration(D): underline(U)　Color(C): #999

图 11-86　制作红字文本样式和灰色文本样式

13．对部分文本应用相关的样式，并对文本进行加粗显示，如图 11-87 所示。

图 11-87　对注册步骤文本应用相关样式

14．至此，整个会员注册页面就算完成了，保存所有文件，然后对页面进行浏览，如图 11-88 所示。

注册步骤：　1.填写信息　　2.注册成功

以下均为必填项：

请填写您的用户名：

请选择您的性别：○ 男 ○ 女

设置密码：

再次输入您设置的密码：

请填写您的Email地址：

请再次验证Email地址：

我已阅读并同意《图书在线服务条款和声明》和《图书在线交易条款》

提交

图 11-88　会员注册页面浏览效果

参 考 文 献

[1] 中国就业培训技术指导中心．电子商务师国家职业资格培训教程（基础知识）[M]．北京：中央广播电视大学出版社，2005.

[2] 中国就业培训技术指导中心．电子商务师国家职业资格培训教程（电子商务员·国家职业资格四级）[M]．北京：中央广播电视大学出版社，2005.

[3] 彭纯宪．电子商务基础[M]．北京：机械工业出版社，2009.

[4] 刘焰．电子商务网页制作[M]．2 版．北京：高等教育出版社，2009.

[5] 耿跃鹰，朱智，等．畅通无阻学 Dreamweaver 网页制作[M]．北京：机械工业出版社，2008.